岡田眞樹
okada masaki

魅惑のデンマーク

もっと知りたいあなたへ

新評論

まえがき

二〇〇六年の九月二日、デンマーク大使としてコペンハーゲンの飛行場に降り立ったとき、デンマークという国のことはほとんど知らなかった。私は、デンマークの南の隣国であるドイツの大学で勉強し、ドイツ語圏で一二年間を過ごしたのだが、それが災いしたのか、あこがれるのは太陽の燦々と輝くイタリアや地中海で、ドイツよりも暗い北方には意識が向かなかった。一度コペンハーゲンを訪問したことがあるが、冬の陰鬱に垂れ込める雲と霧にかすむバルト海に恐れをなして、ほうほうの体で南に帰っていっている。

しかし、未知の国デンマークで働くから以上は、ともかくデンマークを好きになろうと考え、そのために必要とされる知識、つまり私の好きな歴史、音楽、そして食文化をはじめとしてデンマークの隅から隅まで見て回ろうと考えた。

何と言っても現地にいるわけだから、疑問がわけばすぐにでも現場に行って自らの五感を通して何かを発見することができるし、せっかくなので、それら発見したことをウェブサイトという形で発表していくことにした。在任中の二年ほど続けたおかげで、興味深い断片的な知識は増えたが、それをまとめて結論を導き出すまではさすがにできなかった。言ってみれば本書は、このような断片的な記録（とはいえ、現場からの直接記録）を改めて読み直して修正し、その後に得られた情報などを加筆して最新のデンマーク紹介としたものである。

北海道と同じ五五〇万人余りの人が、北海道の半分ほどの面積の国土に住む、小さいが魅力的な国がデンマークである。この国に、日本から毎年三～四万人の観光客が訪れている。しかし、ほとんどの人たちが人魚姫のあるコペンハーゲンとハムレットのクロンボー城、そしてアンデルセンの生まれたオーデンセにしか行っていないので、デンマークの大部分は日本人にとっては「未知の世界」と言ってよいだろう。

しかし、この未知の世界には、宝石のような町や村、おとぎ話のような城や館が現在もひしめくように存在している。北の世界では人間の痕跡の風化が遅いのだろうか、ゆったりとした自然のなかに日本では感じることのできないような時の堆積がある。たとえば、日本で言えば縄文時代前期に造られた五〇〇〇個にも及ぶ巨石墳墓ドルメンが今でも森陰にひっそりとたたずんでいるし、青銅器時代の墳丘墓は二万もあって日常風景の一部になっている。アングロ人とかサクソン人、あるいはヴァンダル人としてヨーロッパを荒らし回った人々が身にまとっていた衣服や鉄製の武器、果ては個人用の爪楊枝や火打石セットに至るまでが腐食もなく真新しい姿で何万も残されているのだ。

また、デンマークの王家はヨーロッパで一番古い歴史を有している。その系図はヴァイキング時代（平安時代の初め）にまで遡ることができ、それから現在に至るまでに王や貴族の造った夥しい数の城館や教会が国中に残されている。それも、ただ残っているだけではない。デンマークは、一七世紀初めごろからあらゆる戦争に負け続け、国土を縮小してきたにもかかわらず、ナポレオン戦争以降デンマークに戦火が及んだことがほとんどなく、何百年も前の建物が年輪を美しく刻みながら現代の生活をかたちづくっている。スペットルップの城やカレの廃墟、あるいはカルンボーの街並みを見ずにデンマークの美しさを語ることはできないだろう。

デンマークに住みはじめてからこのような奇跡的な状況があることを知り、国土の隅から隅までしらみつぶしに訪れ、美しいものを発見し、その美しいものが造られた歴史を探索することに躍起となってしまった。その成果の一部をまとめたのが本書であるが、まとめるにあたって、歴史だけでなく音楽や美術、あるいは食文化などについても触れることにした。

デンマークは、言うまでもなく福祉国家や環境立国として日本でも多くの先進的な事例が紹介されている。その一方で、ゆったりと生活を楽しむという面をもちあわせている国でもある。政府には税金をたくさん払って教育や医療、福祉といった分野をきちんとやってもらい、自分たちのコミュニティの生活や個人の幸せは自らが工夫して生み出していくという独立不羈の精神が強く存在している国である。

二年というかぎられた期間だったが、東はボルンホルム、北はグリーンランド、南はドイツ国境を越えてデンマークの魅力を探訪した結果を凝縮することができたと思っている。有名な観光地を表面的に見るだけでは満足できない人たち、デンマークらしさを体いっぱいに吸い込んでみたい人たちが、本書を旅の伴侶としてこの国の魅力の発見につながれば筆者としては望外の喜びである。

気がしてくる。これを食べれば、お腹はいっぱいになって夕食を省略することができる。

もう一つ、「ハウサー広場の太陽」というサンドは、スモークサーモンにラディシュの細切れ、チャイブと卵の黄身をあしらったものである。卵の黄身を太陽に見立てて、店の前にあるハウサー広場（Hansen Plads 16）に因んだ名前にしている。見たところ、サーモンは生っぽいスモークサーモンではなく中まで火が通っているようだ。

「シェーネマン」と対照的なのが「スロッツケラレン」（『地球の歩き方』では「スロツクアルデレン」）。同じように半地下にあって、外からは地味な感じがするが、入り口の所に様々な絵葉書が飾ってあるほか、調理をシしているところがのぞけるようになっている。町の中心であるホイブロ広場（Højbro）近くの路地に位置するということを考えると、観光客向けなのかもしれない。とはいえ、入り口を一歩入ると昔ながらの雰囲気があり、なかなか居心地がよいレストランである。店が現在のオーナーのものになったのが1910年ということで、何かとクラシックな造りになっている。シナップスもたくさん用意してあった。

こちらで食べさせてくれるオープンサンドは、ニシンやサケ、あるいはカリカリにグリルした豚といった伝統的な材料を使ったものが中心。伝統的な味を親しみたいという人は、ここに来ればいいだろう。

面白いのは、客の目の前で、注文に応じておばさんがサンドをつくてくれることだ。ニシンも、普通のマリネ、若干甘めのもの、カレーソースとある。台になるライ麦パンは普通の半分に切られているので様々な種類を注文することができるが、一つ一つが半値というわけではない。残念ながら、レシートを保存していないので値段は……。

注文にあわせてサンドイッチ作成中

まずはレストランでオープンサンド三昧　Schønnemann《シェーネマン》とSlotsKælderen《スロッツケラレン》

デンマークと言えばオープンサンドである。その有名な店を２軒訪ねた。

まずはシェーネマン。ラウンドタワーとノアポーとローゼンボーの間、音楽史博物館のすぐ近所にある。外観は地味な店だが、中に入ると、木造りのバーカウンターのようなものが目に飛び込んできた。その左右の席は、ビジネスマンなどがすでに陣取っていた。天井も低く、内装は昔風の落ち着いたインテリアで、何だか本場のデンマークに来たという満足感が得られる。メニューには、かなりの創作サンドが掲載されていた。

シェーネマンのカウンター

「H・C・アナセン（アンデルセン）」という名前のサンドは、レバーペーストがベースになっていて、ゼラチン、ベーコン、トマト、西洋わさびがあしらわれていた。カリカリのベーコンの塩味と、レバーペーストの渋味がわさびの鮮やかな辛さに映える。65クローネ（約1,500円）のこのサンド、結構気に入った。

そして、「ポルトガル・サーディン」（48クローネ）という即物的な名前の付いたサンドには、びっくりした。オイル・サーディンの缶詰がそのまま出てきて、マヨネーズと生タマネギ、そしてオープンサンドの定番であるライ麦パンではなく、イギリス風のトーストパンが２枚出てきた。まずくはないが、これだったら自分の家でできる。

ハウサー広場の太陽

デンマーク的だと思えたのが、58クローネの温かい「リブロースト・サンド」。煮た赤キャベツが添えられており、パンでなくてジャガイモがついていれば普通の料理のような

もくじ

3　グリュックスボー家のゆかりの地 67

第2章▼デンマークの音楽家と音楽生活 ―― 145

第3章▼コペンハーゲン周辺の見どころ―――181

第5章▼日本・デンマーク関係の見どころ 261

コペンハーゲン中心部

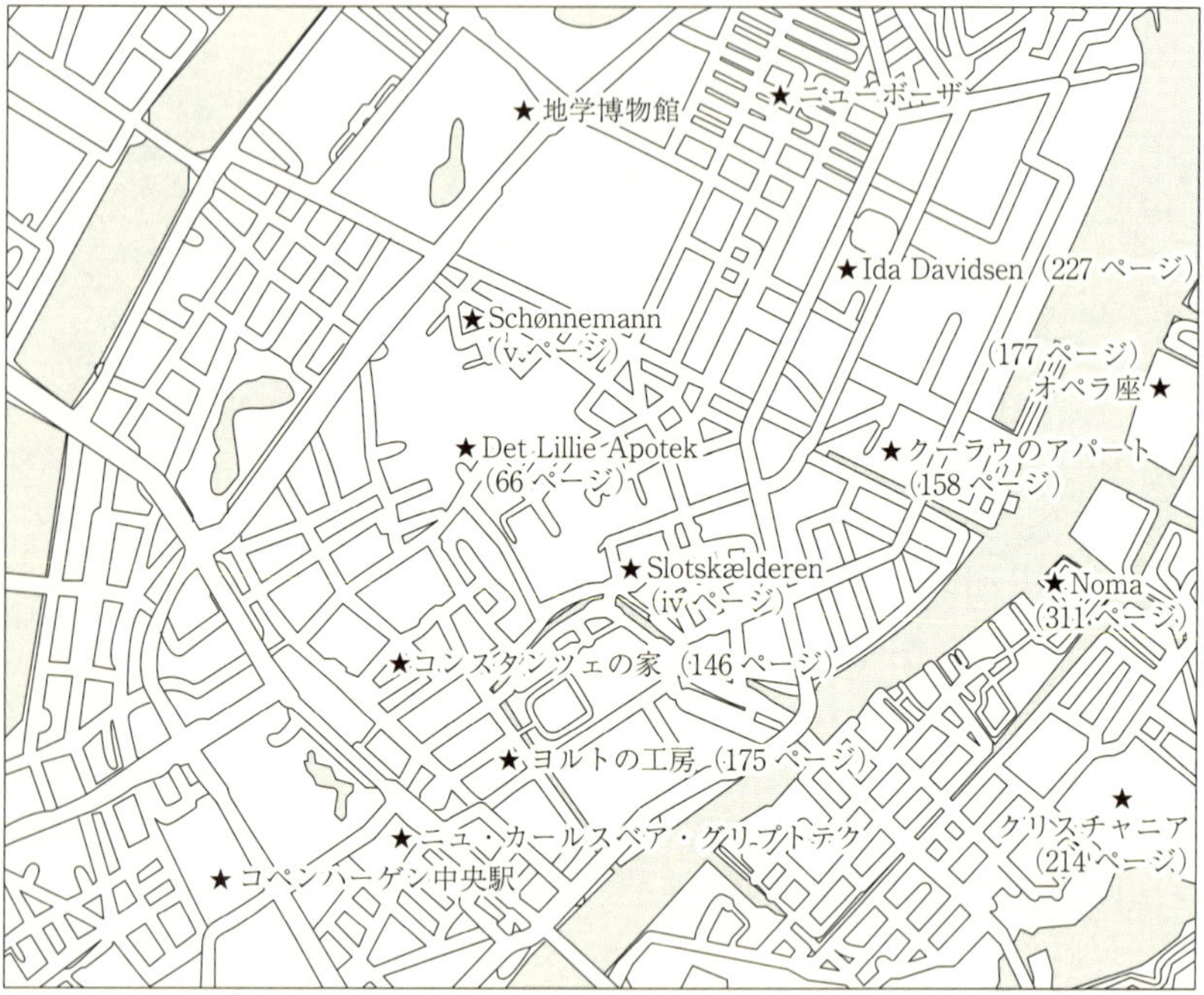
★地学博物館
★ニューボーザ
★Ida Davidsen（227ページ）
★Schønnemann
（v ページ）
（177ページ）
オペラ座★
★Det Lillie Apotek
（66ページ）
★クーラウのアパート
（158ページ）
★Slotskælderen
（iv ページ）
★Noma
（311ページ）
★コンスタンツェの家（146ページ）
★ヨルトの工房（175ページ）
★
クリスチャニア
（214ページ）
★ニュ・カールスベア・グリプトテク
★コペンハーゲン中央駅

魅惑のデンマーク——もっと知りたいあなたへ

第1章

歴史を辿る

フュン島のイーエスコウ城

1 先史時代からヴァイキングの登場へ

新石器時代の巨石墳墓ドルメン

デンマークに来て、是非とも見ておきたかったものの一つがドルメン（支石墓・写真）である。先史時代の巨石遺跡というとイギリスの「ストーンヘンジ」[1]などが有名だが、これはイギリスにしか存在していない。一方、ドルメンは世界中に分布している。ヨーロッパでは大西洋から北海、バルト海の沿岸に偏在しており、ほかの地ではあまり見かけることがない。しかし、国土の狭いデンマークには、たくさんのドルメンが残されているのだ。

ドルメンは新石器時代[2]になって造られた。それも、新石器時代がはじまってしばらくしてから、おそらく階層分化が進んだ結果造られたと考えられている。

デンマークで特徴的なことは、先ほども述べたようにその

数の多さである。デンマークの面積は四万三〇九四平方キロメートルで、関東地方（三万六七三一平方キロメートル）に静岡県（七七七九平方キロメートル）を加えた面積とほぼ同じだが、そこに五〇〇〇以上のドルメンが残されている。青銅器時代（およそ紀元前一七〇〇年～紀元前五〇〇年）の墳丘墓の二万か所には追いつかないが、それより前の時代であり、また建造時期が紀元前三〇〇〇年のあたりに集中していたことを考えると、大変な数だと言える。

デンマークには青銅器時代の埋葬遺体が特殊な条件のもとに保存されたものがあり、その衣服を見ると、当時は大変温暖な気候であったと考えられている。気候の寒冷化は鉄器時代（およそ紀元前五〇〇年～七九三年）への移行と軌を一にしてはじまったが、私は、この寒冷化が人口圧力の大きな要因となったのではないだろうか。

鉄器時代に入って、しばらくした紀元前一〇〇年ごろになって、ユトランド半島の一番北にいたキンブリア人（Himmerland が故地と考えられている。以下同）やチュートン人（Ty）、さらにはヴァンダル人（Vendsyssel）が南進をはじめた。しばらくして、ゲルマン民族大移動のときは、さらにアングル人（Schleswig）やジュート人（Jutland）がユトランド半島から出ていき、さらに九世紀

（1）（Stonehenge）イギリスの首都ロンドンの西二〇〇キロほどの地点にある、先史時代の環状列石のこと。直径一〇〇メートルほどの円形に巨石が並べられている。

（2）デンマークでは、一般的には旧石器時代を「狩人石器時代」と言い、新石器時代を「農民石器時代」（およそ紀元前四〇〇〇年～紀元前一七〇〇年）と言っている。

末から一二世紀にかけてはヴァイキングが出ていった。

「人口圧力」というと、人間が増えすぎて外に出ていくと思い込んでしまうが、そうではなく、気候の悪化によって人が養えなくなってしまったのではないだろうか。現在、人がまばらに住んでいるデンマークを見ると、また中世以来、戦争をやっては負け続けてきた原因の一つが人口不足にあったことを考えると、海外移住によってデンマークは空洞化したのではないかと考えられる。(3)

掲載した写真は、私が初めて見たドルメンである。シェラン島の西北、イセ・フィヨルド（Ise fjord）にほど近いグレヴィンガ森（Grevinge Skov）のなかにあるものだ。このドルメンは、直径一四メートル、高さ一メートルの小丘の上にある。石室は、五個の支石と一個の天井石からできている。天井石の一部が欠けており、石室までの進入路には四個の石が使われていた。どういうわけか、森の周辺あるいはそのなかに、ドルメンについての案内板がいっさいない。

森に入り、妖気の漂うような沼の間を進んでドルメンの前まで行くと、ベンチが一つ置いてあった。「ゆっくり座って鑑賞してくれ」、という心遣いがうれしい。

黄金の車——ヨーロッパの青銅器時代を代表する遺品

デンマークの先史時代の時代区分については、「旧石器」、「新石器」、「青銅器」、「鉄器」という道具で大きく四つに分けることができる。鉄器時代の次は「ヴァイキング時代」となるわけだが、そのはじまりは、日本で言えば平安京遷都の一年前にあたる七九三年六月八日に、イギリス東海岸にあるリンディスファーン（Lindisfarne）島の修道院が襲撃されたときとするのが定説となっている。

デンマークの先史時代を貫く特徴があるとも思われないのだが、シェラン島の北西部にある「オズヘレズ文化史博物館」では、「太陽の土地」と題して太陽崇拝を中心に先史時代の出土品の展示会を行っているという情報を聞きつけ、そこで「太陽の車」が見られるというので見に行くことにした。実はこの年（二〇〇七年）、コペンハーゲンにある国立博物館の先史時代部門が模様替えをしていたため、その間、各地の歴史関係の博物館が国立博物館の所蔵品を借りて先史時代の特別展を行っていた。

展示会の目玉であり、デンマークのみならずヨーロッパ全体の青銅器時代を代表する「太陽の車」は、オズヘレズ文化史博物館のあるオズヘレズ地方（Odsherreds）のトゥルンドホルム（Trundholm）で見つかったものである。そういう意味では、久し振りとなる「お里帰り」の展示会である。そのせいなのか、ほかの展示物も地元のものが中心となっていた。

気候が温暖であった青銅器時代は、宗教に関連すると思われる遺物がヨーロッパの各地からたく

（3）国全体が平らで、一二パーセントを占める森以外はすべて人間が利用できる土地であるということを考えると、有効人口密度は日本の七分の一以下となる。

さん出土しており、その前後の時代と比べて大変賑やかなものだった。宗教的な重要性をもつものとしては、まず船のモチーフが挙げられる。船は、「太陽を乗せるもの」という意味が込められており、単なる力や富の象徴以上の神聖な意味をもっている。さらに、紀元前一五世紀くらいになると太陽を曳く馬のモチーフが現れるようになった。このようなものを兼ね備えた「太陽の車」は、紀元前一三五〇年ごろに造られたものと考えられ、一九〇二年にトゥルンドホルムの湿地で見つかった。

太陽の車は三つの要素からなっている。

❶馬

❷さまざまの渦巻きで表された「太陽の船」は、片方だけが金箔で覆われている。

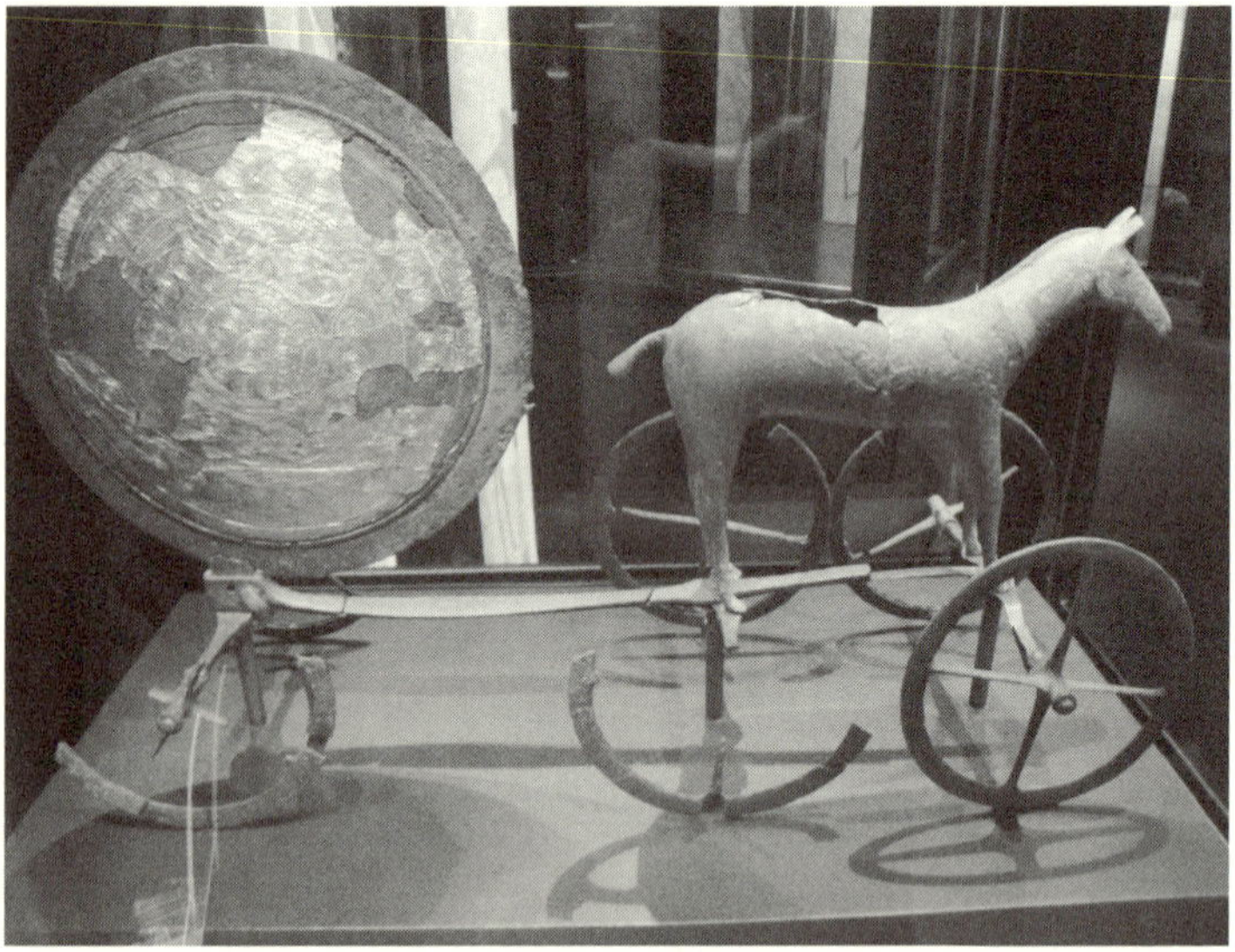

太陽の車の昼の側

これは、一方の面の金箔が剥げ落ちたということではなく、最初からそうだったと考えられている。金色の面、すなわち馬が右に向かっているときが昼の太陽であり、金箔のない暗い面、馬が左に向かっている姿が夜の太陽を表すと言われている。

❸六つの車輪をもつ車。この上に太陽の船と馬が据え付けられている。

このうち、太陽の運行にかかわるのは「馬」と「太陽の船」だけで、車は太陽の運行とは無関係と考えられている。もっとも、スポークを使った車輪が青銅器時代にすでにあったということは、太陽の車が発見されるまでは考えられなかったために大変重要な遺物と言える。

この太陽の車が、単に太陽の運行を説明するだけでなく、暦を表しているという解釈が最近出てきた。要するに、太陽暦で考えたときの一月に相当する三〇・五日、太陰暦で考えた一月に相当する二九日、そして一年の三六〇日といった三種類の暦が表現されているというのである。渦巻模様の数に、その渦巻模様のある列が中心から何番目かという数をかけたものを足すと、昼側のほうでは「1×1＋16×2＋27×3＝122」になり、これは正確に太陽暦の四か月になる。また、夜側のほうでは「1×1＋8×2＋20×3＋25×4＝177」となり、これは太陰暦の六か月に近似している。

こういう解釈の仕方は、次ページのコラムで言及したように同じ青銅器時代のケルト人がつくった黄金の帽子とも相通ずるものであるが、果たしてどうなのだろうか。何か、数字はかなりいい加減な気もして疑問がわいてくる。こういうものについては、大雑把な近似値で十分なようにも思う。

コラム　ヨーロッパ青銅器時代の黄金文化

デンマークでは「太陽の車」がみつかっているが、ヨーロッパの中心部からは、同じ青銅器時代に造られた「黄金の帽子」が四つ見つかっている。ドイツのライン川沿いのシッファーシュタットで1834年に発見された帽子（写真）は紀元前14世紀、西フランスのポアトー出土のものは紀元前13世紀ないし12世紀、ドイツのフランケン地方エツェルスドルフのものは紀元前11世紀とされる。最近出現した４番目の帽子は、ベルリンの先史博物館が所蔵している。

黄金の帽子は、青銅器時代の宗教とかかわり、表面の模様は太陽暦と太陰暦とを巧妙に示したものだ、というデンマークの太陽の車と同様の解釈で専門家の意見は一致している。また、断面が真円でなく楕円であるということもあり、儀式の際にこれを頭に被ったのではないかと考えられるようになっている。

黄金の帽子のほか、1999年にドイツのザクセンアンハルトで出土しセンセーションを巻き起こした円盤は、これらの帽子よりさらに古い紀元前1600年頃のものと考えられている。そこには、太陽、満月、三日月、星、天の川と思われる図形が金で描かれている。密集している星はスバルと考えられ、地平を表すと思われる黄金の飾りは、円盤の中心から見て正確に夏至と、当時の日の出、日の入りの方向を示すものだった。

太陽の車、黄金の帽子、円盤など暦を刻んだ貴金属製品は、青銅器時代の高度な天文学の水準を示しており、当時はかかる暦に基づく太陽や月に対する信仰があったのではないかと考えられるようになってきた。そして、この天体崇拝は青銅器時代が終わるとともに消滅し、これらの祭器も土に埋められたのではないかと考えられている。

青銅器時代以外には、あまり太陽崇拝と関係のあるような展示はなかった。派手な黄金製品としては、新石器時代の最後のころ、およそ紀元前二〇〇〇年ごろのものだと思われる三日月のような形をした金製品がフュン島で見つかっている。こういったものはイギリスやアイルランドに多く、そこから輸入されたか、あるいは真似をしてドイツかデンマークで製造されたものだと考えられている。

オズヘレズ地方は、青銅器時代の線刻を施された石がたくさん見つかっている所である。船や船の前で踊っている人物らしきもの、あるいは渦巻などが描かれている石が展示されていた。

イレロップ河岸（Illerup Ådal）の鉄器時代の遺物

「鉄器時代」という言葉は、デンマークの考古学者クリスチャン・トムセン（Christian Thomsen, 1788～1865）が考案したものということだが、たしかに、デンマークの先史時代を見るとよくできた概念と言える。

デンマークの鉄器時代は、紀元前五〇〇年ごろからヴァイキング時代がはじまる七九三年までというのが通説となっており、これが大きく「先ローマ鉄器時代」（または、ケルト鉄器時代：紀元前五〇〇年頃～紀元元年頃）、「ローマ鉄器時代」（起源元年ごろ～紀元四〇〇年ごろ。そのなかでも、紀元二〇〇年ごろ～四〇〇年ごろを「新ローマ鉄器時代」と区分する）、「ゲルマン鉄器時代」

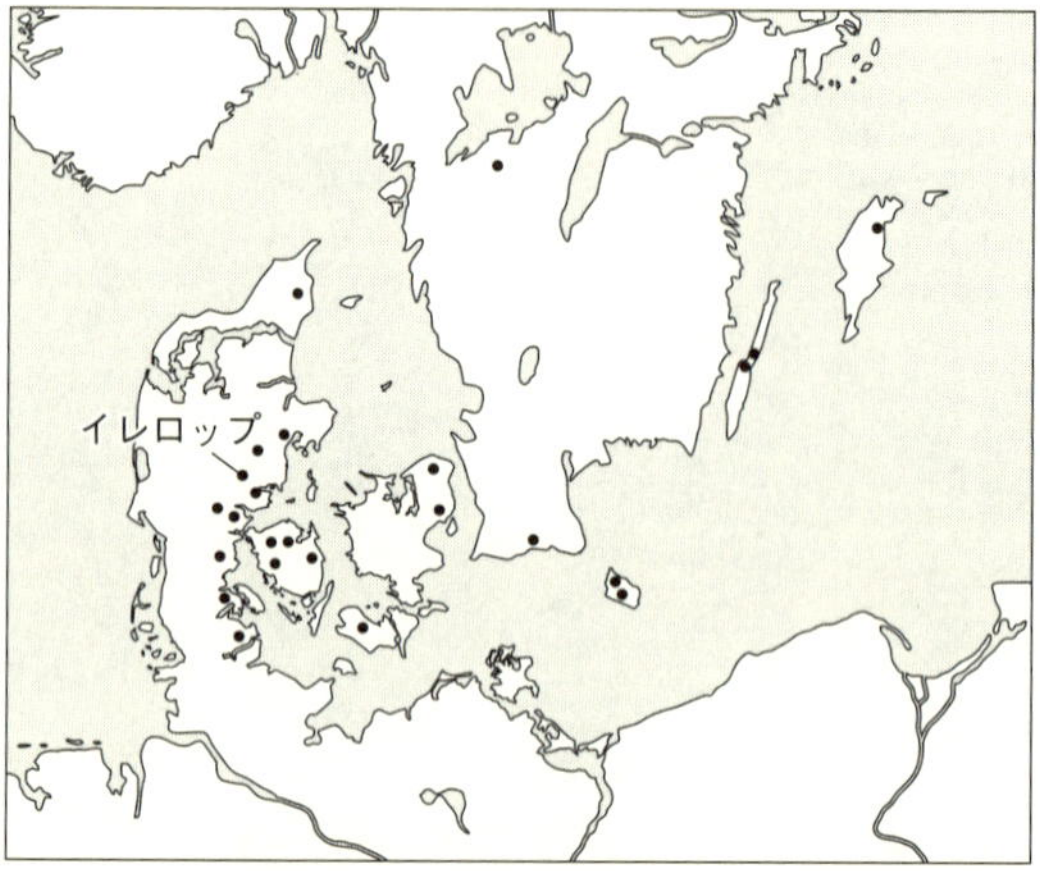

図1－1　鉄器時代の遺物が発掘された主な場所（黒丸）

（紀元四〇〇年ごろ～七九三年）の三期に区分されている。

その鉄器時代というものを迫真の力で見せてくれる展示が、ユトランド半島オーフス市の南にあるメスゴー博物館[4]にある。近くのイレロップ谷から発掘された何万という武器や、身の周り品が展示されている。

デンマークやその周辺では、かつて沼だった所から破壊された大量の武器などがまとまって出土している。イレロップ河岸はその代表的な所で、ユトランド半島の東岸とフィン島を中心に同様な場所が数十か所もある（**図1－1**を参照）。イレロップ河岸は新ローマ鉄器時代のころは浅い沼になっていたが、川の南岸を発掘しただけで一万五〇〇〇点にも上る出土品が発見されている。大量に見つかっているだけでなく、日本で発掘された古代の鉄剣がぼろぼろに錆びているのと対照的に、鉄の刃はつくったばかりかのようにギラギラと輝いている。

研究の結果、これらの品は、二〇〇年、二二五年、三七五年、四五〇年の四つの時期に分けられるという結論になったようだ。その遺物の性格については、当初さまざまな議論があったが、現在は戦利品を破壊し、神に捧げる犠牲の品として沼に投げ込まれたと考えられている。オロシウスは、戦いに勝ったキンブリア人の振る舞いについて次のように記している。

「衣服を切り裂き、武器を粉砕し、馬具を破壊し、金銀を川に放り込んだ」

ということは、出土した武器などは、この地に侵入したが負けてしまった軍のものだという考えが成り立つ。当時、剣や槍といった武器は二〇～三〇年ごとに形が変化していたが、地域的な差はほとんどなかった。それに対して、兵士が所有していた個人的な持ち物には地域的な特徴がよく現れていた。そこで調べてみると、二〇〇年、二二五年のときの犠牲の品は、現在のノルウェー南部からスウェーデンにかけての住民の特徴があるという結論になった。また、四五〇年の品は、スウェーデンのバルト海沿岸の住人のものと考えられるようになった。

デンマーク全体を見てみると、紀元前後ころからはじまる初期の犠牲の品の出土は南部に集中しており、その起源は現在のドイツ方面にあると考えられている。二〇〇年前後はカテガット海の北側のノルウェー、そして五〇〇年ごろはスウェーデンのバルト海岸からの侵略者のものと見られた。

（4）（Moesgård Museum）ユトランド半島オーフス市の南にある考古学・民俗学博物館。鉄器時代の二つの遺物、完全に保存された男性遺体、イレロップ谷で見つかった大量の武器の展示で有名。

発掘された個人的な持ち物のなかに、火打石と火打ち金、そして火口を組み合わせたセットがある。いわば携帯用のライターで、日本で言えば、卑弥呼のころの兵士が常に腰に下げて携行していたものである。これは、なかなか新鮮な話だった。私が調べたかぎりでは、日本で火打石のセットが浸透したのは江戸時代になってからである。その火打石セットの形が、北欧のものとドイツなどの大陸系ものとでは違っており、二〇〇年の遺物のなかに一二九例あった火打ち道具のうち、一二五例がスカンジナビア式のもので、大陸式は五例でしかなかった。

他方、櫛のほうを見てみよう。櫛は鹿類の角を加工してつくられていたが、小さい角を使った場合には、いくつかを組み合わせて、片側あるいは両側から支えるという構造になっていた。そのため、二枚、三枚といった構造のものが出てきている。イレロップで見つかった一四〇例のうち、一枚ものが一四例、二枚ものが二二例、三枚ものが一〇一例となっていた（残りは分類困難）。当時、デンマークに棲んでいた赤鹿は角が小さいため、それからは一枚ものの櫛はできない。となると、一枚もの

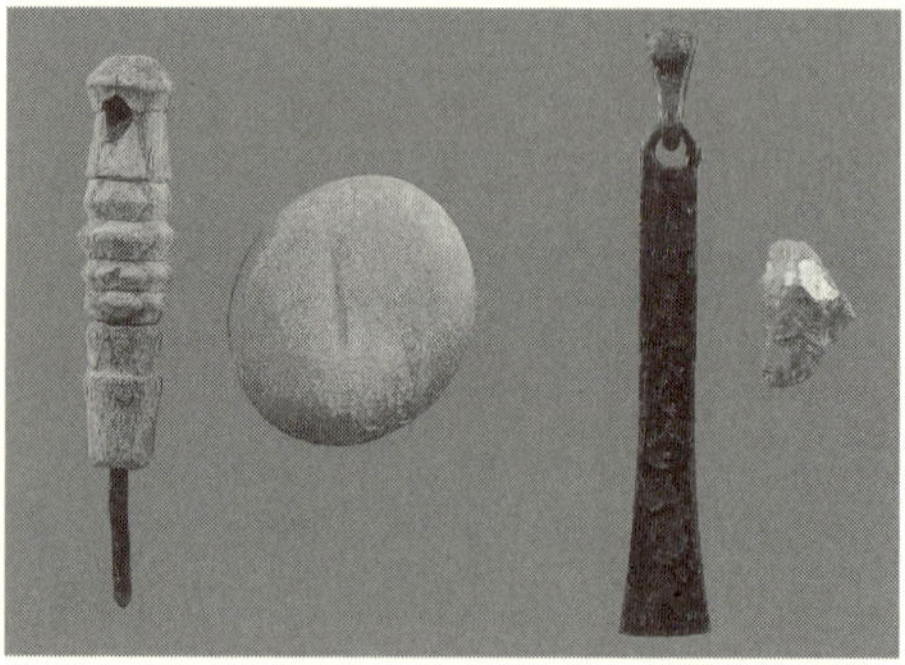

火打ち石のセット：左が北欧式、右がドイツ大陸式

はノルウェーにいるエルクが材料であったと考えられた。同時代、副葬品としてデンマークの墓に収められていた櫛はかなりの量に上るが、それはすべて三枚のものだ。

こういう話は探偵小説を読んでいるようで、なかなかスリリングなものである。ともかく、イレロップの沼は二〇〇年から四五〇年まで使い続けられてきたことは確かなようである。とすると、ここに住んでいた人々にとっては、この地がある意味で聖地と考えていたのではないだろうか。

ここで見つかった兵士のベルトは一五〇本に上っている。沼の四割ほどしか発掘されていないことを考えれば、全体としては三〇〇から四〇〇本のベルトがあると思われる。つまり、攻撃側は三〇〇から四〇〇人の犠牲者を出したということである。そうすると、攻撃側の兵力は一〇〇〇人を下らなかったと推測される。これほどの兵力を動員するためには、かなり組織されていた社会があったと考えざるを得ない。

もちろん、防御側についても同じことが言える。ユトランド半島の東岸だけでなく、フュン島やシェラン島も含んだ大きな単位で連合体ができ、防衛戦が繰り広げられていたと考えられる。このような単位が、その後しばらくして、デンマーク、ノルウェー、スウェーデンのもとになっていったのではなかと想像することもできる。

それ以外にも、剣に製造者の銘が打ち込んであったことから、大量の剣の生産とそれを兵士たちに配布する権力と組織ができあがっていたと考えることもできる。また、ベルトなどの装身具の材料の相違などから、軍の階層構造を推測することもできる。そして、個々の兵士がローマのコインを結構私有していたこと、そして信玄袋の中に、櫛といっしょに大量の爪楊枝が入っていたことも興味深い話である。

そのほか、さまざまのことが考えられる発掘品の数々だが、これらはすべて、アルカリ性の土壌であったために金属が腐食せずに保存されたという好条件があったがゆえに遺されたものである。日本のような酸性土壌では、たとえ何かが遺されていたとしても、これほどまでに大量で仔細なものは出てこないだろう。

ヴァイキングの遺跡「リンホルム・ホイア（Lindholm Høje）」

デンマークで四番目に大きいオールボー（Aalborg）の街は、リム・フィヨルド（Lim Fjord）の幅がもっとも狭まり、横断しやすい場所に位置している。リム・フィヨルドの南岸に位置しているわけだが、北岸の丘の上には、鉄器時代からヴァイキング時代にかけての最大級となる集落・墓地遺跡であるリンホルム・ホイアがある

リンホルム・ホイアの墓地は、五世紀初めから一〇世紀までの約六〇〇年の間にわたって利用され、七〇〇を超える墓がある。その墓は、丘の頂上から裾にかけて、古いものから新しいものへと年代順に並んでいる。また、四一の墓は土葬となっているが、残る七〇〇弱の墓はいずれも埋葬地点で火葬に付されていることが分かる。火葬墓の多くが石で囲われており、囲いの形は三角（五～

六世紀)、円、楕円(いずれも七〜八世紀)、舟形(八〜九世紀）などとなっている。三角や舟形は男性の墓で、円や楕円は女性の墓になっているとのことである。

この丘からは二つの集落が発掘されており、北側の集落は七〇〇～九〇〇年、南側は一〇〇〇～一一五〇年ごろのものとされている。南側の集落については墓地が見つかっていないが、これはキリスト教が入ってきた結果、使者は近郊の教会の付近に葬られることになったのではないかと考えられている。また、この時期になって、風砂の堆積のために墓のあるあたりは砂の下になってしまったとも考えられている。

他方、墓地の存在した期間全体に対応する集落跡が見つかっていないことから、どこか近くに発見されていない集落跡があるのではないかと考えられている。集落跡のほかに耕地跡も発掘されており、リンホルム・ホイアにはほぼ七〇〇年にわたって人が住んでいたことが明らかとなっている。集落は一二〇〇年ごろに放棄されているが、これは森林伐採などのために風砂の堆積が激しくなったことが理由とされている。

リンホルム・ホイアの遺跡

七〇〇年は、デンマークの歴史時代区分から言うと、ほぼゲルマン鉄器時代[5]とヴァイキング時代[6]をカバーしている。日本で言えば、倭の五王の時代から奈良時代の終わりまでがデンマークのゲルマン鉄器時代ということになる。

ヴァイキングの砦「トレラボー（Trelleborg）」

トレラボーとは、真円形をしたヴァイキングの砦のことである。デンマークと南スウェーデン[7]で、合計六か所の遺跡が見つかっている。真円形のなかに十字に通路が造られ、全体はローマの尺度で建設されている。

年輪年代学に基づいてこれらのトレラボーの建造年代を計測すると九八〇年前後となり、これはハーラル青歯王（一世）の時代にあたる。さらに、同時期の建造と考えられるヴァイレ川（Vejle）に架かる全長五〇〇メートル、幅五・五メートルもの長大な橋も発見されている。

ハーラル青歯王の治世の末期は、ドイツの攻勢が強まり、九七四年にダネヴィアク[8]がドイツに奪われ、王国の最重要都市であるヘザビー（Hedeby）も危機に瀕していた。さらに、ヴァイキングによる沿岸の襲撃や、息子のスヴェン叉鬚王（一世）の蜂起などもあり、ハーラル青歯王はデンマーク全土に防衛網を整備したものと考えられている。

スレーエルセ（Slagelse）近郊のトレラボーは、一連の円形砦のなかでも最初に発掘された所で

（一九三四年～一九四二年）、それまでの「野蛮なヴァイキング」というイメージを変え、商売や土地の開拓や人の組織化に長けたうえに、かなりの技術力をもった集団であるというイメージをつくることになった。見つかった六か所のなかでは、エッガースボーがダントツに大きい。

トレラボーは、何もない所から急に現れたわけではない。現在のスウェーデン南部では、すでに七世紀末から円形に近い形をし、東西南北に走る道路をもった砦が現れている。また、オランダから北ドイツ、さらにはスウェーデンの海岸には、三世紀に円形の砦が建てられていたことも分かっている。スレーエルセ近郊のトレラボーも、一部はこのようなかつての円形砦の上に造られていることが観察されている。

遺跡の全体を表している復元模型を見ると、円形の土塁のなかが住居地区となっている、そこに約四五〇〇人から五〇〇〇人が住んでいたと

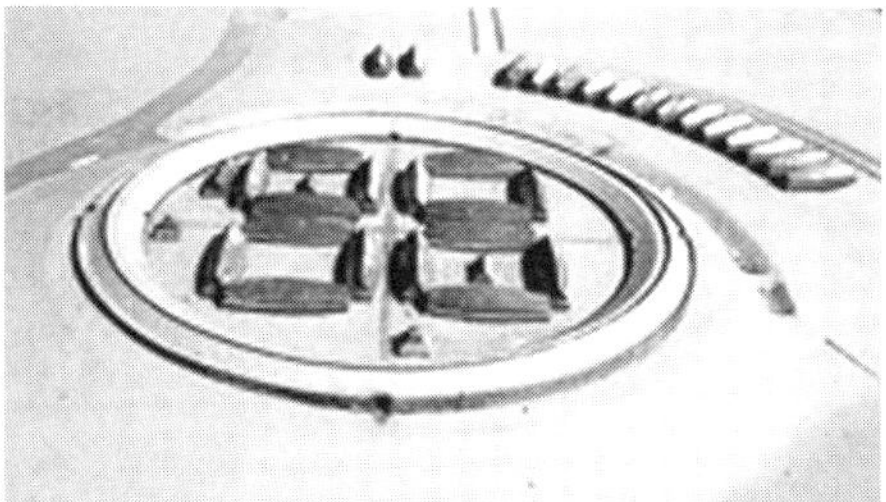

トレラボーの復元模型

（5）四〇〇年～八〇〇年。これは、「旧ゲルマン鉄器時代」（四〇〇年～五五〇年）と「新ゲルマン鉄器時代」（五五〇年～七九三年）に分かれる。

（6）七九三年のヴァイキングによるリンデスファーン修道院襲撃から一〇六六年のノルマンジー公ウイリアムのイギリス侵入まで。

（7）一六五八年にスウェーデンに割譲された地域だが、もともとデンマーク領だった。

（8）（Dannevirke）現在のユトランド半島のドイツ領を東西に横切って造られた、デンマークの対独防衛用の砦のこと。東端はシュレスウィヒ（スリースヴィ）。

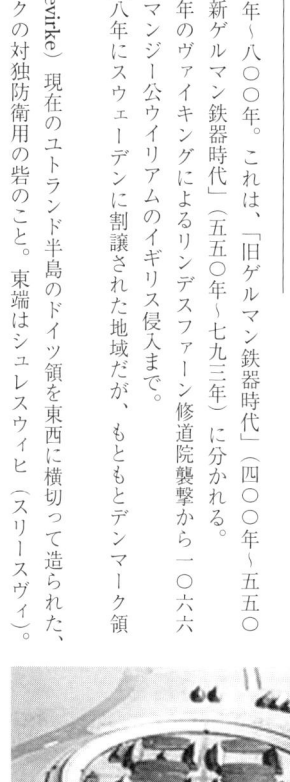

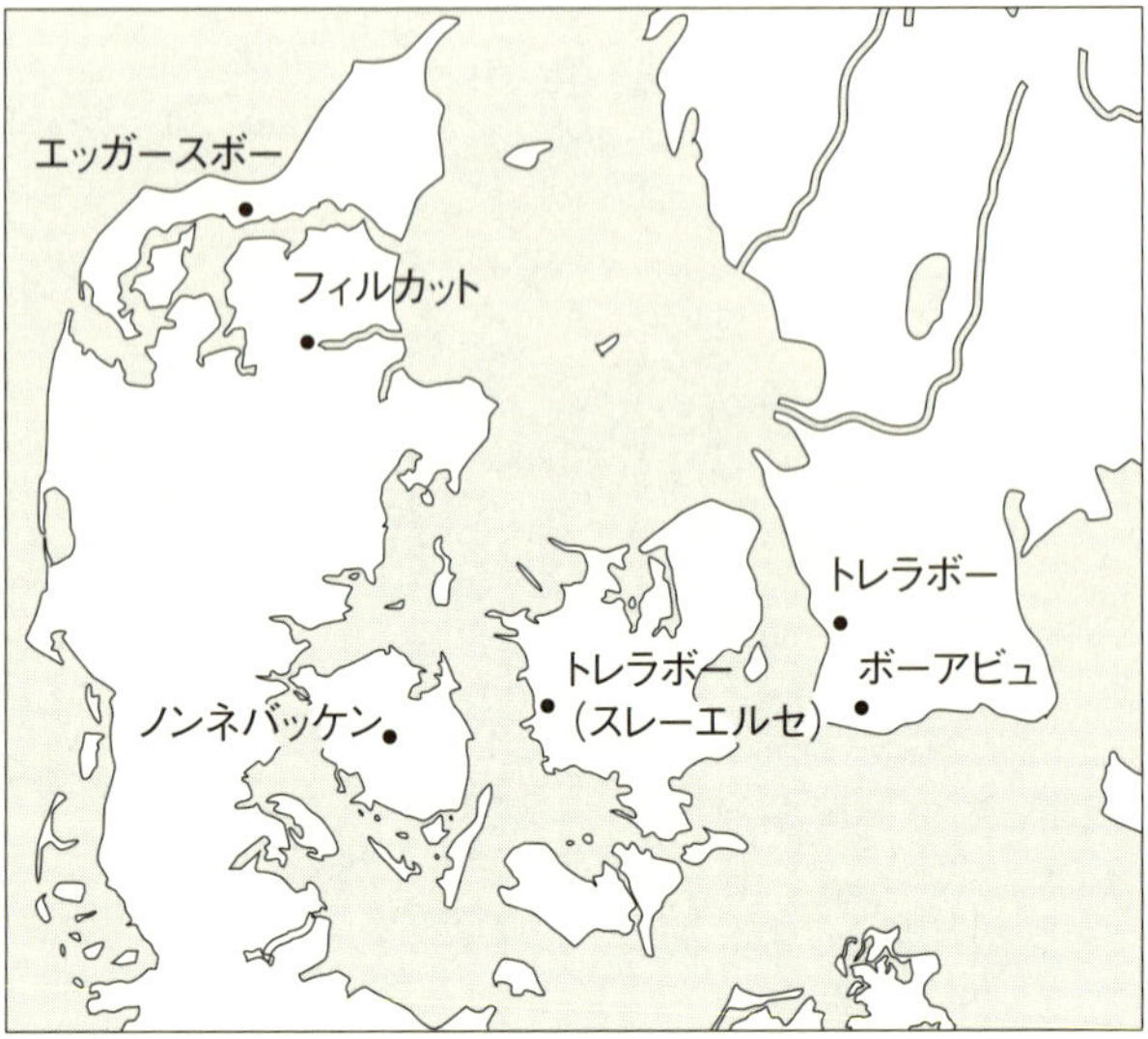

図１－２　発見されたトレラボーの場所

表１－１　トレラボーの大きさ

トレラボーの名称	内径	土塁の厚さ	家の数	家の長さ
エッガースボー（Aggersborg）	240m	11m	48	32m
フィルカット（Fyrkat）	120m	13m	16	28.5m
ノンネバッケン（Nonnebakken）	120m			
トレラボー（スレーエルセ近郊）	136m	19m	16	29.4m
ボーアビュ（Borgeby）	150m	15m		
トレラボー（トレラボー）	125m			

推測されている。土塁の外側の家は、二棟を除いて炉がないところを見ると、倉庫か作業場だったと思われる。中央奥に見える二棟の家の背後は墓地になっており、ハーラル青歯王のルーン石碑に記されていたようにここに住んでいたヴァイキングたちはキリスト教徒であったようで、すべてが東を頭にして埋葬されている。ただし、ここには指揮官クラスの墓はない。指揮官クラスの墓は砦の外に造られたと考えられているが、まだその存在が明らかになっていない。

トレラボーの建物はすべて木造で、掘立柱構造になっていた。その後のフィルカットの発掘からは、「外側の柱列が壁を外側から斜めに支えており、この写真のような回廊にはなっていなかった」という結論が出ている。家の復元にあたっては、トレラボーと同時代に造られた聖遺物箱が当時の家の形を表していると考えられ、それが参考にされたようだ。

スレーエルセにある復元家屋（復元は不正確）

デンマークの歴史開闢《かいびゃく》の地イェリング（Jelling）

何と言っても、デンマークの歴史をひもとくにはイェリングからはじめなければならない。というのも、ここに建てられたハーラル青歯王のルーン石碑（写真）は、同時代の資料として、初めてデンマーク全土の支配に言及しているからだ。

「王たるハーラルは、父ゴームと母ティーラのために、この記念碑の建立を命じた。ハーラルは、デンマーク全土、そしてノルウェーを服従させ、デンマーク人をキリスト教徒とした」

読まれたら分かるように、この石碑にはデンマークのキリスト教化について述べられており、その装飾部分にあるキリスト像は、デンマークだけでなくスカンジナビアで最古のキリスト像とされている。

このハーラル青歯王の大きな石碑の隣にいささか小ぶりの石碑があるが、これには、ハーラルの父であるゴーム老王によって次のように刻まれている。当時のヴァイキングたちは、貴人が亡くなったときにこのようなルーン石碑を建ててその記念とする風習があった。このイェリングの二つのルーン石碑は、一九九四年、その歴史的な重要性からユネスコの世界文化遺産に指定されている。

「王たるゴームは、妻でありデンマークの誉れであるティーラのために、この記念碑を建立する」

一〇世紀の前半に生きたこのゴーム老王が、現在まで続くデンマークの王朝の始祖とされている。イギリスにおけるデーン人(9)の支配地帯であったデーンロー（Danelaw）の首長の一人であった彼がユトランドに帰り、そこで王になったと考えられている。時は、まさにヴァイキングの全盛時代であった。

これらのルーン石碑の南北にある人工の丘は、長らく、北が「ティーラの丘」、南が「ゴームの丘」と呼ばれ、それぞれが埋葬されている所だと考えられてきた。しかし、発掘の結果、南の丘には何もなく、北の丘には木造の槨室《かくしつ》が見つかったが、中に遺骸は埋葬されていなかった。他方、両方の

（9）北方系ゲルマン民族であり、六世紀の文書に最初の言及がなされている。ヴァイキングとして周辺の地域を侵略。時代とともに地域的まとまりが進み、デンマーク人、スウェーデン人、ノルウェー人などになっていく。

丘の間、ルーン石碑の北にある教会の地中からは埋葬された遺骸が一体見つかっている。したがって、今となっては丘は墳丘《ふんきゅう》ではない。しかし、このような墳丘墓は青銅器時代にはじまってヴァイキングの時代にもたくさん造られた。

ティーラの丘の基部には、青銅器時代のより小さな丘が認められている。また、両方の丘の中心を結ぶ軸線に沿って船の形に並べられた石の列が見つかっているが、これもヴァイキング時代の埋葬施設として普遍的なものである。おそらく、青銅器時代の小さな墳丘と異教徒時代の石船が最初に存在し、その後九五八～九五九年[10]に北の墳丘が拡張されるとともに船の一部が破壊され、さらにハーラル青歯王によって南の墳丘と両墳丘の間のルーン石碑、および現在の石造教会の前身である木造教会が造られたのではないかと推定される。

ハーラル青歯王は九六〇年にキリスト教に改宗したが、彼の石碑が建てられたころに、ゴーム老王の遺骸を教会の床下へと改葬した可能性が高いと考えられている。

ともかく、この墳丘はデンマークでは最大規模のものだという

デューラの丘（左）と遺骸の見つかった教会

ことだが、高さは一〇メートルになるかならないかという程度で、日本の仁徳天皇陵（墳長四八六メートル、高さ三五メートル。大阪府堺市）などの古墳より五〇〇年以上も後代のものだが、それに比べるとかなり小さい。

ハーラル青歯王は、その後、神聖ローマ皇帝オットー二世との戦いに敗れ、その住居をイェリングからより安全なロスキレ（Roskilde）へと移したと考えられている。長く続いた内乱ののち、ハーラル青歯王は息子のスヴェン叉鬚王に追われ、キールの近くで亡くなった。

2　個性的な王の時代

ヴァルデマー大王とリングステズ（Ringsted）

ヴァイキング時代の最後を飾るクヌーズ大王の「北海帝国」がイギリスやノルウェーまで支配下に収めたあと、古代デンマーク王国は崩壊し、一一三〇年代になると内部抗争の時代となった。そのデンマークを統一し、再興し、中世におけるデンマークの絶頂期をつくったのがヴァルデマー大

（10）　北の丘の槨室に使われていた木材の年輪測定から推定したもの。

王とその子どもたちの世代である。

　ヴァルデマー大王の父親であるクヌーズ・ラヴァードは、南ユトランド伯としてあまりにも目立つ行動をしたため、ニルス王の息子であるマグヌス王子は彼を王位継承への障害と考え、これを殺害した。一一三一年のことである。

　ヴァルデマーは、父親の死後一週間にしてこの世に生を受け、シェランの有力貴族であるヴィーザ（Hvide）家の当主アサ・リー（Asser Rig, 1080～1151）の家で、彼の二人の息子エスベルン・スネーア（Esbern Snare, 1127～1204）、アブサロンとともに育った。このヴァルデマーの義兄弟二人は、ヴァルデマーとともに戦い、デンマークの教会の大立者となってヴァルデマー王朝を支えている。

　ヴァルデマーは、スヴェン三世とクヌーズ五世とともに一〇年にわたってデンマークを分割統治したのち、一一五七年に統一デンマークの王となっている（一一八二年まで）。彼は、当時、デンマーク沿岸を略奪していたヴェント人[11]を掃討するとともに国土の防衛に力を注ぎ、セナボー城などを設けてダンネヴィアクを強化している。また、アブサロンは一一六七年にエーアソン海峡の拠点に要塞を築いたが、これがのちにコペンハーゲンへと発展していった。

市役所前に立つヴァルデマー大王像

ヴァルデマー大王は、リングステズ（Ringsted）の聖ベン（ベネディクト）修道院に付属した教会を王家の埋葬所として建設した。この聖ベネディクト教会は、現存するレンガ造りの建物としてはデンマーク最古のものである。一一七〇年に教会が献堂されるとともに、ヴァルデマー大王の父親であるクヌーズ・ラヴァードが列聖され、同時にヴァルデマーの息子のクヌーズ（六世）が未来の国王として大司教の手で戴冠され、死後、ここに葬られている。

リングステズの町は、シェラン島のほぼ中心にあり、デンマークでもっとも古い町の一つであるが、その後、王室の庇護がロスキレに移ったために単なる一地方都市となってしまった。

クヌーズ・ラヴァードは、リングステズの北にあるハラー

リングステズの聖ベン教会

(11)　民族大移動が終わった六世紀以降、現在の北ドイツおよび東ドイツに広範囲に居住する西スラブ系の人々を指したもので、オボリート人やソルブ人など、さまざまのスラブ系の人たちの総称。ヴェント人は、中世に入って徐々にドイツ化されていったが、現在はドイツのブランデンブルク州およびザクセン州に数万人のソルブ人が残っている。

ルステズの森（Haraldsted Skov）におびき出されて殺されたわけだが、その地にヴァルデマー大王は教会を建てた。このクヌーズ・ラヴァード記念教会は、今は土台だけとなり、その周囲では羊がのんびりと草を食んでいる。

アブサロン大司教とソレ（Sorø）

ヴァルデマー大王の右腕であったアブサロン大司教は、リングステズの西にあるソレの修道院にシトー派の修道僧を招き、ヴァルデマー大王にならって二〇年の歳月をかけて修道院付属の教会を建てた（一一八〇年）。修道院は、父親のアサ・リーが創建したもので、ヴィーザ家の本拠地はリングステズとソレの間にあるフィエネスレウ（Fjenneslev）にあった。

この教会は、現在「マリア教会」と呼ばれており、アブサロン大司教ほかのヴィーザ家の墓所となっている。また、ヴァルデマー再興王（四世）、オーロフ二世、クリストファ二世といったヴァルデマー王朝の王たちもこ

クリストファ２世の棺

こに眠っている。ヴァルデマー再興王の娘で、カルマル同盟[12]を実現したマルグレーテ一世もいったんソレに埋葬されたが、その後ロスキレ大聖堂に改葬されている。

アブサロンは、ヴァルデマー大王を援けてヴェント人の海賊の掃討に尽力し、これに成功している。さらにアブサロンは、デンマークの王権を神聖ローマ帝国のくびきから脱却させることも目指していた。ヴァルデマー大王自身は、アブサロンの反対にもかかわらず、一一六二年にフリードリヒ一世に忠誠を誓ったが、ヴァルデマーの息子であるクヌーズ六世が皇帝の使者を接受したときには、皇帝に対して忠誠の誓いを行うことを拒んでいる。クヌーズは使者に対して、「皇帝のところへ帰れ。そして、デンマーク王は絶対に皇帝に服従もしなければ、これに忠誠を誓うこともしない、と伝えよ」と叫んだと伝えられている。

コペンハーゲンの創建者としてよく知られているアブサロンだが、コペンハーゲンにある彼の像は甲冑に身を固めた騎馬像の姿になっている。これで分かるように彼は、宗教家というよりも政治家であり、戦争の指導者であった。パリで神学を学んだ一方、彼はヴァイキングの心をもった男だったとも言われる。そして、忘れてはならいことが、最後のルーン石碑を建てたのもアブサロンだったということである。

(12)　一三九七年にマルグレーテ一世のもとに締結された、デンマーク、ノルウェー、スウェーデンの三国同盟。実質的には、同盟を通じてデンマークが三国に支配を及ぼしていた。一五二三年にスウェーデンの脱退で終了。

ソレには長い間修道院だけが存在しており、町の発展自体は新しい。その修道院の建物としては、マリア教会のほかに門だけが創建当時の姿で残っている。この門にはデンマーク最古の住宅（一三世紀初頭）もあり、ここでサクソ・グラマティクス（Saxo Grammticus, 1155～1220）がアブサロンからの委嘱を受けて、デンマークの最初の歴史書となる『デンマーク人の事跡（Gesta Danorum）』[13]を書いたと考えられている。

マリア教会に隣接して立っている「ソレ・アカデミー（Akademia Sorana）」は、デンマーク最古の学校として知られている。

デンマークでは、一五三六年の宗教改革の結果、すべての修道院は閉鎖されてその財産は国王のものとなり、一五八六年になって、フレゼリク二世がここに貴族の子弟

ホイブロ広場に立つアブサロン大司教の騎馬像

のための寄宿学校を建てたが、のちに火事によって焼失している。そして、一七五〇年には戯曲家のホルベア（Ludvig Holberg, 1684～1754）が全財産を投げ打って再建したが、一八一三年に再び炎上した。

現在ある古典主義の建物は一八二六年に建てられたものである。しかし、アカデミーの建物の脇には一八世紀に建てられた建物が残っており、ここには、デンマークの著名な詩人・歴史家であるB・S・インゲマン（Bernhard Severin Inggemann, 1789～1862）が住んでいた。

カルンボー（Kalundborg）

カルンボーの町は、エスベルン・スネーアが造った砦から出発した。エスベルン・スネーアはヴィーザ家の長男で、弟のアブサロンほど目だった動きはしなかったがヴァルデマー大王を支えた重要人物である。

デンマークでは、ニルス王が殺害されたのちの長い抗争のあと、ドイツ皇帝の仲介によって、ヴァルデマー、スヴェン三世、クヌーズ五世の三人の王族がデンマークを分割することになった。その決定の直後、スヴェンは、ヴァルデマーとクヌーズをロスキレの王城での宴会に招待し、そこで

(13)　谷口幸男訳、東海大学出版会、一九九三年。ただし、一～九巻までの抄訳で、一〇～一六巻は未収録。

二人の暗殺を謀ろうとした。

一一五七年の八月七日、クヌーズは殺害され、ヴァルデマーは傷を負ったがアブサロンとともに脱出に成功している。そして、エスベルン・スネーアの助けで勢力圏だったユトランドに渡り、体勢の建て直しを図った。ヴァルデマーは、エスベルン・スネーア、アブサロンの兄弟とともに、追ってきたスヴェンの軍勢をグレータ・ヘーゼ（Grathe Hede・ヴィボーとシルケボーの間にある）で打ち破り、デンマークの王となった。

エスベルン・スネーアが一一七〇年ごろに建設したカルンボーの要塞は、弟のアブサロンが建設したコペンハーゲンの要塞とともに、ヴァルデマーが主として対ヴェント人防衛のために建設した一連の城砦を補完するものと考えられる。

また彼は、カルンボーに教会を造ることも計画した。一一七一年から一三世紀の初めにかけて建設されたこの教会は、彼の娘であるインゲボーによって完成されており、ギリシャ十字の形をしているが、十字架の先と交差部分の五か所に塔をもつという特殊な形となっている。

他方、カルンボーの砦は、ヴァルデマー再興王のときに一新され、一六世紀に至るまでデンマークでもっとも重要な城となっていた。そこにあった巨大な塔「フォーレン（Folen）」にはデンマークの公文書保管所が置かれ、エーリク七世がポンメルン（Pommern）に持ち出すまではデンマーク国旗もここで保管されていた。

また、この城では、セナボー城から移送されてきたクリスチャン二世が、最後の一〇年間を幽閉の身で過ごしている。その後、城は対スウェーデン戦争で大破し、一六五九年には全面的に取り壊された。現在は、フォーレンの土台だけが残っている。

教会は、今でもカルンボーの旧市街の丘の上にエキゾチックな姿を見せている（写真）。この教会から市場の広場にかけて中世後期の建物が建ち並び、魅力的な景観をつくっている。プレステ通りのステンフーゼス（Stenhuset）は一五世紀末に建てられたもので、デンマークに現存するもっとも古い住宅である。ライフラインはまったく整っていないが、外見はなかなか堅牢な建物となっている。

カルンボーの聖母教会

ストアベルト橋のたもとのコセーア（Korsør）

二〇〇八年、初めての晴れた週末だったので遠出をしてみた。ちょうどこのとき（二月九日）、日本は東京でも頻繁に雪が降っていたようだが、コペンハーゲンはとても暖かく、日中は気温は一〇度くらいまで上がっていた。

コセーアはシェラン島とフュン島とを結ぶ最短地点であるため、コペンハーゲンとユトランド半島を結ぶ幹線交通路のなかで、両島間のフェリーの発着港として重要な位置を占めている。一九九八年に橋ができてからは、漁業と若干の製造業のほかは海軍の駐屯地が残るだけとなり、現在ではここに二万人ほどが住んでおり、そのうち二〇〇〇人ほどが町の外に通勤をしている。

このシェラン島とフュン島を結ぶストアベルト橋は一九九八年の六月一四日に開通し、その吊橋部分は一六二四メートルと、日本の明石海峡大橋の一九九一メートルに次いで世界第二位の長さを誇っている。何人かのデンマーク人から、「ストアベルト橋はできたときには世界一だったが、数か月で日本に追い越されてしまって残念だ」ということを聞いたが、今回調べてみたら、実は明石海峡大橋の開通は一九九八年四月五日で、ストアベルト橋より二か月ほど早かった！　もっとも日本は、それ以降大きな橋は造っていないので、「橋梁工事の技術レベルからするとデンマークに水を空けられているのではないか」と、ある建築関係の専門家から聞いたことがある。

コセーアが歴史に登場して来るのは一二世紀のことである。フュン島側のニュボー城や海峡の小島であるスプロウエー島と並び、ヴァルデマー大王がヴェント人の侵略に対してコセーアの港にも防御施設を造った。しかし、コセーアの名が最初に記録されているのは一二四一年のことで、現在港に残る要塞はそのころに造られたものと考えられる。ただ、当初の建物のうち残っているのは塔だけで、それにつながっていたコセーア城は、老朽化のため一九世紀の初めに解体されている。

コセーア出身者のなかでもっとも名高い人物といえば詩人・作家のイェンス・バゲセン（Jens Baggesen, 1764～1826）で、この朽ち果てたコセーア城で生まれている。

この塔の脇にあるマッシヴな建物は、ご他聞にもれずクリスチャン四世が一六一〇年に建てた弾薬庫である。現在は、「コセーアの歴史・フェリー博物館」(14)になっている。中央の塔と弾薬庫を挟んで右側に元司令官の住宅があり、

（14）（By og Overfartsmuseet i Korsør）通常展示は、ストアベルト海峡のフェリーをはじめとした郷土史に関係したもの。

コセーアの町から見たストアベルト橋

一七二〇年代に建てられている。左側の赤壁の木組みの家は一八二六年の竣工で、もともとは大砲を曳く車の倉庫であった。その後、さまざまに転用されたあと、現在は食堂などが入っている。デンマークの大半の小規模な文化施設は、冬の間は休業している。ここも同様である。デンマークの冬は、昼が短く天気の悪い日が多いので観光には適さないが、それにしても、訪れた先で開いている施設が滅多にない。もう、お手上げ状態である。

町に戻ってみると、賑わっているのは安売りスーパーの「NETTO」[15]くらいだった。やはり町が小さいせいだろうか、土曜の昼前というのに、目抜き通りでも人がちらほらしか出ていない。その目抜き通りの真ん中あたりにあった立派な建物が写真の建物である。一八五〇年に市庁舎として建てられたもので、現在でも立派な広間で結婚式などが執り行われているが、現在の主な用途は、裁判所、留置所、そして警察署だということだった。結婚式を祝う場所の正面玄関の上に、麗々しく「留置所」とか書かれているのを見ると変な気分になる。

もう一つ、観光客がよく訪れる建物として「コンゲゴーエン（Kongegården）」という建物がある。これは、コセーアの富裕な商人であったラスムス・ランゲラン（Rasmus Langeland, 1712～1780）が一七六一年に建てたロココ様式の豪邸である。コンゲゴーエンというのは、クリスチャン七世をはじめとした王家の人々が、コセーアに来たときにこの建物に泊まったことから名付けられたニックネームである。そして、一七七一年には、妃のカロリーネ・マティルデが、侍医であり愛人でもある、実質上のデンマークの支配者であったストルーエンセ（Johann Friedrich Struensee, 1737～

1772）とともにここに泊まったという記録もある。

ヴァルデマー再興王の軍事拠点ヴォーディングボー（Vordingborg）

ヴォーディングボー城の歴史は、ヴァルデマー大王が対ヴェント人防衛網の一環として一一七〇年ごろに建設した砦にはじまる。歴史家のサクソ・グラマティクスによれば、ヴァルデマー大王は一一八二年にこの城で亡くなっている。その子のヴァルデマー勝利王（二世）も頻繁にこの城に滞在し、死の直前の一二四一年、ここで「ユトランド法典」[16]に署名している。そして、一三二四年にはクリストファ二世が城の教会で戴冠している。しかし、デンマークは混乱と解体の時代で、クリストファ二世は財政を支えるため王家の所領をすべて抵当に入れてしまい、最後は無一文で亡くなっている。

城は、デンマークの再統一を実現したヴァルデマー再興王（四世）の時代に最盛期を迎える。ヴ

（15）デンマークには、一四〜一五の異なるスーパーマーケット・チェーンがある。Netto は安売りスーパーの代表格で、ドイツやイギリス、ポーランドなどにも店をもっている。

（16）（Jyske Lov）一二四一年に成立し、一六八三年に至るまでユトランド半島などに住む人々の生活を律した。前文が有名で、始まりの一節はコペンハーゲン市裁判所の列柱の梁にも記されている。「MED LOV SKAL MAN LAND BYGGE（国家は法に上に建てられなければならない）」

アルデマー再興王は、城の外周すべてに堅牢な城壁を築いた。王は、混乱し分裂していたデンマークを再統一したが、それはバルト海に勢力圏を延ばしていたハンザ同盟[17]の利益と真っ向からぶつかることとなった。一三六八年から七〇年の間のハンザ同盟との戦いの際、ヴォーディンボー城も包囲攻撃にさらされたが、城の補強工事が功を奏し、城はその攻撃をもちこたえた。

ヴァルデマー再興王は、一三七五年に亡くなったあと、彼が軍事面での本拠地としたヴォーディンボー城の教会に葬られたが、二年後、娘のマルグレーテ一世によってソレの教会に改葬されている。ヴァルデマー再興王時代の建物で現存するのは、三六メートルの高さがある鵞鳥塔だけである。この名前は、塔の尖塔に取り付けられている黄金の鵞鳥に由来している。

ヴォーディンボー城は、その後さまざまな修復が重ねられたが、一六世紀になると施設が徐々に時代遅れとなり、一六七〇年に本丸は解体され、フレゼリク三世の息子が狩りをする際に滞在する「狩城」が建てられた。しかし、この狩城は一〇〇年ともたなかった。

鵞鳥塔（Gåsetårnet）

城の復元図。左の壁にあるのが鵞鳥塔

ヴォーディンボーの市街は、とくに古いものがあるというわけではないが、デンマークの町らしく小ぎれいな町並みとなっている。元力士だった曙や小錦を思い出させるような体型の人たちが登場する彫刻が市の中央通りに置かれている。かつて、城門のあった場所だろうか。

ニューボー城（Nyborg）

ニューボー城は、ヴェント人に対するストアベルト防衛ラインを構成する城として、コセーア港とスプロウェー島の防衛施設とともに、一一七〇年ごろにヴァルデマー大王によって建設されたと考えられている。この一二世紀末の砦は、現在、地上にその痕跡をとどめていない。東の塔の地下に当時の建物が残っているのではないかと考える人もいるが、それを証明するだけの資料はない。

一三世紀の初頭にここに築かれた城は、デンマークのほぼ中心にあったことも関係して、デンマーク国王のもとに貴族が参集するダーネホフ（Danehof）の主たる開催場所となっていた。現在残るニューボー城の下層のレンガは、ダーネホフが開催されたときの城の一部で、デンマークに現存する最古レンガ造りの世俗建築である。

（17）一二世紀中庸から七世紀中葉まで存在した北ドイツ商人の連合組織で、共通の経済的利益追求をした。後期に都市の同盟に成長し、最盛期には三〇〇に上る都市が参加した。

「ダーネホフ」とは、貴族を構成員とする国会のことである。ヴァルデマー勝利王が亡くなったあと、王権の弱体化と貴族の勢力の増大を背景として王権抑制の組織として発達した。一二八二年には、エーリク切詰王（五世）がイギリスのマグナカルタに相当する憲章[18]に署名をし、以後毎年、ダーネホフを召集する義務を負うこととなった。この時期は、ニューボーがデンマークの首都としての役割を果たしていた時期とも言える。

エーリク七世が一四一三年に召集したダーネホフが、ニューボー城における最後である。このころになると、デンマークの政治の比重は東のほうに移り、ニューボーは権力の中心ではなくなっていた。すなわち、エーリク七世の大叔母であったマルグレー

ニューボー城。左に角塔、向こう側に西翼

テ一世女王の力でカルマル同盟が実現し、スウェーデンとノールウェーがデンマークの傘下に入ることとなったからである。このような状況を背景に、エーリク七世はロスキレ大司教の手からコペンハーゲンを没収し、一四一七年には首都をニューボーからコペンハーゲンに移したわけである。また、一四二五年には、エーアスン海峡を通航する船から海峡税の徴収をはじめている。

首都機能がコペンハーゲンに移転したあとも、ニューボー城は国王の居城としての役割を果たしていた。クリスチャン二世は、一四八一年にニューボー城で生まれている。その後、このクリスチャン二世の陣営と、彼から王位を奪取した叔父のフレゼリク一世とその息子であるクリスチャン三世の陣営との間に戦われた「伯爵の争乱（Grevens feide）」（一五三三年〜一五三六年）でニューボー城は二度も落城し、町は焼け落ちた。内戦を制したクリスチャン三世は、ニューボー城を城砦として強化拡張している。町全体を囲む堀を強化し、城の西翼を今日残っているような大きさまでに拡張した。

その後、一六五八年〜一六五九年のスウェーデン戦争において、ニューボー城は大きな被害を被っている。フレゼリク三世のもとにデンマークはエーアソン海峡の東側を永遠に失うことになったが、その一方で絶対王政が導入された。フレゼリク三世は、ニューボー城を軍事拠点として修復は

---

(18) ホンフェストニング（Hånfæstning）、直訳すると「手縛り」。文字通り、国政の全般にわたって国王の手を縛った憲章だった。

したが、国王の居城として使うことをやめている。その結果、城は西翼を除いて取り崩され、建材は砦の防壁やほかの城の建設、または学校の建築に利用された。その後、二〇世紀に入って若干の修復が加えられて現在の姿になっている。

ニューボーのすぐ南に、ホルケンハウン城という美しい城が立っている。この城も、建てられた当初の一七世紀には、幾多の数奇な運命を辿った城主を頂いていた。城は、まずウルフェルト家(19)という名門貴族が一五七九年から一六〇〇年にかけて建てた。その後、一六一六年にはクリスチャン四世の二番目の妻であるキアステン・ムンク（Kirsten Munk, 1598～1658）の母（にもかかわらず、クリスチャン四世に愛人のヴィ

ホルケンハウン城（Holckenhavn）

ーベケ・クルーセ［Vibeke Kruse, 1605～1648］を紹介したらしい）であるエレン・マースヴィン（Ellen Marsvin, 1572～1649）の手に移り、エレン・マースヴィンの死後には、キアステン・ムンクが相続している。

そして、キアステン・ムンクの死後はクリスチャン四世の娘であるレオノーラ・クリスティーネ（Leonora Christina Ulfeldt, 1621～1698）の城となるが、彼女は当時の貴族の大立者であったコーフィツ・ウルフェルト（Corfitz Ulfeldt, 1606～1664）と結婚していた。

ウルフェルトはフレゼリク三世と折り合いが悪く、スウェーデンに逃亡し、一六五八年にはスウェーデンの側に立って、ロスキレの平和条約の際にスコーネやハランをスウェーデン側に譲りわたすための交渉役を務めている。そのため、ウルフェルトとレオノーラはデンマークから国賊として追われる身となったが、スウェーデンからも反逆罪に問われ、ウルフェルトはドイツに逃亡して果てた。一方、レオノーラは、二二年間にわたってコペンハーゲンの獄中で過ごすこととなった。

その後、王家に接収された城は、一六七二年にクロンボー城の司令官だったホルク男爵の手にわたり、それ以来、三四〇年近くの長きにわたってホルク家がホルケンハウン城の城主となっている。

（19）（Ulfeldt）一一八六年には文書に名前が言及されている、デンマークの名門貴族。

ガンメル・リュ（Gammel Rye）

ガンメル・リュは、中世の時代には重要な市場町の一つだった。そして、一四〇〇年代から一六八七年までは、デンマークの国事を決定する集会が開かれる場所の一つであった。ガンメル・リュが集会の場所に選ばれた大きな理由として、町の西の森にある聖セーレンの聖泉[20]の存在が挙げられる。市場町として栄えたのは、この泉と近くにあるエム修道院（Øm Kloster）、そして町のなかにある聖セーレン教会への巡礼が寄与していた。

集会が開かれたのはいつも聖セーレン教会であり、数ある集会のうちでもっとも有名な集会が一五三四年七月四日に開かれている。この日、この教会でユトランドの貴

聖セーレン教会（Sankt Sørens Kirke）

族がクリスチャン三世をデンマーク王に選出した。クリスチャン二世派が敗れて熱心なルター信奉者であるクリスチャン三世が王になったため、デンマークのカトリック派はなすすべもなく一掃されることになった。この意味で、ガンメル・リュの聖セーレン教会は大変重要な歴史的役割を果たしたと言える。

一五三六年の宗教改革ののち聖泉への巡礼が衰退し、小さな集落にとっては、この教会は大きすぎるものとなった。加えて一六〇〇年代には、三回にわたる火事で町は大きな被害を受けた。時とともに町はさび

(20)　病気を治癒する薬効をもつと言われる泉。キリスト教化以前からの信仰の対象だった所が多い。

ガンメル・リュの古民家

れていき、教会も徐々に朽ちていった。

そして、一六九八年、朽ちて危険な状態になっていた塔と教会の東側の廊が取り壊された。現在の塔は一九一二年に新しく建てられたもので、昔の塔のあった場所に建てられているが、教会の翼廊部分が再建されていないために教会は二つに分かれた形となっている。

今は小さな村になってしまったガンメル・リュだが、散策すると、丘と森に囲まれた村に茅葺屋根の民家が点在しており、のどかな田舎の風景を楽しむことができる。また、聖セーレン教会はちょっとした高台にあるので、その墓地に立つと村を一望することができる。その村から少し足を伸ばして西側の丘に登ると、復興された聖泉にたどり着く。デンマークではなかなか経験できない山歩き、ここであればその雰囲気程度は味わうことができる。

クロンボー城

コペンハーゲンに近い観光名所であるクロンボー城を訪ねた。「デンマークのリヴィエラ」と呼ばれたシェラン島の東海岸を北上すること約一時間で、目指す城が見えてきた。晴天の午前中に着いたので、シェークスピアの話のように亡霊が出てくる雰囲気はまったくない。

すぐ目の前に見えるスウェーデンとの間の狭い海峡を行き交う船を眺めていると、ここを通る船から通行税を確保するために城を建てたこと、そして、その税のおかげでデンマークの王権が強大になったことも納得できてしまう。一九世紀になってからの記録では、海峡を通る船は一年に一万隻を超えていたそうで、毎日三〇隻もの船がここを通り、そのすべての船が通行税を納めていたことになる。ハンザ同盟が、このことをうっとうしく思ったのもうなずける。

ハンザ同盟に対抗する意味をもったカルマル同盟は一三九七年に発足したが、ここに最初の城を建て、税を徴収しはじめたのは、カルマル同盟の最初の盟主であるエーリク七世だった。ただ、そのころの建物は中世的な砦でしかなかった。それを今日見られるような豪壮な建物に改築したのはフレゼリク二世で、一五八五年に完成している。

その後、一六二九年に失火のために教会

晴天のクロンボー城

を除いた建物が全焼したが、フレゼリク二世の息子であるクリスチャン四世によって直ちに復旧されたという。二〇〇〇年にはユネスコの世界文化遺産に指定されたが、近年は軍隊が駐屯所などに利用していたためか、昔ながらの姿はあまり残っていない。城の中を見てもオリジナルの家具などもなく、ただ広々とした印象しかない。

シェークスピア（William Shakespeare, 1564～1616）はクロンボー城に来たことはなかったということだが、ハムレットの舞台として、エルシノア（Helsingør）とそこにあるクロンボー城を選んだ。ハムレットの話の原型自体は、ユトランド半島北部のモア島（Morsø）にいた王子の話ということだ。

創建当時の姿を残す教会に入ってみると、一六世紀に建てられ、ルネサンスとバロックの間の移行期の様式になっており、なかなか面白い。壮観なのが、フレゼリク二世やソフィー王妃の紋章で美々しく飾られた信徒用のベンチである。そのベンチの向こうの壁には、ドイツ語の文章が書かれてあった。案内係の女性にその理由を尋ねたところ、「一六世紀の王家ではドイツ語が使われていた。その後のフランス語のように、ドイツ語は上流階級の言葉だった」という話だった。

フランス語が上流階級の言葉として使われるようになるのはルイ太陽王（一四世）が出てきてからだから、その前には皇帝の支配するドイツ語のほうが格好よいと思われて上流階級で使われていたとしても不思議はない。しかも、デンマーク王家の系図などを見てみると、ずっとドイツ系の貴族からお妃《きさき》を迎えていることから、ドイツ語が日常会話として使われていても当然だと思われる。

ただ、このような礼拝の場所にまでドイツ語が記されているのには正直言って驚いた。

フレゼリクスボー城と象勲章

コペンハーゲンの北には、有名なお城がいくつかある。前述のクロンボー城が観光的には一番人気であると思われるが、そのほかにも、現在なお現役で、マルグレーテ（二世）女王陛下が春と秋を過ごされるフレゼンスボー城、そしてフレゼリクスボー城もとても立派なものである。

フレゼリクスボー城は、一七世紀初頭にクリスチャン四世によって建てられたルネサンス様式の城である。一八五九年に教会を除いたほとんどの部分が火災にあって焼け落ちてからは博物館に転用された。素晴

フレゼリクスボー城とバロック庭園

らしいバロック庭園は、一七二〇年代に建設され、一九九六年に復旧されたものである。

お城の教会で興味深いものを発見した。今上陛下が皇太子時代の、「一九五三年八月八日」の日付が記されている盾で、菊の紋章の周囲にはデンマークの象勲章がかたどられている。その下にあった、「一九五七年三月五日」付けの三笠宮殿下の盾にも象勲章がかたどられていた。

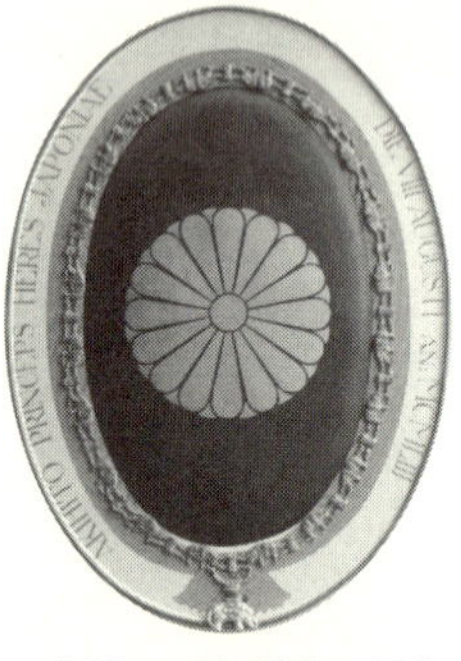

天皇陛下が象勲章を授与された記念の盾

象勲章（Elefantordnen）とはデンマークの最高位の勲章のことで、一四七〇年代にまで遡る歴史をもっている。一六九三年になってクリスチャン五世が勲章制度を改め、それまで乱発気味だった象勲章を、原則としてデンマークの王族ならびに外国の元首とこれに準ずる者にしか授与しないこととした。

第二次世界大戦後になって平民に与えられた例を挙げると、外国人ではアイゼンハワー将軍（Dwight David Eisenhower, 1890～1969）、モンゴメリー将軍（Bernard Law Montgomery, 1887～1976）とチャーチル首相（Sir Winston Leonard SpencerChurchill, 1874～1965）の三人で、デンマーク人では理論物理学者のニルス・ボーア（Niels Bohr, 1885～1962）と「マースク・ライン」[21]の創設者の二人しかいない。ちなみに、女性が象勲章の叙勲資格を与えられたのは一九五八年のことである。

なぜ、象勲章の叙勲はそれほど敷居が高いのか？　それは、象勲章がガーター勲章と同様に、中世の騎士叙勲に遡る性格をもっているためである。そのころの勲章は、貴族である位の証《あか》しであった。この象勲章とともに古いダンネブロ勲章（Dannebrogordenen）も、一八〇八年に制度が改められるまでは、五〇人の騎士にしか与えられないという特権的なものだった。勲章が平民にまで行きわたるようになるのは、ナポレオン・ボナパルト（Napoleon Bona parte, 1769～1821）の導入した「レジオン・ドヌール」まで待たなければならない（一八〇二年）。

クリスチャン五世が勲章制度を改革して以降、象勲章とダンネブロ勲章は、このフレゼリクスボー城の教会で授与されていた。象勲章をかたどった今上陛下や三笠宮殿下の盾があるのも、そういう勲章を授かった人々を記録する習慣ゆえのことである。今上陛下は、エリザベス女王の戴冠式の帰途デンマークに一か月ほど滞在し、まだ王女であったマルグレーテ女王にもお会いしている。日付からすると、その滞在時に勲章をいただいたということになる。皇太子殿下も象勲章をいただいているはずだが、その盾は天皇陛下の近辺には見つからなかった

ところで、この象勲章は、かの「ジョージ・ジェンセン[22]」がつくっている。その鋳型が盗まれる

（21）（Maersk Line）デンマーク最大の企業であり、世界最大の海運企業グループである「A.P.Møller – Mærsk」のコンテナ部門子会社。世界最大のコンテナ海運会社である。

（22）（Georg Jensen）コペンハーゲンに本社を置く、宝飾品製造販売会社。

という騒ぎが、二〇〇四年の夏にあった。しかし、「それから勲章をつくっても商売にならない」と、鋳型が盗まれても関係者は平然としていたそうだ。この段階で象勲章を身に着けることのできる人は、世界中に七二人しかいなかった。

ニューボーザ（Nyboder）

コペンハーゲン名物となっている人魚姫の像を見ようと、ローゼンボーあたりから北に向かって歩いていくと、そこら中に赤い屋根の黄色い二階建ての長屋が立ち並んでいる地区を通ることになる。このニューボーザ地区にある黄色い長屋は、もともとは軍艦の乗組員とその家族用に建てられた住宅である。

この住宅を建設させた王はクリスチャン四世である。この王は、名君とは言えないかもしれないが、もっともたくさんの建設事業を行い、デンマークの最盛期とその

ニューボーザの町並み

凋落を経験し、デンマーク史上もっとも人気のある王と言える。

ニューボーザの住宅建設は、一六三一年一月七日にクリスチャン四世が国務院に対して建議したことによってはじまった。彼は、軍艦が出動するときに乗組員が近隣にまとまって住んでいることのメリットを説き、さらに家族の生活が安定すれば乗組員も安心して業務をまっとうすることができると主張した。海峡税を財源として、その年の七月に建設がはじまった。工事は遅々として進まなかったが、一〇年後の一六四一年にはともかく完工している。

クリスチャン四世は、この長大な長屋建築を、ドイツのアウグスブルクにあるフッゲライ(23)から着想を得たようだ。当初は平屋建てで、二〇〇戸が建設されている。一戸の広さは約四〇平方メートルで、一九平方メートルの居間、寝室と前室があり、台所は隣人と共用となっていた。瓦屋根は当初から使われており、当時の感覚からすればモダンな住宅と言える。現在、それら住宅は黄色く塗られていて人目を引いているが、建設当初はデンマークの国の色である「白」と「赤」に塗られていたと聞く。現在のような色になったのは一九世紀の建て替えのときで、その時代の好みが反映したものと思われる。

その後、建て替えや売却の話が何度ももちあがり、都市計画のために住宅が大きく取り壊された

---

(23)　一五二一年、豪商ヤコブ・フッガーが資金を提供して、生活に困っている市民のために建設された世界最古の社会福祉住宅。

部分もある。残った住宅も、一八世紀半ばから一九世紀末までの間にほとんどの部分が二階建てに建て替えられ、オリジナルのものが残っているのは、聖パウルス通り二〇番地から四〇番地の間だけとなってしまった。この部分は一六三五年に建てられたもので、一九一八年に保護対象建築に指定され（現在では、ニューボーザ地区全体が保護対象となっている）、記念館なども収容されている。

また、クロンプリンセス通りがニューボーザを縦貫したときに、クロコダイル通りとの交差点にクリスチャン四世の銅像が造られ、一九〇〇年七月二九日に除幕式が執り行われている。この「クロコダイル通り」もそうだが、ニューボーザ地区の通り名には、珍しい動物や植物の名前が数多くつけられている。

ニューボーザ記念館は日曜日の一一時から四時までしか開館していないので、見学時間のやり繰りが大変である。思い立ってから長い間そのチャンスを逸してきたが、ようやくその中に入って、室内の様子を見ることができた。

ニューボーザは、先にも述べたように海軍および海軍工廠の正規の働き手のための住宅で、この性格は現在も変わっていない。現在、七五〇世帯がニューボーザに住んでいるが、原則として一期三年で、二期までしか居住は認められていないという。必ずしも満足できるだけの設備ではないが、若い人たちの低コスト住宅として人気があるらしい。

一九三〇年代までは、居間と小さな寝室と、道路ないし中庭に通じている台所の合わせて二五平方メートルが住宅の標準サイズだった。もし、一階に住宅が割り当てられると、台所は上の階に住んでいる家族の通路となった。また、一九三九年までは、ほとんどの住宅がトイレは中庭にある共同のもので、台所をシャワー室としても使っていた。ここの住人の夢は、自分だけの台所をもつことだった。

その後、住宅は倍のサイズが標準となったが、台所が通路であり、そこでシャワーを浴びなければならないのは現在も同じである。そして、トイレは屋内に設置されるようになったが、二～三家族の共用という状況は変わっていない。こんな状況なので、古くからの住人は周りに迷惑をかけないように気を配ってきたが、最近の若者世代にはそんな気配りがなく、ちょっとした揉め事が起こったりしているようだ。

補足になるが、クリスチャン四世がニューボーザを造る以前、父王であるフレゼリク二世も一五〇〇年代に「スキッパースボーザネ（Skippersboderne・船員住宅）」と呼ばれる住宅をホルメンス・カナル沿いに建てているが、ここは船長や航海士などの幹部のためであった。一般の船員や労働者用の住宅は、ニューボーザが初めてのことである。

ニューボーザが建てられると、フレザリク二世の造った住宅は「ガムレボーザ（gamle boder・古い住宅）」と呼ばれるようになった。もちろん、クリスチャン四世の建てた住宅「ニューボーザ（nye boder・新しい住宅）」と区別するためである。

ニューボーザには海軍の軍規と組織がそのまま適用され、コペンハーゲンの市中に位置しているにもかかわらず、住民への警察・司法権や刑の執行権はもちろん住民の結婚も、一九世紀になってても司令部の許可なしにはできなかった。また、住宅の割り当ても、海軍の階級に応じて行われていた。こんな状況のため、一九五〇年代まで、ニューボーザでは父親の職業を息子が継ぐことが普通であった。結婚相手も、ニューボーザのなかから選ぶことが普通となり、ここの住民たち、すなわちデンマーク海軍の船員や海軍工廠の工員はお互いに親戚同士となった。

現在の記念館となっている住宅の内部は、二〇世紀初めごろの状況にあわせてしつらえられている。当時では普通だったようだが、住宅が狭いため、赤ん坊がタンスの引き出しをベッド代わりにして寝かせられていたというのが印象的だった。庭にある井戸のポンプは飾り物で、実際は道路にあったという。復元された住宅の内部にも、また多目的ホールの中にもたくさんの軍服が置かれている。なかにはヘンリク王配殿下のものもあったが、何でも、太って着られなくなった古い制服が寄付されたということである。

復元された居間

ニューボーザ記念館

ハマースフス（Hammershus）――ボルンホルム島に残る北欧最大の城址

　ボルンホルム島の面積は五八八・四〇平方キロメートル。これは、淡路島（五八八・六六平方キロメートル）とほとんど同じである。東京都二三区の合計は六二一平方キロメートルなので、二三区から杉並区を引いたくらいの大きさとも言える。まあ、大きさから言ったら大したものではない。しかし、デンマーク人と話をするたびに、ボルンホルムに行くことを必ずすすめられる。というのは、ボルンホルム島はデンマーク人にとって特別の意味があるからだ。

　ボルンホルム島は、ゲルマン民族の一つであるブルグンド族の出身地あるいは経由地として知られているが、歴史がはじまってからは、終始スコーネ地方とともにデンマークの一部だった。中世を通じてボルンホルム島はデンマーク王とロン（Lund）の大司教との覇権争いの対象となっていたが、一五二二年、クリスチャン二世が島を教会から取り戻した。しかし、その直後、今度は借金のかたにリュベック（Lübecki）に貸与せざるを得なくなり、リュベックによる支配が一五二五年から五〇年間にわたって続いた。

　クリスチャン四世の治世、一六四五年、ボルンホルム島は初めてスウェーデンに占領されたが、同年の講和によってデンマークに返還された。ところが、フレゼリク三世が父親の失地回復をもくろんで一六五七年に起こした戦争でまたもや惨敗し、翌一六五八年のロスキレでの講和でボルンホルム島はスウェーデンに割譲されてしまった。

しかし、ボルンホルム島の島民はスウェーデンの占領軍に反旗を翻して占領軍を追い払い、島民の代表団が二度と島を割譲しないという条件のもとにフレゼリク三世に島そのものを贈呈したのである。これが一六六〇年の新たな講和条約で追認され、現在に至っている。

デンマークは、一七世紀の半ば以降、スコーネやハランというスカンジナビア半島の故地をことごとくスウェーデンに割譲するという屈辱を味わったわけだが、ボルンホルムだけは、島民の忠誠心のおかげでデンマークに残ることになったのだ。この出来事が、デンマーク人の愛国心をくすぐるのである。それが理由で、デンマーク人は誰にでも「ボルンホルムに行くべきだ」と言っている。

歴史的な意義に加えて自然環境という魅力もある。デンマークにはない岩があり、岩盤があちこちに露出し、切り立った崖もある。デンマーク人にとっては、大変印象深いと言える自然環境である。

観光客にとっても大変魅力のある所だ。北欧で最大規模と言われる城址は、バルト海から屹立する七五メートルの断崖の上に立っている。もともとは、一二六〇年ごろにロンの大司教が建てた要塞だったが、何度も王の側に奪取され、一六世紀半ばにはリュベックの

ハマースフス城址

支配の拠点ともなった。要塞として、また島民が税として納める穀物などの収納場所として城は利用された。それほど広くはない島だが、年貢を納めるためにはるばるやって来るのは大変であっただろう。何と言っても、リュベックのハンザ商人は、苛斂誅求《かれんちゅうきゅう》（厳しく税を取り立てた）したことで知られている。

城の最盛期は、皮肉なことにリュベックが支配していたころであり、スコーネがスウェーデンに割譲された一七世紀半ば以降は、軍事技術の発展などもあって戦略的な意味を失い、城砦は一時期牢獄として使われたのち一七四三年に放棄されてしまった。その後、城址はレンネ（Rønne）やヘスレ（Hasle）などの町の建設資材として流用されて徐々に破壊されていったが、一八二二年になって、国王の布告によって歴史的建造物として保存されることになった。その後、徐々に修復と原状回復が図られている。

ボルンホルムの円筒型教会（Rundkirker）

ボルンホルム島には、珍しい円筒型の教会が四つ存在している。これらは、すべて一一五〇年から一二五〇年の間に建てられたもので、ボルンホルム名物の一つとなっている。このような形の教会は、当時、全部で一五軒あったと考えられているが、そのすべてが海岸線から徒歩で一時間ほどの所に位置していた。いったい何故なのか？

中世初期はかなり物騒な時代だった。バルト海沿岸は、ヴェント人の海賊が跋扈《ばっこ》していたし、デンマークの国内は、王党と大司教党に分かれて戦いが繰り返されており、ようやく一一五七年にヴァルデマー大王が権力を打ち立てたというときである。この時代は、教会の建設ラッシュでもあったが、実際的な必要から要塞としての役割が教会にもたらされていた。それがゆえに、円筒型教会の外壁は分厚い石の壁でできている。

今、円筒教会を見ると尖った屋根がついているが、建設された当時は平らな屋根となっており、屋根の上には見張り台が取り付けられて、そこで四六時中監視が行われていた。教会の建物全体が防護柵で囲われ、今日鐘楼として使われている独立した建物の下層にある石造りの部分は、当時、防護

エスターラース教会

柵に組み込まれた見張り塔だったと考えられている。

この時代は、東方に向かっての十字軍の時代でもあった。ボルンホルム島は今日のエストニアやリトアニアに向かう十字軍の進路にあたり、ここが基地として使われ、ここから水先案内人が連れていかれたことも十分に考えられる。となると、教会が兵器庫としての役割ももっていたと考えられる。

円筒型という形についてはさまざまな見方があるようだが、当時の十字軍で重要な役割を果たしたテンプル騎士団[24]などの神秘主義的な考え方からして、円に神の完全性を見たのかもしれない。テンプル騎士団が関係していた教会には、同様に円形の断面が使われているという。それ以外にも、エルサレムの聖墳墓教会との関係も指摘されている。

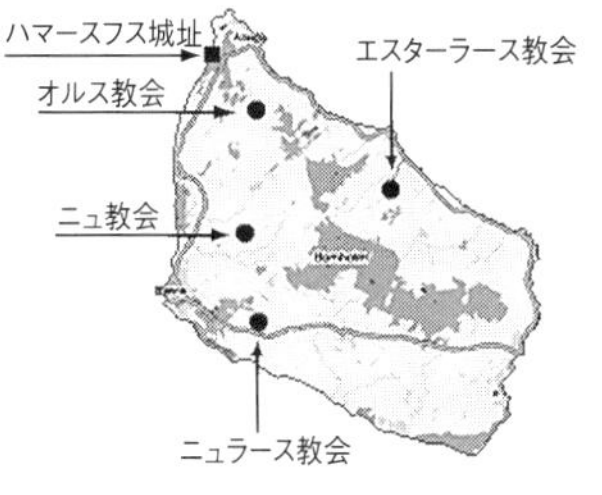

図１－３　四つの円筒型教会とハマースフス城址

イェアースプリス城（Jægerspris Slot）

イセ・フィヨルドとロスキレ・フィヨルドに挟まれた半島のような所の先端に行ってみたいと思

（24）（Ordre du Temple）十字軍の派遣にともなってできた騎士による修道会の一つ。

い立って車を飛ばしていたときに、たまたま路傍のイェアースプリス城に気が付いて立ち寄ってみた。しかし、城が開いているのはイースターから一〇月いっぱいということで、残念ながらギリギリ間に合わず、城の中を見ることはできなかった。家に帰ってから、例によって写真を見ながらこの城のことを調べているうちに、さまざまな事実に行きあたった。

イェアースプリス城は一四世紀からあって、何度も改築や増築を繰り返していた。一六七七年までは「アブラハムストルップ（Abrahamstrup）」という名前だったが、この名前はヴァルデマー勝利王の息子であるアベルから来ているという見方が有力となっているようだ。一七世紀の後半に狩猟管理官の所有だった時期があり、そのときに

イェアースプリス城

「イェアースプリス」（「猟の収穫」とでもいう意味）に改名され、現在までその名前が続いている。

その後、一七世紀末に城は再び王家の所有となったが、王としてイェアースプリス城を使い、さまざまな改築を施したのはフレゼリク五世が最後であった。そして、現在の城に最大の足跡を残しているのは、オレンボー家において最後の王となったフレゼリク七世の三番目の妻となったダナー伯爵夫人（Grevinde Danner, 1815～1874）である。

平民出身のダナー伯爵夫人は、王との結婚の際に、身分の違いありすぎるとして保守層の攻撃の的となっている。もともとの名はルイーゼ・クリスティーナ・ラスムセンという。ルイーゼは、家政婦だった母親とその主人との間にできた婚外子であった。成長したルイーゼはバレエを習い、二〇代の末まで王立劇場のバレリーナとして舞台に立っている。その後、〈ベアリンスケ・ティーゼネ紙（Berlinske Tidende）〉（現在でも有力な日刊紙）の社長であったカール・ベアリング（Carl Berling, 1812～1871）との間に男の子をもうけた。ベアリングを介してルイーゼに出会ったフレゼリク七世は、彼女とその息子を大変気に入り、一八五〇年に彼女と結婚してダナー伯爵夫人とした。また、ベアリングは侍従として宮廷に入ることとなった。

一八五四年、フレゼリク七世とダナー伯爵夫人はイェアースプリス城を国から買い上げ、ここに住むようになった。一八六三年にフレゼリク七世が亡くなったあとに城を相続したダナー伯爵夫人は、ここには住まず、フランスのカンヌに移り住んでいる。しかし、彼女は、フレゼリク七世の使った部屋をそのまま保存するように指示するとともに、一八六七年には、城の一部を利用して孤児院を設立している。そのダナー伯爵夫人は、一八七三年に亡くなり、イェアースプリス城の庭に築かれた墳丘に埋葬された。

彼女の遺言で、城は「貧しい子どもや親をなくした子どもたちのために使う」こととなり、彼女の寄付によって設立された財団を母体として養護施設が築かれた。「ダナーの子どもたち（Dannersbørn）」と名付けられた養護施設は、一三〇年以上たった今日でもたくさんの子どもたちを収容している。施設経営は、付属の森における林業経営の収益や農地・建物の賃貸料で賄われている。また、城を訪れる観光客を相手とした仕事も財団が運営している。

平民で私生児という出自にもかかわらず玉の輿に乗ったダナー伯爵夫人は、さぞかし若い美人かと思っていたが、結婚したときに彼女はすでに三五歳であった。花嫁姿の絵を見ても、とくに容姿が勝っているとも思えない。養護施設のことなどを考えると、大変聡明な人だったがゆえにフレゼリク七世に愛されたのではないかと思えてくる。

と、まあ、このようなことが後日分かったわけだが、この日は城の中にも入っていないし、ダナー伯爵夫人のお墓にも行かないまま帰ってきた。それに、城の手前の広場の左にある建物が養護施設の一部だったが、それもきちんと見ないままだった。シカの彫刻の脇で大人と子どもがジャージ姿で体操をしていたが、この二人はその施設の関係者だったかもしれない。

イェーアープリス城の北方約二〇〇メートル、クールフーセ（Kulhuse）に向かう道の左側に、青銅器時代の墳丘のようなものが見える。これは、フレゼリク世継ぎ太子が一七七六年に発掘させたものである。発掘のあと、フレゼリク世継ぎ太子は彫刻家のヨハネ・ヴィーデヴェルト（Johannes Wiedewelt, 1731～1802）に命じて墳丘を飾り、母親を記念する意味を込めた「ユリアーネホイ（Julianehøj）」という名前に改称した。羨道《せんどう》への入り口にも新たに大理石の銘板が据え付けられ、もともとの入り口は塞がれてしまった。墳丘には七つの大理石の円柱が立てられ、ノルウェーで見つかったルーン文字の銘をもった石が丘の頂上に置かれた。

今考えると、古代の遺跡に対して驚くほど乱暴な改変を加えている。このフレゼリク世継ぎ太子とは、フレゼリク五世の息子で、フレゼリク五世が亡くなった一七六六年からフレゼリク六世の生まれた一七六八年までの二年間だけ王位継承権を有していた人物である。彼の異母兄であり、精神を病んでいたクリスチャン七世の時代に一時期デンマークの政治を牛耳っていた侍医ストルーエンセが、一七七二年、彼の母親のユリアーネ・マリエ王太后などによる宮廷クーデターで除かれたのちにクリスチャン七世の摂政となった。しかし、実権は王太后と侍従のグルベア（Ove Høegh Guldberg, 1731～1808）が握っていた。

一七八四年、フレゼリク王太子（のちのフレゼリク六世）の宮廷クーデターが奏功し、権力がユリアーネ・マリエ王太后からフレゼリク王太子に移ってからは、フレゼリク世継ぎ太子は政治の表舞台から姿を消している。この「ユリアーネホイ」は、彼と彼の一派が権力を握っていたときの記念碑となった。古代の遺跡だが、そこに見るのは近代の権力闘争の傷跡である。

レストランでブレイク　Det Lille Apotek《リレ・アポテーク》

コペンハーゲンで一番古いレストランに行ってみた。1720年に営業を開始したというから、日本で言えば8代将軍徳川吉宗の時代となる。名前の通り、以前は薬屋だったらしい。ただ、今の建物は1829年の建造で、それ以前は別の所にあったという。そして、アンデルセンも来たことがあるというのが売りになっている。

老舗で、昔ながらのデンマークの味を提供していると言われるとちょっと腰が引けるが、冒険心がなければ何も発見できないと思って入ってみた。昼の定食、それも一番安いのではなく、この店の定番がひと通り揃っている定食（写真）を注文した。

出てきた皿の大きさは、想像をはるかに超えていた。1枚の皿にいろいろなものが載ってくると思っていたら、まずテーブルにメタルの台が置かれ、その上に大きな銀色のプレートがセットされた。さらに、何種類もの冷菜が盛られた小さな皿が配置された。

デンマーク料理は味が薄いとされているが、皿に載っているカレイのフライはその典型で、やはり塩とレモンくらいはかけたくなる。そして、ニシンの酢漬けが2種。例によって、金魚藻のようなディル（ハーブの一種）があしらわれている。その左にあったのが、ベーコンが載っている粗挽きのレバー・ペーストとハンバーグ。ちょっと温かくしてある。その左にある豚のローストを含めて、単純な肉料理はそれなりに美味しい。豚のローストは皮と肉が切り分けてあり、皮はポリポリと食べるのだが、思わずウナギの中骨を思い出してしまった。その手前には、「さすがにデンマーク」と思えるような様々な種類のチーズがそえられていた。

わりと大人しい味なので、日本人の口にもよくあう。その他には、ライ麦パンをはじめとして堅いぼそぼそとしたパンと、ラードのパテが出てきた。

3　グリュックスボー家のゆかりの地

デンマーク王室の故地グリュックスボー城

デンマークの王室は、一〇世紀のゴーム老王からはじまり、現在のマルグレーテ二世まで連綿とつながっているという。とはいえ、女系の王位継承はさておいても、一五世紀と一九世紀に大きな断絶を経験している。一五世紀にはじまったオレンボー家の王位は一八六三年のフレゼリク七世の死去で終わり、続いてグリュックスボー家のクリスチャン九世が王位を継承することになった。

裏見返しの「デンマーク王家の系図」を見ていただきたい。グリュックスボー家はクリスチャン三世の息子の若ハンスからはじまり、兄弟間の爵位継承は別にして、クリスチャン九世に至るまでに世代数だけでも九つを数える。

日本の天皇家の系図を見ると、一番遠縁のところから皇位に就いたのは継体天皇（第二六代）で、応神天皇（第一五代）の五世の子孫ということになっている。また、南北朝が終止符を打ったときに皇位に就いた後小松天皇（第一〇〇代）は分裂する前の後伏見天皇（第九三代）の四世の子孫、江戸時代に後桃園天皇（第一一八代）のあと後嗣《こうし》が絶えたが、次の光格天皇は東山天皇（第一一三代）の三世の子孫である。それに比べれば、このクリスチャン九世がクリスチャン三世の九世代目の子孫というのは、ほとんど関係がないと言えるくらいのものである。むしろ、フレゼリク五世の女系の曾孫であること、あるいはフレゼリク七世の従妹にあたるルイーセ妃を娶ったことで、オレンボー家と縁ができたと言える。

後述する「スリースヴィとホルシュタインの歴史」でも述べるが（九四ページ参照）、クリスチャン三世は若ハンスに所領の三分の一を与え、若ハンスはそれを二三人もいた子どもたちのなかで成年に達した六人の息子に分割してしまったので、現王室の祖先たちは、スリースヴィとホルシュタインの家領だけでは到底国家を維持することが不可能となり、身分相応の生活すらできなくなってしまった。そこで、ドイツのミンデン（Minden）の近くの領地ベック（Beck）を手に入れ、こちらを本拠地として「ホルシュタイン＝ベック公爵」と称するようになった。また、三〇年戦争（一六一八年～一六四八年）の終了とともにベックはプロイセンの領土に編入されたため、アウグスト・フィリップ（August Philip, 1612～1675）の代以降はプロイセンの宮廷に仕えるようになった。

何代かあとの当主となったペーター・アウグスト（Peter August, 1696～1775）は、ゴトープ家からロシア皇帝になったピョートル三世（Pyotr III, 1728～1762）と親しく、彼に従ってロシア宮廷に仕えることとなった。エカチェリーナ大帝（Yekaterina II, 1729～1796）のもとでは陸軍元帥となり、リトアニアとラトビアの知事になっている。

こういった軍人の家庭の悲劇と言えるだろう。息子のカール＝アントン（Karl Anton August, 1727～1759）はプロイセンの軍役にとどまり、七年戦争（一七五六年～一七六三年）の最中に、父のペーター・アウグストが指揮するロシア軍との戦闘の際に戦死をしている。

その息子のフリードリヒ（Friedrich Karl Ludwig, 1757～1816）は、父親が戦死したときにはわずか二歳だった。母親はすぐに再婚したが、息子を引き取らず、フリードリヒは母方の祖母の住むケーニヒスベルク（Königsberg・現在は Kaliningrad）で育った。そういう環境のためか、かなり変わった性格の人間だったようで、フリードリヒ大王（Friedrich II, 1712～1786）に仕えたがそりが合わず、ロシア皇帝のパーヴェル（Pavel I, 1754～1801）の誘いに乗ってロシア宮廷に仕えたが、母親の遺産を帝室に盗られたとして憤然ロシアを後にした。そして、困窮状態のまま、今度は親戚を頼ってデンマークの王室に近づくことにした。

二〇〇年もデンマークと無関係だったにもかかわらず、フレゼリク六世はフリードリヒを温かく迎え、「ハンブルクの近くの王室領ヴェリングスビュッテルの土地を終生使ってもよい」と申し出た。しかし、フリードリヒは、大変な負債を息子に残して一八一六年に亡くなった。

さて、いよいよクリスチャン九世の父親ヴィルヘルム（Friedrich Wilhelm, 1785～1831）の代になる。父親のフリードリヒは、それまでの自分の所業からしてヴィルヘルムにはプロイセンやロシアの水は甘くないだろうと考えたのか、彼をデンマークのフレゼリク皇太子（のちの六世）の近衛兵として送り込んだ。ドイツのケーニヒスベルクとライプツィヒ（Leibzig）で育ったヴィルヘルムはなかなかデンマークの水になじまなかったが、フレゼリク六世にスリースヴィ（Slesvig：デ、Schlesuvig：独）に転勤を命じてもらったことが幸いし、そこでスリースヴィとホルシュタインの知事としてゴトープ城を居城としていたカール・ヘッセン＝カッセル方伯に出会い、彼の娘であるルイーセ＝カロリーネ（Louise Caroline af Hessen-Kassel, 1789～1867）と結婚した。ルイーセ＝カロリーネの姉のマリーエ（Marie af Hessen-Kassel, 1767～1852）はフレゼリク六世の后となっており、ヴィルヘルムはフレゼリク六世の義弟となった。

一八二四年にグリュックスブルク（デンマーク語でグリュックスボー）の家系が絶え、グリュックスブルク城は無主となった。そこでフレゼリク六世は、后のマリーエの提案に従い、彼女の妹とその夫にグリュックスブルク城を与え、ヴィルヘルムをグリュックスブルク公爵に取り立てた。これが新グリュックスブルク家のはじまりである。

若ハンスが建てたグリュックスボー城

ヴィルヘルム夫妻は一〇人もの子宝に恵まれ、事故死した一人を除いて全員が成人している。しかし、ヴィルヘルムは四六歳の若さで亡くなり、ルイセ＝カロリーネ妃は一〇人の幼い子どもを一人で育てることになった。折しも、スリスヴィやホルシュタインでナショナリズムが勃興し、一八四八年にデンマークとドイツの対立がはじまると、ヴィルヘルムの七人の息子のうち六人はドイツ側に立つことになる。例外が三男のクリスチャンで、彼は、父親のヴィルヘルムが亡くなってすぐ、母親の経済的負担を減らすために、彼を可愛がってくれるマリーエ王妃の所でフレゼリク六世の後見のもとに過ごし、デンマーク側の一員となった。

クリスチャンは一八四二年にヘッセン＝カッセル方伯の娘であるルイーセ妃と結婚し、翌年には長男が生まれている。フレゼリク六世には世継ぎがおらず、クリスチャン八世、フレゼリク七世と続いた系統も一八六三年に断絶し、幾多いた後継者候補のなかからグリュックスボー家のクリスチャンがクリスチャン九世として新しいデンマーク王家をはじめることになったわけである。

一方、グリュックスボー家（本家のほうは、当初はまだしも現在になるとドイツの貴族という性格が強いので、グリュックスボー家ではなく「グリュックスブルク家」と呼んだほうが適当だと思う）の本家のほうは、長男のカール公爵のときに、フレゼリク七世のたっての要請で「王の存命中にかぎる」という条件を付けてグリュックスボー城を一時明けわたしている。スリースヴィに対する要求を誇示するため、フレゼリク七世は毎年数か月をここで過ごした。そして、一八六三年、フレゼリク七世はグリュックスボー城で亡くなっている。

本家のカール公爵には子どもがいなかったので、弟のフリードリヒが跡を継ぎ、フリードリヒから数えて現在の当主は四代目となっている。その当主であるクリストフ公爵は一九四九年の生まれで、四人の子宝に恵まれている。ただ、グリュックスブルク城は特別の行事以外には使わず、近隣にある、もう少し小さくて住みやすい城に通常は居住しているそうだ。

デンマーク王家のお城

デンマークでは、一八四九年に立憲君主制が導入されたとき、王家の所有する城は国の所有へと移行している。数多くある城のなかで、実際に王家が使っているものはそれほど多くない。コペンハーゲンの街中にあるアマリエンボー城は、マルグレーテ女王とヘンリク王配殿下の冬の居城である。夏は、オーフスにあるマルセリスボー城かドイツ国境に近いグローステン城で過ごされ、春と秋にはコペンハーゲンの北にあるフレゼンスボー城で過ごされている。

フレゼンスボー城は、王太子フレゼリク殿下の居館でもある。そして、王太子殿下の弟君のヨアキム殿下は、ドイツ国境近くのメーエルテンナー（Møgeltønder）にあるシャッケンボー城に住んでいる。また、マルグレーテ女王の従兄弟にあたるローゼンボー伯爵クリスチャンは、コペンハーゲンの北のリンビュー（Lyngby）にあるゾルゲンフリ城に居住されている。さらにその北、鹿公園の真ん中にそびえる小さなエルミタージュ城は、時折、女王陛下の公式行事などに利用されることがある城である。

フレゼンスボー城は、フレゼリク四世によって一七一九年に建設された。その後、何度も改築増築を重ねたが一八世紀の末からは利用が途絶えていた。そこを、グリュックスボー家の始祖であるクリスチャン九世が使うようになり、彼の娘が嫁いだ先のイギリスやロシアの君主、あるいはギリシャの王となったゲオルギオス一世の家族などが集まる場所となった。先述したように、マルグレーテ女王夫妻は春と秋に三か月月ほどここに滞在するほか、国賓を迎えての晩餐会などの公の行事にも利用されている。

マルセリスボー城は、マルグレーテ女王の祖父にあたるクリスチャン一〇世の結婚祝いとして国民から贈られたものだ。

11月のフレゼンスボー城

もともとこの土地は王家のものだったが、フレゼリク三世は負債のかたとしてオランダ商人のガブリエル・マルセリス（Gabriel Marselis, 1609～1673）に譲渡した。ガブリエルの息子コンスタンチンはこの地に移住して土地を男爵領に格上げすることに成功し、一帯は「マルセリスボー」と呼ばれるようになったが、コンスタンチンは子どもがいなかったので、亡くなったときにマルセリスボーは王家に返還されている。現在の城は、クリスチャン一〇世のもとで一九〇二年に改築されたものである。

グローステン城のある場所には、もともと一六世紀の中葉には狩小屋が建てられていた。その後、何度か建設と焼失を繰り返したのち、現在の城は一八世紀の後半から徐々に建設されていったものである。一八六四年のデンマークの対プロイセン敗戦と領土の損失に伴ってアウグステンボー家がここを領有したが、一九〇二年にシュレスウィヒ北半がデンマークの領有となって以降、城はデンマークに属することとなった。この城は、フレゼリク九世とイングリッド王妃のために

グローステン城

一九三五年に改装され、二人が亡くなるまで夏の居城として利用していた。イングリッド王太后が亡くなられてからは、マルグレーテ女王が夏の居城として利用している。

シャッケンボー城については次項で書いたので写真や詳しい説明は省略するが、それにしても、王家の若い王子や王女が結婚するときに、お城そのものやお城の改装費を贈り物として国民からもらうというデンマークの習慣には驚かされる。ヨーロッパのほかの王家でも似たようなことがあるのだろうか？（七九ページ参照）

エルミタージュ城は、クリスチャン五世が一六九四年に鹿公園の一角に二階建ての木造の家を建てたのがはじまりである。一七三四年に改築され、バロック様式の華麗な狩のための城が建てられた。その後、何度か改修されつつ現在に至っているが、今でもときおり公的な行事に使われている。一九九八年の天皇皇后両陛下のデンマーク訪問の際には、この城でランチが供されたということである。また、秋のフーベルトゥスヤークト(25)では、ここが最終ゴールとなっている。

ゾルゲンフリ城には、マルグレーテ女王の従兄弟にあたるローゼンボー伯爵クリスチャン夫妻が住んでいる。もともとは、一七〇六年にアーレフェルト(26)伯爵が建てたもので、一七三〇年からは王

(25)（Hubertusjagt）狩りの守護聖人フーベルトゥスの名のもとに行われる狩猟祭。狩場にしつらえられたコースで、ダミーのキツネを追って一〇〇人を超える騎手が速さを競う。

(26)（Ahlefeldt）現北ドイツのホルシュタイン出身の古いデンマーク貴族の家系。

家のものとなった。その後、何度かの改築を経たが、クリスチャン一〇世が皇太子のときにこの城を使うようになった。マルグレーテ女王の父であるフレゼリク九世と、その弟のクヌーズ殿下がここで生まれて、クヌーズ殿下はこの城で亡くなっている。クリスチャン伯爵はその次男である。

以上が、女王陛下ほかの王族が利用している城である。このほかに、フランスにもシャトーを一つ購入して利用しているが、デンマークのなかではないのでまだ見る機会に恵まれていない。

何百年も昔にタイムスリップ——メーエルテナー（Møgeltønder）

デンマークの西南の端、ユトランド半島のドイツ国境のすぐ北側にテナー（Tønder）という町がある。そこから西に向かって、広大に広がる畑の間の道を進んでいくとメーエルテナーという小さな集落があり、右手にお城の入り口が見えてくる。城の左手にある木立の影の中を石畳の道に沿って少し行くと、メーエルテナーのお城通り（Slotsgade）に出る。そこには、まさに目を疑うような町並みが続いていた。磨り減った石畳の道の両側にはレンガ造り、茅葺屋根の家が整然と並び、まるでタイムスリップをしたようである。

車から降りて、通ってきた道の方向を見ると、狭い堀の向こう側に白壁のシャッケンボー城が見えている。観光用のお城ではなく、ここには、マルグレーテ女王の次男ヨアキム殿下が居住されている。

このお城は、もともとは「メーエルテナーフース」（メーエルテナーの家）と言われ、リーベ（Ribe）の司教の所有する砦だったが、宗教改革の結果、一五三六年に王の財産となった。砦は、三〇年戦争の末期の一六四三年、そして再度一六五八年と一六五九年にスウェーデンに侵攻され、大破している。ちなみに、この二度の対スウェーデン戦争で敗北を喫したデンマークは、スカンジナビア半島の領土をすべて失ってしまっている。

その砦を手に入れたのが、対スウェーデン戦争で、ニューボー沖の海戦の勝利をはじめとして大活躍をした傭兵出身の司令官ハンス・シャック（Hans Schack, 1609～1676）である。ドイツ北部の小貴族の出で

シャッケンボー城

あったシャックは、傭兵としてデンマークの仇敵スウェーデン、フランスなどに雇われて赫々たる成果を上げていた。対スウェーデン戦争の最終兵器としてデンマークに雇われる際に、彼はかなりの対価を得た。そのときに封土として与えられたメールテンナーフースを、シャックは一六六一年になって買い取り、新しいバロック様式の城を建てたのだ。そして、一六六四年に竣工した城を「シャッケンボー城」と改名した。ハンス・シャックはまた、一六八〇年に城と教会の間を結ぶ「お城通り」を造り、その周辺に城の使用人を住まわせるようにした。その後、一七五〇年ごろに現在のロココ様式に改築されている。

ハンス・シャックの子孫が代々この城に住み続けたが、一一代目で世継ぎが絶えると、元の持ち主であるデンマーク王家に返還されることとなった。そして、一九九三年にヨアキム殿下がこの城に住むよ

メーエルテナーのお城通り

うになり、殿下はここで九六九ヘクタールにも及ぶ農園と森林を経営している。

ヨアキム殿下は、一九九五年に香港出身のアレクサンドラ王女を迎え、お二人の結婚に際して一三〇〇万クローナ（約三億円）にも上る民間からの寄付があり、それによって城は大々的に改修された。しかし、ヨアキム殿下は二〇〇五年にアレクサンドラ王女と離婚し、二〇〇八年にフランス人女性マリー・カヴァリエ（結婚してマリー王妃）と結婚している。私が訪問したときには、改修されたシャッケンボー城の城門には、すべて「J」と「A」のモノグラムが施されていたが、ヨアキム殿下の再婚直前にこれらは「J」と「M」のモノグラムに置き換えられている。

私の泊まった「シャッケンボー・スロックロ」はお城通りの一番お城寄りにある旅館（Kro）で、すでに一六八七年に王の営業許可を取得したということだった。現在は、食堂のほうが高級レストランになっていて、その料理は王室御用達となっている。私の好みからすると、いささか重くて塩辛くて、量が多い。

ダウマ王女の改葬（ロスキレ大聖堂）

ある週末、コペンハーゲンから三〇キロほど西にあるロスキレ（Roskilde）に行った。ここは、さまざまな旅行案内書にも出てくるデンマークの古都である。首都としての機能は一四〇〇年くらいにコペンハーゲンに譲りわたしているが、その後もデンマークで唯一の司教座教会であり、デンマークの王や王妃の多くはここに葬られている。レンガ造りの最初のゴシック教会であり、ここから北欧のレンガ造り教会の伝統がはじまったと言われている。一九九五年にはユネスコの世界文化遺産にも指定され、毎年、多くの観光客が訪れている。

ここで取り上げたいのは、二〇〇七年九月二三日に、このロスキレの司教座教会の墓所を去ったダウマ王女のことである。ダウマ王女は、今日の王家であるグリュックスボー家の始祖クリスチャン九世の次女として生まれた。クリスチャン九世の長男はフレゼリク八世として、長女アレクサンドラ王女はイギリスの王妃、次男はギリシャのゲオルギオス一世と、兄弟姉妹の四人が欧州のさまざまな国の王や王妃となっている（裏見返しの系図参照）。

大聖堂の内部

ロスキレ大聖堂

ダウマ王女はロシア皇帝アレクサンドル三世（Aleksandr III, 1845～1894）の皇后マリア・フョードロヴナとなり、最後のロシア皇帝ニコライ二世（Nicholai II, 1868～1918）の母となった。ご存知のとおり、ニコライ二世は一八九一年に皇太子として日本を訪れ、大津事件[27]の際に額に傷を負い、日本は大国ロシアを前にして震え上がった。

ニコライ二世は即位後も不運続きで、日露戦争（一九〇四年～一九〇五年）には敗北し、揚げ句の果てにはロシア革命（一九一七年）のときに処刑されてしまっている。

マリア・フョードロヴナ皇太后は、ニコライ二世が処刑されてしまったあともなお彼女の愛したロシアにとどまろうとしたが、心配したデンマーク王家などが彼女を説得し、皇帝が処刑された翌年の四月にロシアを去り、イギリスの姉の所にしばらく滞在したのちデンマークに帰ってきた。ロシアで五二年間過ごした彼女は七一歳になっていた。そして、亡くなるまでの九年間、ロシアからもよく休暇を過ごしに来たフレゼンスボー城に住んだ。ブリッジ好きで社交的な彼女のサロンは、たくさんのお客で賑わっていたという。

その彼女の遺体を、一四〇年前にロシア皇后となるべくデンマークを出発した九月二三日に、当時と同じ道を通って、彼女の愛する夫であるアレクサンダー三世の眠るサンクト・ペテルスブルク

（27）一八九一年（明治二四）五月一一日、日本を訪問中のニコライ皇太子が滋賀郡大津町（現・大津市）で警備にあたっていた警察官の津田三蔵に突然斬りつけられ負傷した、暗殺未遂事件のこと。

に向かわせ、彼女の遺言どおり、夫の傍らに眠らせようということになった。この式典は、ダウマ王女の長兄であるフレゼリク八世のひ孫に当たるマルグレーテ女王をはじめ、王家の人々や各界の貴顕貴紳を集めて厳かに執り行われた。

ダウマ王女の子どもはニコライ二世を筆頭に六人いた。今生きている子孫は世界中に四七人おり、そのうちの一二人がデンマークに住んでいる。ニコライ二世の家族は全員が処刑されたが、彼の兄弟の子孫は大変栄えている。また、ニコライ二世の兄弟だけでなく、ロマノフ家の子孫でもデンマークに住んでいる人たちがいる。デンマークのような君主国に住んでいるという話を聞くと、昔のヨーロッパの歴史も何だか身近なところと結び付いているような気持ちがしてくる。

このような話の背景には、ロシアにおいてロマノフ朝の君主やその妃を受け入れてもよいという気持ち、あるいは共産主義の犠牲者で殉教者だと捉える見方が広がってきているのではないだろうか。また、こういう儀式を何らかの政治的な目的に使おうという目論見が、ロシア側にあるのではないだろうかとも思う。ともかく、ダウマ王女ことマリア・フョードロヴナは、死後七八年にして再びロシアに旅立っていった。

大聖堂の中は王家の墓地になっている。それも地下ではなくて、地上階の至る所、観光客の目と鼻の先に棺が置いてある。御陵に立ち入りができない日本と比べると、これは驚きである。掲載し

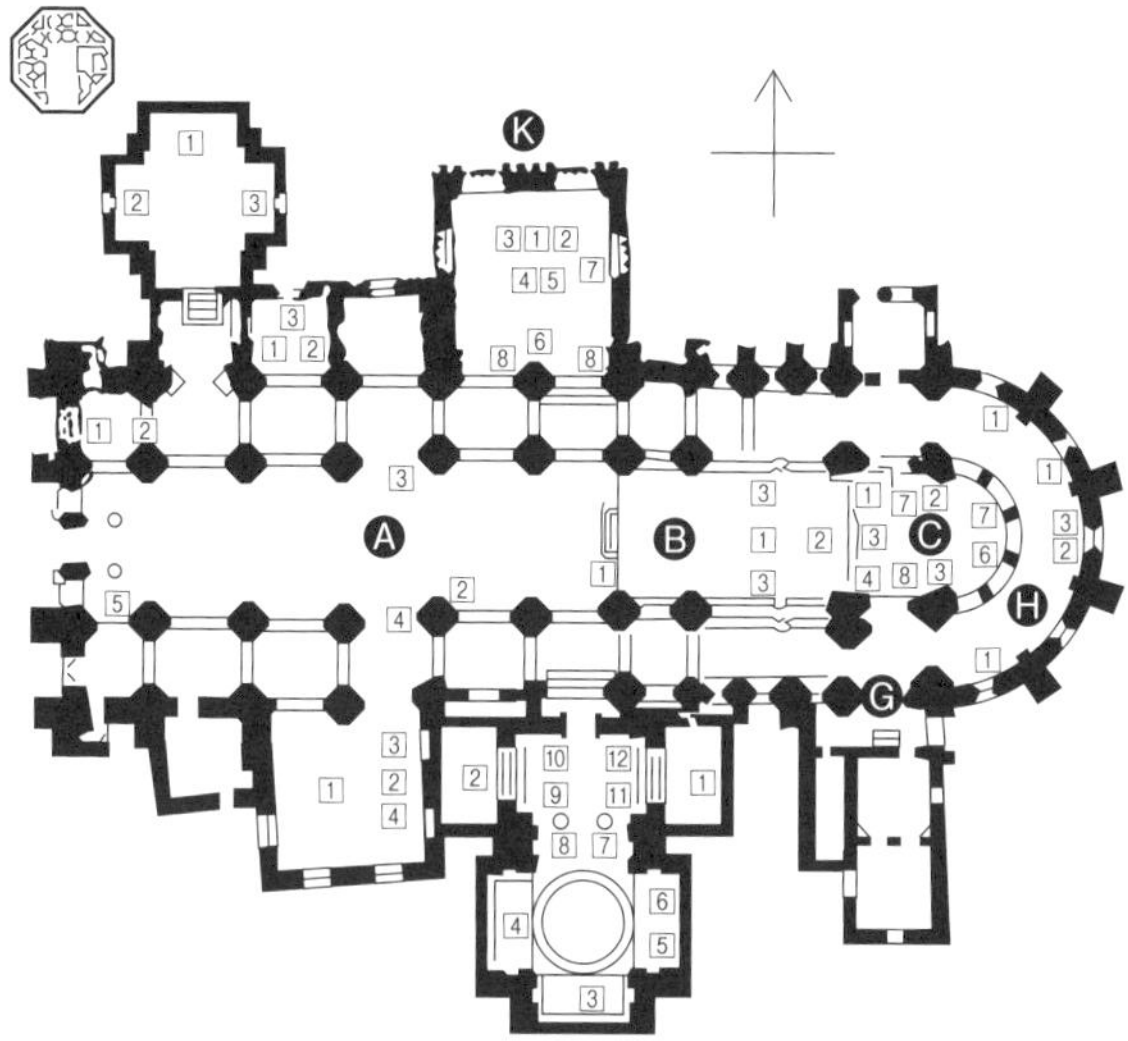

図１－５　ロスキレ大聖堂の平面図。数字は棺のある場所を示す

クリスチャン４世の棺と立像（棺の背後）は、平面図のＫの部屋にある

た見取り図で、四角の中に数字が書いてあるのは、そのほとんどが棺である。

ここに葬られた王のなかで一番古いのはハーラル青歯王で、例のイェリンにルーン石碑を建てた王である。その息子でハーラルに叛旗を翻したスヴェン叉鬚王、その孫のスヴェン二世のあとはマルグレーテ一世までここに葬られていない。古王朝最後の王であるクリストファ三世からあとは、オレンボー家、グリュックスボー家の王はすべてここに葬られている。ただし、現女王マルグレーテ二世の父親であるフレゼリク九世になると、教会の中にはもうスペースがなくなってしまったためか、外の建物に葬られていた。

4 デンマークの最大の敵ドイツとの抗争

デンマークとドイツの係争の地スリースヴィ（Slesvig）とホルステン（Holsten）

デンマークの歴史が多少なりとも分かってくるようになると、デンマークにとって最大の脅威であったドイツとの国境地帯であるスリースヴィ（独：シュレスヴィヒ［Schleswig］）とホルステン（独：ホルシュタイン［Holstein］）の両地域の歴史にも興味が湧いてくる。ところが、これが一筋縄ではいかないほど複雑怪奇となっている。そこで、現場に行けば少しは分かるかと思って、南ス

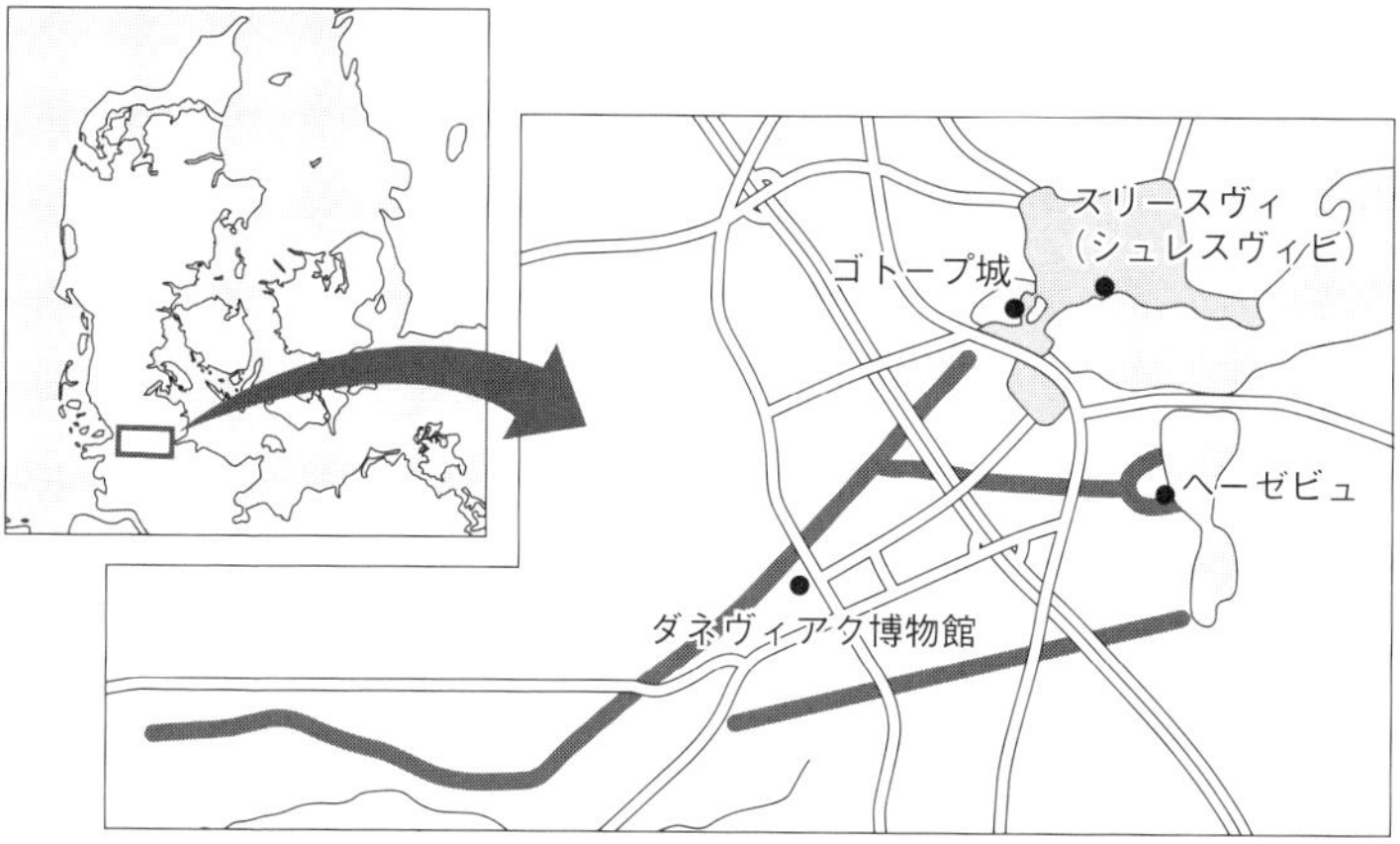

図1－6　ダネヴィアク（グレーの線）

リースヴィまで二泊の旅に出発した。

ヴァイキング時代――ヘーゼビュ（Hedeby）とダネヴィアク

　このあたりの歴史は、ヴァイキング時代のはじまる八世紀の末ごろからある程度のことがはっきりとしてくる。フランク王国のカール大帝（Karl der Große, 747～814）は、八一一年、アイダー川をデーン人との国境線として承認する。それによって、この川から北がデンマークに属するスリースヴィ、南がフランク王国に属するホルシュタインとなり、この法的な国境線は一八六四年まで継続した。

　ドイツの膨張に対するデンマーク側の防衛拠点は、デンマーク人の「万里の長城」とでも言えるダネヴィアク（一八ページ参照）で、バルト海から深く食い込むスリーエン（デ：Slien、独：Schlei《シュライ》）の奥と西側の湿地帯の間の守ることになった。ダネヴィアクは六五〇年ごろから何らかの形で存在したと考えられているが、これまでに何回も造り直されており、一二〇〇年ごろまでに造られた防衛線の総延長は三〇キロにも上っている。

スリーエンの奥には、ユトランド半島の横断路と縦断路が交差する所にデーン人によってヘーゼビュという町ができ、中世初期にはここがデンマークとドイツの攻防の中心地となった。

九三四年には、ハインリヒ一世（Heinrich I, ca. 876～936）がヘーゼビュを征服する。九八三年にはハラール青歯王がいったんヘーゼビュを奪還したが、コンラード二世（Conrad II, ca. 990～1039）がこれを奪い返すと、スヴェン叉鬚王が再び押し返した。しかし、今度はヴェント人の攻撃がはじまり、一〇六六年に破壊略奪されて、ヘーゼビュは再建されることはなかった。それに代わってスリーエンの北岸に造られたスリースヴィの町が栄えるが、一一四三年にリュベック（Lübeck）が建設されると、地域経済に占めるスリースヴィの地位は後退していった。

中世初期——デンマーク古王朝の時代

最初にスリースヴィ公爵となったのはクヌーズ・ラヴァードである。彼は、ニルス王によって南ユトランド伯爵（jarl af Sønderjylland）に任じられていたが、神聖ローマ皇帝からホルシュタイン公爵に任じられたので、同じ肩書きをデンマークの封土であるスリースヴィにも使った。このクヌーズ・ラヴァードは、その勢力の拡大を恐れたニルス王の息子であるマグヌスによって一一三一年に殺害されている。そして、その後は、ホルシュタイン伯爵となったシャウウエンブルク家が徐々にスリースヴィにも勢力を伸ばしていくことになった。

デンマーク王家は王の近親者をスリースヴィ公爵に任じたが、任じられた公爵の地位は世襲となった。代々のスリースヴィ公爵は、王家から独立して行動することで、より強力で豊かなドイツ人の国ホルシュタインの傀儡《かいらい》国家のような状況となった。しかし、スリースヴィをデンマークの一部としておきたいと願っていたデンマークの貴族たちは、スリースヴィ出身者を王に推挙するという行為に出た。その最初の例として、兄のエーリク四世を殺害したアーベル・スリースヴィ公爵が、殺害の罪に問われるどころか王に選出されたということがある（一二五〇年）。そして、その後も歴史は繰り返されている。

ホルシュタイン伯シャウエンブルク家の勢力伸張とマルグレーテ一世による反攻

ドイツとの勢力闘争を抱えつつ、クヌーズ・ラヴァードの息子であるヴァルデマー大王の治世下にデンマークの中世黄金期がはじまったわけだが、ヴァルデマー勝利王が亡くなってからはデンマークの国力は衰亡していった。一四世紀の初めには国王不在の時代すらあったが、その間にスリースヴィは神聖ローマ帝国の封建領主であるシャウエンブルク家のホルシュタイン伯爵との関係を強めていった。ゲアハルト三世（Gerhard III, 1293～1340）の時代、一三二六年からは、ホルシュタイン伯爵がスリースヴィ公爵の地位も兼ねるようになり、スリースヴィのみならずユトランド半島全体が彼のなすがままになっていた。

デンマークの退勢を挽回したのがヴァルデマー再興王であった。そのヴァルデマー再興王には息子がいなかったが、スウェーデン王に嫁いでいた娘のマルグレーテ一世が、自分の息子、さらに息子の死後は姉の息子を養子としてデンマークのみならず、スウェーデン、デンマークと合わせて三か国の王位に就けることでこれらの国を支配することとなった（カルマル同盟）。ちなみに、デンマーク王統は、ここで二度にわたって女系相続が行われている。

そして、スリースヴィであるが、マルグレーテ一世は一四〇四年にホルシュタイン伯ゲアハルト六世（Gerhard VI, 1367～1404）が死去した機を利用して、一四一一年にフレンスボーをめぐる戦いに勝利して奪還している。しかし、その直後、マルグレーテ一世がフレンスボーにおいて疫病のために死去した。エーリク七世はこのときの勝利をうまく利用することができず、エーリク七世が王位を放り投げたあとを継いだクリストファ三世は、スリースヴィ公爵の地位をシャウエンブルク家に認め続けることを余儀なくされた。

オレンボー家の王によるスリースヴィ・ホルシュタイン支配の回復と兄弟による分割統治

ここで、デンマークの王統が断絶する。そして、その後継者に選ばれたのがオレンボー家という、それまでのデンマーク王家とは縁もゆかりもない家系のクリスチャン一世であった。クリスチャン一世の母方の伯父はシャウエンブルク＝ホルシュタイン伯爵家最後の伯爵で、その後、シャウエンブルク家の男系が絶えている。そのため、クリスチャンにはホルシュタイン伯爵とスリースヴィ公爵の地位の相続が見込まれた。デンマークとスリースヴィ・ホルシュタインのすべてが一人の支配者のもとに置かれれば、長年にわたる紛争に終止符が打たれるのではないかという期待が生まれ、クリスチャンがデンマーク王に選ばれた。

クリスチャンの母親の生まれたシャウエンブルク伯家の系譜を何代か遡ればデンマーク王家のお姫様に確かにたどり着くが、女系を五代も六代も遡って初めて王家にたどり着くというのでは、ここで「お家は断絶した」と言うべきではないだろうか。ヨーロッパでは、昔から女系相続が認められていた面があるが、デンマーク王室がゴーム老王から継続しているというのは、どうも言いすぎのように思えてくる。

ともかく、クリスチャンが一四四八年にデンマーク王となり、続いて一四六〇年にホルシュタイン伯・スリースヴィ公爵となることで、スリースヴィはデンマーク王国に復帰した。同時にクリスチャン一世は、ホルシュタイン伯・スリースヴィ公爵に推挙されるうえでの合意事項を記した「リーベの契約（Ribebrevet）」において、ホルシュタイン・スリースヴィの貴族たちに対して、この両国を「決して分離しない（Up Ewig Ungedeelt）」ことを約束した。貴族たちは、シャウエンブルク家が両国を支配していた時代に両国にまたがる領地経営を拡大していたこともあって、既成事実に不利となる分割統治は避けたかったわけである。なお、一四七四年にホルシュタイン伯領は、神聖ローマ皇帝フリードリヒ三世の許可を得て公国となっている。

しかし、これで話は終わらなかった。クリスチャン一世の跡を継いだハンス王に対して、ハンス王の弟のフレゼリク（のちのフレゼリク一世）が公爵領を与えるように要求してきた。このあたりから、また複雑なことがはじまってくる。

分離できないホルシュタインとスリースヴィは、王と公爵がそれぞれ国のなかに領土を分散してもつことになったのだ。そして、ハンス王を継いだクリスチャン二世に対して貴族が反乱を起こしたとき、このフレゼリクが王に擁立されてフレゼリク一世となって領土分割は終わったかと思えたが、フレゼリク一世の息子たちの時代からまたまた分割支配が混迷の度をますます加えていった。それにしても、またしてもスリースヴィの傍系が現役の王を押しのけてデンマーク王になったというわけである。

フレゼリク一世の息子クリスチャン三世は、一五四四年にスリースヴィとホルシュタインの公爵領を弟の老ハンスとアドルフに等分分割した。この分割の際、クリスチャン三世は、地元の貴族たちに対して両公国の一体性を保持することを約束した。そのため、兄弟の領地は一か所に固めずスリースヴィとホルシュタインに均等に分散させることとなり、両公国は三人の共同統治となった。そのため、議会や裁判所は一年ごとに交代する形で務めを果たすようになった。その後、老ハンスが一五八〇年に亡くなったとき、後継者がいなかった彼の領土はクリスチャン三世とアドルフ公爵との間で分けられた。

分割はまだまだ続く。クリスチャン三世の跡を継いだフレゼリク二世は、両公国における自領の三分の一を弟の若ハンスに与えている。若ハンスは両公国の貴族たちから正当な統治者とは認められなかったため、自領を貴族たちの介入なしに勝手に治めることにした。そして、若ハンスはのちに、その領土を子どもたち六人に再分割している。その結果、すべての系統があまりにも小さくなってしまったため国際政治への影響力を失ってしまったが、そのうちの一系統、困窮したためプロイセンの宮廷に仕えることで生計を立てることになったホルシュタイン＝ベック家から現在のデンマーク王室が派生している。

ゴトープ公爵家のスウェーデンへの寝返り

アドルフ公爵の系統はスリースヴィにあるゴトープの城に本拠を構えたため「ゴトープ家」と呼ばれるが、このゴトープ家は、デンマークの政治に大きな影響を与えるようになった。問題のはじまりは、クリスチャン四世がプロテスタント側に立って三〇年戦争（一六一八年～一六四八年）に加わったことである。

ゴトープ家とすれば、王家の親類としてまたスリースヴィの封土を通じた主君としてクリスチャン四世側を支援しなければならなかったわけだが、その一方で、ホルシュタインの公爵として神聖ローマ皇帝にも忠節を尽くさなければならないという矛盾した立場にあった。クリスチャン四世が一六二六年に皇帝側に惨敗したのち、ユトランド半島に向かう皇帝軍にゴトープ公爵は、金を払って領地の破壊をとどまってもらっている（皮肉な気がするが、「貢献（contribution）」という言葉が使われてる)。また、国王軍とのいざこざもあって、クリスチャン四世との関係は冷え込んでいった。

三〇年戦争も末期になったころ、スウェーデンとの戦いに惨敗したデンマーク＝ノルウェーは、一六四五年に屈辱的な講和を受け入れ、多くの領土とバルト海の制海権を失って、二等国へと転落してしまった。一方、ゴトープ公爵は、やむを得ず取った中立政策から、その後は親スウェーデン政策へと向かうこととなった。この路線は当初うまくいったが、結局はゴトープ公国の没落につながることとなった。

三〇年戦争終結から一〇年も経っていないころ、クリスチャン四世の跡を継いだフレゼリク三世は、北方戦争[28]がはじまったのを好機とばかり、失地回復を目論んでスウェーデンに戦いを仕掛けるが、デンマークはまたもや惨敗する。

ゴトープ城

一六五八年のロスキレにおける和平でデンマークはスコーネなどの重要な領土を失い、ゴトープ公爵はデンマークのスリースヴィにおける封建領主としての地位を失わせることに成功した。

しかし、国際情勢の手詰まりを感じたスウェーデンは、すぐ翌年にデンマークに対する戦争を再開した。今回は、多くの国がオランダ、ブランデンブルクなど多くの国がデンマーク支持に回り、ニューボー沖の海戦でデンマーク海軍が勝利を収めたこともあり、スウェーデン側は劣勢に陥った。ゴトープ領には、スウェーデンの退却を阻止しようとしたデンマークの同盟軍が押し寄せて大きな被害を与え、ゴトープ家の当主フレゼリク三世は、避難用に造ったテニング（Tønning）の要塞でデンマーク軍に包囲され籠城中に死去してしまっている。

一六六〇年のコペンハーゲンの講和でボルンホルム島（Bornholm）のデンマークへの返還が決められるなど、ロスキレにおける条件に若干の変更が加えられた。ゴトープ公爵家とデンマーク王家の間にも一定の融和策がとられ、フレゼリケ王女がゴトープ家に嫁いだが、ゴトープ公国のスウェーデン傾斜はとどまらず、デンマークとの関係の改善にはつながらなかった。

クリスチャン五世になると、デンマークはゴトープ公爵家を排除するようになった。スコーネを

---

(28)　一六五五年から一六六一年にかけてスウェーデンが多くの国々に対して行った戦争の総称。デンマーク＝ノルウェーとの戦争は、ロスキレの和平で終わった一六五七年から一六五八年の戦争と、コペンハーゲンの和平で終わった一六五八年から一六六〇年の戦争の二つが含まれる。

奪還することを目指して、まずゴトープ公爵領を占領し、続いてスウェーデンに対してスコーネ戦争（一六七五年～一六七九年）をはじめている。しかし、陸軍の不手際で決定的な勝利を得ないまま戦争が終わり、再度ゴトープ領から撤収せざるを得なくなった。

ゴトープ家の没落とスリースヴィ、ホルシュタインのデンマーク王家への復活、そして最後のゴトープ公爵のロシア皇帝位継承

一難が去ったかと思われたが、続く大北方戦争（一七〇〇年～一七二一年）でゴトープ公国は決定的な痛手を被った。中立を標榜していたにもかかわらず、一七一三年に敗走してきたスェーデン軍をテニングの要塞に受け入れてしまったのだ。この中立違反をたてに、フレゼリク四世はスリースヴィのゴトープ領を召し上げてしまった。また、スウェーデンが北方戦争に負けたため、この措置は効力を保ち続けることになった。ゴトープ家は城からも追い出されたが、ホルシュタインにあった領土は維持し、キールに拠点を移して衰弱した形で今しばらく命脈を保つことになる。

こうしてスリースヴィはデンマーク国王のもとに戻ったが、フレゼリク四世はスリースヴィの公用語をドイツ語のままにしておいたため、スリースヴィ公国のドイツ化、非デンマーク化はさらに進化することとなった。

他方で、キールに移ったカール・フレゼリク公爵（Karl Frederik, 1700～1739）がロシアのピョートル大帝（Pyotr I, 1672～1725）の娘アンナ・ペトロヴナ王女（Anna Petrovna, 1708～1728）を

娶ったことから、また一騒動起こりそうになる。当時、ピョートル大帝には息子がいなかったため、アンナの妹がエリザヴェータ女帝（Elizaveta, 1709～1762）として権力を振るっていた。その彼女が、アンナの息子であるカール・ペーターを後継者に指名したのだ。

一七六二年にエリザヴェータ女帝が亡くなったあと、ペーターはモスクワでピョートル三世として戴冠し、直ちに、憎いデンマークに対して宣戦布告をした。デンマークにとって幸いだったのは、ピョートル三世が半年後にクーデターで倒れ、権力を握ったエカチェリーナ大帝（彼女の母親ヨハンナ・エリーザベトカール・フレゼリク公爵の従姉妹）にはデンマークと事を構える意志がなかったことである。そのおかげで、ほかの領地と交換でホルシュタイン領内のゴトープ家の領地はデンマーク王家のものとなった。

こうして、一五四四年以来二二〇年にして、再びデンマーク王家がスリースヴィとホルシュタインの双方の公爵となった。これが、一八四八年にプロイセンとの抗争が起こる前の状況である。このような経緯のある土地が、一八六四年の戦争で全面的にプロイセンに奪取される。第一次世界大戦後の人民投票で一九二〇年にスリースヴィの北半分はデンマークに戻ったが、残りの部分については、第二次世界大戦後もデンマーク側から領土要求を蒸し返すことはせず、一九五〇年、相互に少数民族の保護に努めるという「ボン条約」を締結して現在に至っている。

ドイツとの抗争の最前線セナボー城とデュッベル高地（Sønderborg & Dybbøl）

セナボーは、町よりも先に城が歴史に登場してくる。城は、ヴァルデマー大王により、一一五八年ごろにヴェント人に対する防衛網の一環として建てられた。一二世紀ごろ、ヴェント人はバルト海の覇権をめぐってドイツ人やデンマーク人と争っていたのだ。

デンマークは、一二世紀の半ばに後継者争いで国が乱れ、ドイツ人の東方殖民で圧迫されたヴェント人はデンマークへの襲撃や進出を強化していた。ヴェント人の攻勢は一二世紀あたりがピークで、その後は進出したドイツ人に圧迫され、混血してゆくことによって民族としては消滅していく。(29) ザクセン（Sachsen）のバオツェン（Bautzen）あたりで辛うじて生き延びているソルブ人社会を見ると、昔日の面影はない。

ちなみに、デンマークを再興したヴァルデマー再興王は、スリースヴィ公爵家のヘルヴィとの結婚式をこのセナボー城で挙げている。このヴァルデマー再興王は、カルマル同盟を実現したマルグレーテ一世の父親である。また、セナボー城は、クリスチャン二世が一五三二年から一五四九年まで一七年間、その南東の塔に幽閉されていたことでも知られている。この塔は一八世紀に取り壊されてしまったが、デンマークでセナボー城と言えば誰でもこの幽閉のことを想起する。

クリスチャン二世は、貴族を信頼せず自由な市民階級に支持された絶対王権をつくろうと行動したが、そのために多くの敵をつくってしまった。それに、市民階級はそれほど強くなかった。この間、市井《しせい》の出であるデューヴェケ（Dyveke）という娘を愛人にしたり、神聖ローマ帝国カール五世（Karl V, 1500～1558）の妹であるイサベル（Isabel, 1501～1526）と結婚をしてからもその愛人関係はやまなかった。さらには、デューヴェケの母親を経済顧問にしたりと、まるで劇中人物のような行動をしている。この時期は、デンマークの宗教改革の進展とも重なっており、歴史的に大変面白い題材を提供してくれる。

セナボー城のアルス海峡を挟んだ対岸にあるデュッベル高地は、もっとも最近のデンマークとドイツの境界紛争の記念碑である。デンマークにとってドイツとの境界は、ヴァイキング時代の昔から大きな問題で、歴史時代になってからは文明の中心に近いドイツが常に攻勢で、デンマークは常に守勢に回ってきた。そのドイツの膨張がピークに達したのが、一八四八年～一八五〇年と一八六四年の二回にわたって戦われたスリースヴィ戦争である。

封建的支配関係の名残と国民国家の興隆との摩擦が境界紛争に見られる。スリースヴィとホルシュタインの二公国は、どちらもデンマークとの同君連合体制にあったが、スリースヴィはデンマーク王から授封されていたのに対してホルシュタインは神聖ローマ帝国の一部であって、一八一五年以降はドイツ連合の構成国であった。

---

(29)　ドイツでは、ヴェント人という呼び方は差別的色彩をもっているが、今でも北部ソルブ人の自称として使われることがある。

デンマーク王家では、当時のクリスチャン八世の王太子であるフレゼリク七世に子どもがなく、男系はここで断絶する見込みとなっており、その際にデンマークとスリースヴィについては女系の嗣子も認められていたが、ホルシュタインの一部は男系にかぎることになっていた。ここへヨーロッパの革命の年である一八四八年の波がデンマークへも及び、アイダー川以南のホルシュタインをデンマークから切り離そうとする動きが起こるとともに、シュレスヴィヒをドイツ同盟に入れようという動きも出てきた。最初の戦争は、ドイツ内での革命騒動もあり、痛みわけとなって現状維持に終わっている。

一八六八年の戦争は、一八四八年の和平条件に反してスリースヴィ公国をデンマーク王国に一体化させる（ともにホルシュタインは切り離す）憲法を新王クリスチャン九世が署名したことではじまった。プロイセン・オーストリア連合軍は、二月一日にアイダー川を

デュッベルの丘に並ぶ記念の大砲

越えてデンマークに進入した。四月一八日には天王山であったデュッベルの陣地が陥落し、デンマークは一気に敗戦に追い込まれる。そして、デンマークはスリースヴィ以南の領土を失い、五万八〇〇〇平方キロメートルだった領土を一気に三万九〇〇〇平方キロメートルに縮小させ、二〇万人のデンマーク語を話す住民を失った。こうして、海抜六八メートルのデュッベル高地はデンマークの民族主義を高揚するシンボルとなった。

その後、第一次世界大戦でドイツが敗れ、一九一九年に結ばれたヴェルサイユ条約でスリースヴィの帰属は住民の投票によって決定されることになり、北スリースヴィの三九〇〇平方キロメートル、一六・五万人がデンマークに復帰することになった。

今回この地域に行って、掲げられるダンネブロ（Dannebrog・デンマークの国旗）の数の多さとそのサイズの大きさに驚いた。ほかの地域でもそうだが、デンマークでは国旗が日常的に掲揚されている。自国の国旗を愛する必要のある人々と見たくもない人との間の溝は、自分の属する共同体の存続に対する危機感の違いによって生まれるのだろう。

デンマークにあったナチの強制収容所フレスレウ（Frøslev）

ドイツとの国境のすぐ近くに、フレスレウ強制収容所博物館がある。フレスレウ強制収容所は、一九四四年八月から一九四五年五月五日のドイツ降伏に至るまでの間、デンマークにおけるドイツ治安警察の捕虜収容所として使われていた。収容された者のほとんどはレジスタンス活動をしていたデンマーク人である。

デンマークの外務省は、デンマーク人捕虜が悪名高いドイツ国内の強制収容所に連れていかれ、非人道的な取り扱いを受けることを少しでも防ごうとして、デンマーク人についてはデンマーク国内で収容することを提案した。意外にも、この提案がドイツ側に受け入れられた。しかし、ドイツ側は国境に近いということを条件としたので、ここフレスレウに収容所が造られることになったわけである。とはいえ、ドイツ側は約束を守らず、フレスレウに収容された約一万二〇〇〇人のうち一六〇〇人ほどがドイツ国内の強制収容所に送られている。

第二次世界大戦後は、まず占領時期に国家に危害を与えたということで起訴された者の拘置所として使われ、一九四九年からは陸軍がバラックとして使った。そして、一九六〇年代末からは博物館になり、現在、ドイツの強制収容所のなかではもっとも保存状態のよいものと言われている。多数ある収容所の建物では、強制収容所関係の展示物が二つの収容棟と監視塔に置かれているほか、デンマークのPKO活動、国連やアムネスティ・インターナショナルなどの展示も行われている。

保存状態がよいということと、もともと自国民のことを考えて制約があるとはいえ可能なかぎり居心地のよい環境にしようという努力があったこと、そしてさらには、ここで組織的な殺戮行為が行われなかったことが理由か、ドイツやポーランドにある強制収容所と違ってあまり陰惨な感じがしない。デンマーク流にせっせとメンテナンスをしたためか、捕虜を収容していた部屋などもこざ

監視塔から見た広場と収容棟

監視塔に置かれている機関銃

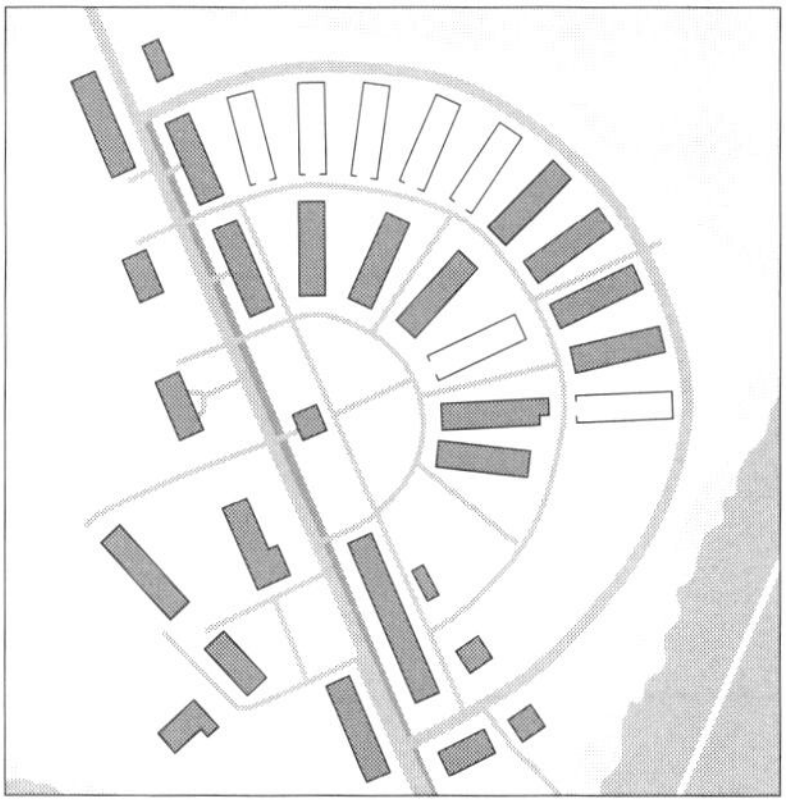

フレスレウ収容所の概略図

っぱりとして明るく清潔感がある。

全体的に、ドイツの悪逆非道を非難することはあまりなく、むしろ彼らの人間的な悩みや人道的な考え方などにも触れられていることに驚いた。戦争の最末期であったため、ドイツ側の兵士たちも、戦争の終了を待つ気持ちが強かったのではないかという説明もある。また、表立った建前はあったものの、収容された捕虜たちの生活条件もなるべく改善するべく努力されていたという解説もあった。

展示されているもののなかで、私がまったく知らないものがあった。真っ白く塗られ、赤十字のマークが付けられたバスである。戦争末期になって、強制収容所に収監されている人たちを一日でも早く救いたいという考えで、スウェーデンのベルナドッテ伯爵(Folke Bernadotte, Greve af Wisborg, 1895～1948)が西側との和平を模索するヒムラー(Heinrich Himmler, 1900～1945)との交渉に成功し、一九四五年の二月以降、数多くのバスをドイツ各地に送り込んでいる。これによって、ユダヤ人を含む二〇か国一万五〇〇〇人にも上る人々がスウェーデンに運ばれて救出された。その本物の白いバスが一台、展示されていたのだ。

記念の森(Mindelunden)

わが家の近くの交差点に、名所旧跡を表すサインが付された「Mindelunden(記念の森)」という標識が立っている。コペンハーゲンに引っ越して来た当初から気になっていたのだが、あえて訪ねてみることはなかった。ツボー・ヴァイ（Tuborg vey）を海に向かっていくと、ビルの上に立っているツボー（Tuborg）の大きいビール瓶が見える。ここが、昔ツボー（外国人は「ツボルク」と発音するが、デンマークでは「ツボー」）のビール工場のあった所で、通り名の「ツボー・ヴァイ」はここから来ているのだが、そこまで行くと「Mindelunden」の標識は反対側を向いている。だから、その手前にあるのだろうと思っていたが、車だと何度通っても見逃すようで、どこが「Mindelunden」なのかまったく分からなかった。週末に自転車で行ってみると、鉄道の線路の脇に大きく四角な枠のようなコンクリートの門があり、そこが「Mindelunden」の入り口だった。

　入り口の右側の壁に嵌められている石板を見ると、第二次世界大戦中にレジスタンス活動に従事し、ナチの犠牲にあった人たちの記念施設だということが分かった。戦争の痕跡がこんなに近い所にあろうとは、このときまで考えたことがなかった。

　ナチが降伏した一九四五年五月五日、レジスタンスのメンバーたちは、リュヴァンゲン（Ryvangen）工兵隊練兵場の北のはずれで二〇二一の墓を発見した。多くの墓にはガラス瓶が置かれており、そのなかに死者のデータが記された紙が入れられていた。また、墓には番号が付けられていた。こういうところまでドイツ的完璧性が貫徹されていたのかとぞっとするが、これらの墓は、リュウヴァンゲンで処刑されたり、戦闘で倒れたレジスタンスのメンバーたちの墓だった。

すべての墓が掘り起こされ、誰の遺骸かが確認されたと同時に、その場所にレジスタンス運動に倒れた人たちの「記念の森」を造営することになった。家族に、自分たちの家の墓地に葬るか、記念の森に葬るかを選んでもらったが、一〇六の家族が記念の森を選んでいる。

葬儀は一九四五年八月二九日に執り行われ、一九五〇年五月五日にリュウヴァンゲンの記念の森の正式な除幕式が行われた。その後、毎年五月四日（五日ではない）に公の記念式が行われ、六〇周年となった二〇〇五年にはラスムセン元首相（Anders Fogh Rasmussen, 1953～）も式典に訪れている。記念の森には一〇六の墓が置かれている広々とした墓地があり、墓に囲まれて「母と殺された息子」の彫像が立っている。

この広々とした場所を後にし、森の中の道を通って奥まった所に行くと、三方が土

処刑場跡

手に囲まれた処刑場跡がある。ヴィズステン・グループ（Hvidstengruppen）やホルガー・ダンスケ（Holgen Danske）といったレジスタンスグループのメンバーたちは、ここに連れて来られて木柱に縛り付けられ、射殺された（現在三本立っている杭は金属製のイミテーションである）。
処刑場の手前の地面に置かれた石版には、次の言葉が彫られていた。

息子たちよ、死んでしまった息子たちよ
お前たちは、デンマークのため
真っ暗な闇の中に
輝く朝焼けの明かりを点した

ドイツの強制収容所で命を落とした五六人も、記念の森の中に葬られている。さらに、記念の森の東の壁には、遺体の見つからなかった一五一人の墓碑が並んでいる。

デンマークで一番古い町リーベ（Ribe）

リーベは、八世紀ごろにできたデンマークで一番古い町だと言われている。そのころ北海とバルト海を結ぶ交易は、ユトランド半島のもっとも狭い所で陸路を使って行われていた。良港と遡航で

大聖堂（左）、その塔からの眺め（上）、木組みの家（下）

きる川があったために、通商路の北海側の基地になったのがリーベだったわけである。

リーベは中世を通じて豊かな交易都市だった。人口も、一五世紀末には、当時としてはかなり多い五〇〇〇人を数えた。しかし、一六世紀の末ごろから、交易路の中心が北海からエアスン海峡を経由するようになり、コペンハーゲンの地位が増すにつれてリーベの地位は低下していった。これに、一七世紀に起こったペストや戦乱に加え、洪水によって航路が砂に埋まってしまい、リーベの衰退は決定的となった。

　衰退の最後となったのが一八六四年のシュレスウィヒ・ホルシュタイン戦争によるシュレスウィヒ公国のプロイセンへの併合であり、国境線がリーベのすぐ南に引かれることとなった。同時に、北海航路の拠点としてエスビョウの町が建設され、リーベは経済的な繁栄から取り残されてしまう結果となった。しかし、まさにそれが理由で、リーベは中世さながらの美しい町並みを現代に残すことになった。第一次、第二次世界大戦、ドイツのデンマーク占領時においてもリーベの町は大した被害を被っていないのだ。

　現在のリーベの町を睥睨《へいげい》しているのは大聖堂である。元になった教会堂は九世紀の半ばに建てられたものだが、現在見られる後期ロマネスク様式の大聖堂ができたのは一三世紀の半ばである。近郊に建築材料となる適当な石材がなかったため、ボンの対岸にあるドラッフェンフェルスから凝灰岩を切り出し、ライン川を下って北海を渡って持ってきた。そして、建築様式も、マリア・ラーハの教会[30]をはじめとする中部ライン地方のロマネスク建築に範をとったものとなった。

完成して間もない一三世紀末に教会の北の塔が崩れ落ちるという事件があり、その修復にあたっては古い塔の再建でなくレンガ造りの大きな塔が建てられたのだが、これが現在でも大変目立つ存在になっている。あとで付け加えられたものとして見事なのは、一六世紀末に据え付けられたオルガンである。また、一九八七年に完成した新しい祭壇モザイクは、その斬新さが理由で一時大変な物議を醸し出したという。

ハーザースレウ（Haderslev）

ハーザースレウは、同名のフィヨルドの奥にできた町である。ユトランド半島南部の重要な交易都市の一つだったが、一四世紀には王家の城があったことでも知られて

ハーザースレウの町

いる。中世を通じて、ハーザースレウはこの地域ではもっとも豊かな町であった。町の中心に高くそびえ立つマリア教会がその富を象徴している。一七世紀に火災に遭ったままとなっているが、現在でも教会の東側の地名に城の名残が残っている。

しかし、シュレスウィヒ公国の領土がさまざまに分割されていくにつれて、町の繁栄にも陰りが出てきた。そして、一九世紀のドイツとデンマーク間の紛争が陰を落とす。とはいえ、ハーザースレウは明確なシュレスウィヒ独立派ではなかった。一八四八年から一八五〇年の戦争のあとも、ドイツ語とデンマーク語は引き続き同等に扱われた。

その後、一八六四年のデンマークの敗戦でシュレスウィヒは丸ごとプロイセンに属することとなった。デンマークとの国境が町の一五キロ北を走ることになり、一九世紀の産業進展を妨げる要因となった。一九二〇年の国民投票では、三分の二がデンマーク復帰に賛成した。第二次世界大戦時のドイツによる占領を経て、現在は一九五五年のボン・コペンハーゲン宣言[31]によってマイノリティの権利が守られることになっている。

---

(30)（Maria Laach）ライン川中部左岸にあるコブレンツ（Koblenz）に程近いアイフェル（Eifel）丘陵地帯にあるベネディクト派の修道院。六つの塔をもつ修道院教会は、一三世紀初頭ザリアー朝時代における代表的なロマネスク建築である。

(31)（Bonn-Copenhagen Declaration）一九五五年に発出され、国民的なマイノリティに対する忠誠心（loyalty）を公言する自由を定めたもの。

ハーザースレウには朝早く行ったので、主だった施設はどこも開いていなかった。しかし、祭日の朝というのに、商店街では店の関係者が道路に出てせっせと掃除に勤しんでいた。こういう町でも、やはり一六世紀～一七世紀に造られた家々が軒を連ねる所があり、新しく建てられた建物が町並みを決して崩していない。ドイツだとローテンブルクなどの小規模で大都市から離れた所にしか残っていない古い町並みが、デンマークのこのあたりには日常的なものとしてある、というのが偽らない実感であった。このような古い町並みのなかでは、日本企業の看板も、環境にあわせてか渋い感じに見えてくる。

海運の町オーベンロー（Åbenrå）

オーベンローは、ドイツに近いユトランド半島の北海側の海岸にできた町である。オーベンロー・フィヨルドの奥に位置し、漁村からはじまり、遅くとも一三三五年には町としての地位が与えられたと考えられている。一八世紀の末から一九世紀のシュレスウィヒ・ホルシュタイン戦争のころまでが、もっとも町が賑わった時期である。フィヨルドの入江の幅が広かったのが幸いして、艦船の発達とともに海運の基地、造船の町として賑わうようになったのだ。

当時は、ここから中国や南米、オーストラリアにまで船が出ており、コペンハーゲンとフレンスボー（現在はドイツ領）に次いで三番目に大きい商船隊をもっていた。今でこそ賑わいのない町となったが、依然として海運を中心にしたさまざまな製造業を擁する所である。

言うまでもなく、オーベンローもドイツとデンマークの国境界近くにあったため、とくに一九世紀の半ば以降は歴史に翻弄された所である。一八四八年から一八五〇年までの戦争ではシュレスウィヒ・ホルシュタイン分離派に加わったオーベンローだったが、一八六四年の戦争のあとはプロイセン、そして統一ドイツの領土となった。

しかし、第一次世界大戦の結果、この地域の帰属は住民投票に付されることになり、オーベンロー市民は五五パーセントがドイツ帰属を望んだが、その地域全体の総意に従ってデンマークに属することとなった。その結果、オーベンローはドイツ民族主義運動の拠点となり、ナチスの興隆が民族間の抗争を激化させた。現在も、オーベンローにはマイノリティとしてのドイツ人に関係するさまざまな施設がある。

オーベンローという町の名前も、言葉の変遷だけでなく、そのときどきの政治状況を反映して変化してきたという過去をもつ。簡単に言うと、オーベンローの名前は「Opnør（先行した村の名前）」→「Opnøraa（川があったので、それを語尾にもって来た）」→「Apenrade（一三世紀以来近辺で市が発展し、商人の使う中世低地ドイツ語発音を使い、木を切り倒す「rade」という語尾をつけた。ドイツ語では今でもこの綴りと発音を使っている）」→「Aabenraa（民族間の抗争が激しくなって、デンマーク側が使うようになった）」→「Åbenrå（一九四八年の正書法の改定で、こう書き換えることになった）」と変遷している。

現在の町並みを見ると、一八世紀後半にオーベンローが盛んに外国との海運取引を行っていたころの建物をたくさん残している。町の真ん中にそびえるニコライ教会（一三世紀に基礎が置かれている。海運、商売の守護聖人である聖ニコライ[32]に因んだ教会になっているのは、町の特徴をよく表している）、後期古典主義的な建築である市庁舎（一八四〇年代）などをはじめとして、スロッツ通りなどの小路は大変趣がある。

そして、スロッツ通りを進んだ先には、カルマル同盟の生みの親であるマルグレーテ一世が建てたとされるブルントルン城がある。

スロッツ通り（Slotsgade）の家々

ボビン・レースとヴェーナーの町テナー（Tønder）

まずこの町の名前だが、日本語の資料では「トゥナー」と書いているものが多い。綴りどおりに読むとすれば、「ø」は「ゥ」ではなくて「ェ」に近い発音（口の形は尖らせた「お」で「え」の音を出す）のはずだと思う。フリースランド方言だと「Tuner」と書くので「トゥナー」と発音する人もいるのかもしれないが、南ユトランドの出身の私のデンマーク語の先生は「テナー」に近い発音をしているので、私も「テナー」と表記させてもらうことにする。テナー出身の有名人であるハンス・J・ヴェーナーも、日本では「ヴェグナー」とドイツ式に表記されることが普通らしいので、本人も苦笑していることだろう。小さい民族グループの言葉の発音表記は、外国語をもとにしているようだ。

そのテナーだが、この町は南ユトランド地方ではもっとも古い町の一つで、一二世紀の初めにはすでに市場町として栄えていた。北海に面した所では数少ない貿易港として中世を通じて繁栄したが、一六世紀半ばに干潟に沿って堤防が築かれてから港が機能を失い、町の活力は大きくそがれてしまった。港に取って代わったのが、馬の売買とレース産業だった。一九世紀の半ばになると、テナーのボビン・レース[33]の評判が大層高くなった。

---

(32)　サンタクロースのもとになった聖人。今はカトリックの聖人のリストから外されている。

そして、一九世紀以降は、このテナーもデンマークとドイツの狭間にあって政治的な変動と打撃を受けた。それで経済が停滞したためか、テナーの町は古い町並みがよく残されている。面白いのが、市の立つ広場にあるこの像である。「カーマンネン（Kagmanden）」という木造彩色のこの像は、一六九九年から一九二〇年まで公正と秩序の番人としてここに立っていた（オリジナルは博物館にあって、そちらは右手に鞭を持っている）。犯罪を犯した者がいると、像の横に立つ杭につながれて公開での鞭打ちの刑に処せられたという。その役割は、ブレーメンなど北ドイツに多いローランの像[34]と似ているのだが、果たしてどうなのだろうか。

テナーの古い町家のなかで代表的なのが、市場広場に立つ旧修道院の付属パン工房の建物である。後期ゴシック建築で、一五一七年に建設された。旧パン工房の左に見えるのが一五九二年に建てられた町の教会で、ちょっと変わった形をしている塔は中世に建てられた建物の名残だそうだ。

ボビン

カーマンネンの像

第一次世界大戦後の領土帰属をめぐる国民投票では、テナーだけをとると七七パーセントがドイツ残留を望んだという。五六年間にわたってドイツの支配下にあれば、少なくとも都市において有力な民族グループが集中するのはごく自然なことで、それはセナボーやオーベンローも同様である。それはともかく、第二次世界大戦後にはドイツ・ナショナリズムが自己主張できる状況ではなくなり、今は国境もとても静かとなっている。デンマークもドイツもシェンゲン協定加盟国なので、もちろん国境を通過することはまったく自由となっている。ただ、通貨は違うし、言葉も違う。ちなみに、ドイツ側のほうが商業主義的な看板や現代的な建物が多いように見受けられる。

テナーは、ドイツ領であった第一次世界大戦のときにツェッペリン飛行船[35]の基地となった。ここから出発した飛行船がロンドンへの空爆などに向かったが、成果は大して上がらなかったようだ。今は基地跡が博物館になっているが、開館しているのは夏だけである。錆び付いた旧式の戦車だけ

---

(33)　糸をボビンと呼ばれる糸巻に巻き、複数のボビンを使って織り上げたレース織。欧州の各地に伝わる伝統技法。

(34)　中世文学『ローランの歌』に歌われているローランは、カール大帝に従う騎士の筆頭格。ブレーメンをはじめとした北ドイツや東ドイツの都市では、都市の有する市場開催権と市場裁判権、言い換えれば、都市の自由の象徴として市場や市役所の前にローランの像が建てられている。

(35)　ツェッペリン伯爵（Ferdinand Adolf Heinrich August Graf von Zeppelin, 1838～1917）が開発した、外殻を支える金属の骨組みをもった飛行船。両大戦間に、ツェッペリン伯爵の名前を冠された飛行船が世界周航の途中に日本に寄港したことがある。

が、砲身を外に向けて庭に置かれていた。見たところ、飛行船が格納できるような大きな建物はない。実物大模型などを期待していたのだが、ちょっと無理そうであった。

トニオ・クレエゲルが訪れたオールスゴー（Ålsgård）のホテル

子どものころに読んだ『トニオ・クレエゲル』の一節をふと思い出した。「金髪のインゲ。インゲボルグ・ホルム」というトニオの初恋の娘の話がはじまるところだ。そう言えば、トーマス・マン（Thomas Mann, 1875～1955）はリュベックの人で、その小説に出てくるインゲは、「ホルム」という苗字からも考えられるようにデンマーク人だったはずだ……と反芻して、日本に帰ったときに古書店で岩波文庫の『トニオ・クレエゲル』を買って読み返してみると、案の定、インゲやハンスという金髪で、快活で、ダンスが上手で、シュトルムの『みずうみ（インメンゼー）』などを読まない、トニオの羨望の的であった若者たちはデンマーク人だった。

そのうえ、小説の最後の部分では、トニオはインゲやハンスの影を求めてデンマークに旅をしている。彼は、現代の観光客のように、コンゲンス・ニュートーウ（Kongens Nytorv）に行って騎馬像を見たり、聖マリア教会の円柱をながめたりし、揚げ句にはラウンド・タワーに上ったあと、チボリ公園で二晩も過ごしている。(36) そして九月、馬車で「デンマークのリヴィエラ」沿いに北上し、ヘルシングエアを過ぎてオールスゴーという集落のホテルに逗留し、ここで物語はクライマックスを迎える。トニオ・クレエーゲルが行ったということは、トーマス・マンもオールスゴーのホテルに泊まったのだろうと思ってそのホテルを探しに行ってみた。

行ってみると、オールスゴーは海岸の道沿いに静かな集落が広がっているだけの所で、天気があまりよくなかったせいもあってか、海水浴場の賑わいのようなものはまったく感じられなかった。保養客が散策するような所もあまり見当たらず、海水浴を対象としたホテルらしきものもない。一、二度道を行き来したあとで、道端のベンチでサンドイッチを食べている年配の夫婦に「かくかくしかじかでホテルを探しているのだが、それらしき建物はないか」と聞いてみたところ、彼らは「トーマス・マンの小説の舞台になったなんていうことはまったく知らないが、ホテルだった建物と言えば『マヨーアゴーエン（Majorgården）』だ」と言う。

言われてみると、多少大きめの建物が海に面して立っていたが、イメージしていた保養地のホテルとはほど遠いだけでなく、プライベートという看板が出ていたので中に入るのをためらった。一応、マヨーアゴーエンの写真を撮ってきたので、ここに載せておく。

家に帰って来てから再度岩波文庫を開いてみると、ホテルについては、「緑色の雨戸のついた、

（36）ちなみに、岩波文庫の実吉捷郎訳では「アアルスガアルド」となっている「Aalsgaard」をおそらくドイツ語式に読んでいるのだが、適当とは思われない。ドイツ語の翻訳自体もかなり古臭く生硬で、分かりにくい日本語になっている。

小さい白い海水浴旅館」と描いてあった。大きなアール・デコ風のホテルを思い描いていたのはまちがいで、この程度の小さな旅館でいいのかもしれない。マヨーアゴーエンは、現在、アルコール中毒者などのリハビリのための民間施設になっている。

ここまで来るとエアスン海峡の外側になるためか、コペンハーゲンあたりよりは波が大きくなっているように思う。波しぶきとともにデンマークであまり感じられない潮の香りが漂ってくる。『トニオ・クレエガー』にもこのような描写があった。

「波は、衝こうとして角を構える牡牛のように首を下げたまま、狂暴に渚をめがけて突進する。渚はずっと上のほうまで洗いつくされて、濡れ光る海草や貝殻や、打ち寄せられた木端なぞで蔽われている」（実吉捷郎訳）

私が行ったときはこれほどの荒天ではなかったが、周期の短い波が海岸に打ち寄せ、一面に海草や貝殻

海側から撮ったマヨーアゴーエン。左はクロンボー城

が打ち上げられていた。

スヴェンボー（Svendborg）とブレヒト

一三世紀に交易・手工業の町として歴史に登場したスヴェンボーは、現在、フュン島で二番目に大きい町となっている。「歴史に登場」と言っても、権力の中枢から離れていたので、歴史に大きな影響を与えた事件はスヴェンボーでは起こっていない。ただ、中世の終わりまでは度重なる王族間の争いや内戦に巻き込まれ、何度となく破壊されたり、略奪にあっている。

フュン島とその南のトーシン島との間の狭い海峡沿いにできた町は、海運にとっては都合のいい条件に恵まれたため、終始海上交通の要港であっただけでなく造船業も栄えた。現在、デンマーク最大の会社であり、世界最大の海運会社である「マースク社」は一九〇四年にスヴェンボーで設立されている。

その町から離れて海岸を西に向かうと、一軒の藁葺き屋根の家が立っていた。この家は、ベルトルト・ブレヒト（Bertolt Brecht, 1898～1956）が一九三三年から一九三九年にかけて住んだ家である。ブレヒトは、一九三三年一月にナチ党が政権を獲得した直後に起こった国会議事堂放火事件の翌日にベルリンから脱出し、デンマークの女性作家カリン・ミケリス（Karin Michaelis, 1872～1950）を頼ってスヴェンボーに渡っている。トゥア島（Thurø）という小さい島に一時滞在したあと、この「Skovsbostrand 8番地」の家を手に入れ、ここに引っ越しをしてきた。

ブレヒトは五年以上にわたってスヴェンボーに滞在して『ガリレオの生涯』などの創作を行ったが、一九三九年にドイツの脅威を感じるようになってスウェーデンからフィンランドに渡り、しばらくして旧ソ連経由でアメリカへ逃れている。

デンマークでは四月いっぱいは多くの博物館や美術館が閉館しているが、ここ「ブレヒトハウス」もその例外ではなかった。窓からのぞき込むと当時の品々が展示されているのが見えたので、機会を見つけて再訪してみたいと思っている。

ブレヒトハウス

5　美しい城たち

ここまでは、デンマークの歴史のなかでさまざまな役割を果たしてきた場所をめぐってきたわけだが、デンマークの田舎には、歴史の本流とずれた所にもはっとするような美しさを放つ城が、何百年もの風雪に耐えて静かなたたずまいを見せている。小さい村にあるクロ（酒場兼旅館）に泊まり、透き通った朝の空気を吸いながら、このようなお城の一つを訪ねてみるのもいいものである。

ヴァルデマー城（Valdemars Slot）

ブレヒトハウスのあるスヴェンボーから南へ、橋を渡るとトーシンエ島（Tåsinge）である。ここにも、行くだけの価値のある場所がいくつかある。その一つがヴァルデマー城である。デンマークの平坦な海岸に、ほとんど茫漠とした沼地のように見える池を中心に配置された赤レンガの本館や黄色い門、そして東屋《あずまや》の風情は一種独特のものがある。ここも夏場になれば海水浴客などで賑わうのだろうが、シーズン前であればほとんど人影が見られない。

ヴァルデマー城は、クリスチャン四世が一六三九年から一六四四年にかけて息子のヴァルデマー・クリスチャンのために建てたものである。しかし、ヴァルデマーは早くに亡くなり、一六七八年にはスコーネ戦争の英雄であるニルス・ユール提督（Niels Juel, 1629～1697）が城を譲り受け、その後、代々ユール家の子孫が相続をしている。現在の城の大部分は、初代のユール提督の孫であるニルス・クヌッセン・ユール（Niels Knudsen Juel, 1696～1766）が一八世紀の半ばに改造したもので、東屋もそのときに造られたものである。

ヴァルデマー城の北に「トローエンセ（Troense）」という村がある。このトローエンセは、デンマークのなかでもデンマークらしさを結晶させたような、牧歌的な村である。とくに、グレンネゲーズ（Grønnegade）に沿って散策すると、色とりどりに塗られた可愛らしい木組みの家が立ち並んでおり、庭の植え込みや花々の様子は、まるでおとぎ話の世界に紛れ込んだような感覚になる。

ヴァルデマー城の東屋

スペットルップ城（Spøttrup Borg）

ユトランド半島の北、リム・フィヨルドの傍らに立つスペットルップ城は、中世の雰囲気を色濃く残した城砦で、二重の堀に囲まれて立つその美しさはデンマークでもここでしか見られないものである。

この城は、一五〇〇年前後にヴィボーの司教が建てたもので、ここでは司教の物資の管理が行われていたことをはじめとして裁判も行われていた。また、デンマークのこの時期は内乱に宗教改革が重なったこともあって、司教としてはいざというときのために逃げ込むべき城を建てたのである。

この時期のデンマークの様子を少し詳しく説明しておこう。

クリスチャン二世が行った貴族と僧侶の封じ込めの政策に対して反旗が翻り、王は一五二三年にオランダに亡命した。そして、王位を奪還するために帰国した途端、騙されてセナボー城に幽閉されることとなった（一五三二年）。他方、クリスチャン二世に対抗して担ぎ出されたフレゼリク一世は、クリスチャン二世の幽閉開始直後に亡くなり、その息子のクリスチャン三世が熱心なルター派だったため、司教をはじめとする貴族はその国王選出をしぶった。

その間、クリスチャン二世派は、リュベックの支援を得てオルデンブルク伯爵クリストファ（Grev Christoffer af Oldenburg, 1504〜1566）の指揮のもとにシェランとスコーネを支配下に置いた（そのため、この戦いは「伯爵の争乱」と呼ばれる）。ルター派の貴族たちは、ここに至って反対を押し切ってクリスチャン三世を擁立した（一五三四年）。この間、クリスチャン二世派側の「船乗りクレメント」に率いられた市民や農民の軍がユトランド半島北部の荘園を襲うという事態になったが、クリスチャン三世側の傭兵隊が農民軍を打ち破り、最終的にコペンハーゲンが陥落してクリスチャン三世がデンマーク全土の王座に就いた（一五三六年～一五五九年）。そして、宗教改革が実行されることとなり、カトリック教会は全財産を没収され、聖職者の世俗の権限は徹底的に否定された。

二重の堀に囲まれたスペットルップ城は、堀の間に高さ九メートルの土塁が築かれているため、当時の大砲による攻撃からは完全に防御できる状態であった。とはいえ、

スペットルップ城

竣工後まもなく、船乗りクレメントの乱[37]に見られるような状況に鑑みて、大きい窓がふさがれるなどの防御面の強化が施された。

しかしこの城も、一五三六年にヴィボーの司教が財産を没収された結果、国王のものとなった。そして、一五七九年にフレゼリク二世は、メクレンブルク出身の貴族であるヘンリク・ベロウ（Henrik Below, 1540～1606）にこれを授与した。そのベロウが一六〇〇年ごろに城を改築し、中庭の二つの塔を建設し、南翼一階を舞踏会場に改築するなど、城をルネサンス様式に建て替えている。

そのベロウ家も、クリスチャン四世の度重なる戦争の失敗のあおりで零落し、一六四八年にはスペットルップ城を売却せざるを得なくなった。その後の所有者では、一七〇二年から一七七六年まで所有していたローゼンクランツ家が建物の維持と修復に努めた。ローゼンクランツ家の二代目であるモーエンス・ローゼンクランツ（Mogens Rosencrandtz, ca. 1700～1778）は、本人のイニシャル「ＭＲ」と奥さんのイニシャル「ＣＨ」、そして年号の「一七六二年」を並べて門塔の壁に記したが、それは今でも残っている（前ページの写真の中央の塔の、下の窓の上にある）。

(37)　伯爵の争乱の一局面として起こった農民の反乱。フレゼリク一世の死去に際し、新教貴族はクリスチャン三世を、旧教貴族はその弟のハンスを支持したのに対し、市民や農民はセナボーの城に幽閉されていたクリスチャン二世の復権を支持していた。クレメントは、クリスチャン二世の側にいたクレメントがユトランド半島北部の農民を扇動して起こした。農民たちは貴族を打ち破り、数か月の間北ユトランドの大半を支配し、貴族の館を次々と襲って焼打ちにした。

その後は、城は荒れる一方となり、土塁も一部が壊されて堀も埋め立てられて畑となっていたが、一九三七年に納屋から火事が出たのを契機に政府が買い上げ、修復して見学客に開放するようになった。

中世の城の構造がそのまま残っていて、さまざまに興味深いところがある。たとえば、掲載した写真は居住区であった南翼だが、縦に三本あるシャフトはトイレである。また、左側の上の窓の左側には、もともとあった大きいアーチ型の窓とそれを小さくして射撃用のスリットにした（オリジナルと初期の改変）の跡が見て取れることからして、ベロウの改築のときのものと思われる。なお、一番右の窓は出窓になっているが、これも内戦が終わったベロウのときに改築されたものと思われる。

水に浮かぶ城址カレ（Kalø）

カレの城跡は、オーフスからエーベルトフトに向かう途中の海岸にある。氷河がつくったカレ湾の奥、遠浅の海の岸から五〇〇メートルほど離れた沖合いに小さい島が浮かんでいて、中世の城の廃墟が浪漫的な姿を見せている。

訪れたこの日のように穏やかな日は、左右の浅い海の水面もほとんど鏡のようである。水に浮かぶ鳥の姿や反射する日の光、海のなかの海草や石、道端に咲く色とりどりの花の群生を見ながら中世の石畳を歩いていく。日本海や太平洋の荒波に慣れている日本人としては、波のない「海」というのはなかなか想像しづらいのだが、バルト海、なかんずくその内湾とかフィヨルドになると塩分も少なく静かで、ほとんど湖のようである。

それにしても、戦略的に何か重要な所とも思えないこのような場所になぜ城を造ったのか。説明書には、「かつては王の力と偉大さのシンボル」だったと簡単に書かれているが、その建設と維持には大変な費用がかかったことだろう。

カレの城址の目に触れる部分はヴァルデマー再興王が建てたのものだが（一三四三年完成）、その下には一三一三年に完成したエーリク六世人間通王の城が隠れている。

デンマークの歴史から見ると、エーリク六世の時代は一二四〇年代から続く暗黒時代で、エーリクが亡くなってまもなくデンマークは王のいない空位時代を迎

水に浮かぶカレ城址

えている。この時代、王権と教会の対立が続いたうえに内乱が相次ぎ、混乱と無秩序が支配し、国は疲弊していた。エーリク六世は農民蜂起を鎮圧したあと、叛乱に加わった農民を強制的に駆り出し、国王の権力を誇示するための城をユトランドに少なくとも五つ建設している。カレ城は、その一つということになる。

ヴァルデマー再興王は、分裂し王も選出できないでいたデンマークを文字どおり復活させた王である。彼の業績は娘のマルグレーテ一世に引き継がれ、彼女は一三九六年にカルマル同盟を結成して、デンマークをその盟主に引き上げた。

カレ城には、クリスチャン二世の時代になって、スウェーデン独立派の若い貴族グスタフ・ヴァーサ（Gustav Vasa, 1496～1560）がデンマークとの戦いに敗れて拘禁されている。しかし、グスタフ・ヴァーサは、一五二〇年にストックホルムでデンマークによる虐殺事件（ストックホルムの血浴）が起こるとここから脱出し、一五二三年にはスウェーデン王として戴冠し、同時にカルマル同盟は消滅した。

カレ城は、一六六〇年に絶対君主制が導入されるとともに利用されなくなり、一六六一年には王子の一人であるウルリク・フレゼリク・ギュレンレーヴェの手にわたっている。そして翌年、ギュレンレーヴェは朽ちかけた城を解体したため、城は現在のような廃墟になった。解体の際にでた建築資材はコペンハーゲンに運ばれ、コンゲンス・ニュートーウに建てられたシャルロッテンボー（一七五四年以降は王立芸術アカデミー）の建築材料として利用された。

ガンメル・エストルップ（Gammel Estrup）

ユトランド半島の北東部にあるガンメル・エストルップには、ルネッサンス様式の赤いレンガ造りの館がある。館を囲む二重の堀の外には庭園が広がり、その向こうには農場関係の多数の建物が付属している。関係資料に「城」という表現がないので「館」と呼ぶことにするが、その規模と内容から見て、「城」と呼んでもおかしくないぐらい立派な建築物である。

この場所に、最初に建物が建てられたのがいつなのかは定かでない。ただ、発掘の結果、一四世紀の建物跡が見つかっている。現在の建物の一番古い部分は一四九〇年ごろのものと考えられている。そのころの主は、気性の激しい男として知られているラーウェ・ブロック（Lave Eskesen Brock, ?～1503）であった。石造りの建物は、当然、防御用の砦の役割をもっていた。

建物の主要部分は一七世紀前半に造られている。クリスチャン四世の大臣であったエスケ・ブロック（Eske Brock, 1560～1625）は、館を当時の最新スタイルに改築した。エスケは「デンマークで一番金持ち」と言われていた。

エスケの所領は、ガンメル・エストルップだけではなく、もっと広大な領地に広がっていた。彼には息子がおらず、彼の死後、その所領は娘のユッテ・ブロック（Jytte Eskesdatter Brock, 1595～1640）とその夫ヨーエン・スケール（Jørgen Skeel, 1578～1631）が相続している。夫のヨーエン・スケールは陸軍元帥だったので、当時は大変な権力をもっていた。

どうも、王家と違って普通の貴族のところでは、代々の当主に同じ名前があってもとくに番号は付していないようだ。そのため、これから先に同じ「ヨーエン」が何度も出てくるが、生きていた年代で区別をしてもらいたい。

一九二六年までの約六〇〇年の間、ガンメル・エストルップはブロック＝スケール家のものだった。スケール家は、一七世紀から一八世紀にかけてデンマークでもっとも豊かな家と言われていた。そして、一七二五年には、ソストルップ（Sostrup）を中心とする広大な領地をまとめて「スケール伯爵領」と名づけた。ただし、この伯爵領にはガンメル・エストルップは含まれていない。ガンメル・エストルップにはスケール家の「本領」という地位が与えられ、

ガンメル・エストルップ

税を免除されていた。そして、長男がこれを一括して相続する代わりに、この領地は売却してはならないとされた。

スケール家は陸軍大臣だったヨーエンのころの権勢を二度と取り戻すことはなかったが、それでも、ユリアーネ・マリーエ王太后とフレゼリク世継ぎ太子の宮内長官をしたヨーエン・スケール（Jørgen Scheel, 1718～1786）、そしてその息子で駐ロシア公使をしたクリステン・スケール（Christen Scheel, 1743～1771）のころは、デンマーク史のなかでも大きな役割を果たしたときである。

ガンメル・エストルップが豊かな所領としての地位を失うのは、ヨーエン・スケール（Jørgen Scheel, 1768～1825）の時代である。彼と妻は一八世紀の末から一九世紀にかけて、贅沢な暮らしと外遊で資産を蕩尽してしまったため大変なスキャンダルとなった。そして、一八一五年にヨーエン・スケールは破産したが、「本領」であったためにガンメル・エストルップだけはスケール家のもとに残っている。

その後、一九二六年までガンメル・エストルップは細々と続いた。一九二〇年に封建制度が解体されて「本領」というステータスが認められなくなったため、一九二六年にクリステン・スケール（Christen Scheel, 1853～1926）が亡くなったときにガンメル・エストルップの荘園は一一人に相続されることになり、売却せざるを得なくなった。その二年後、一九二八年になって、クリステンの娘婿であるヴァルデマー・ウッテンタール（Valdemar Uttental・生没年不詳）が買い戻している。そして、政府および民間の協力者を募り、一九三〇年にガンメル・エストルップの館を「ユトランド荘園博物館（Jyllands Herregårmuseum）」として再出発させた。

また、農場の建物と土地は、一九六九年以降に国立デンマーク農業博物館（Dansk landbrugmuseum）がこれを買い上げて博物館に改装している。今日、ガンメル・エストルップには二つの博物館があるが、両者は組織的には別々のものである。

ガウネ城（Gavnø Slot）

シェラン島の南部にあるネストヴェス（Nestved）市の南郊にデュプセ・フィヨルドという潟湖のような形の内海がある。そこにガウネ島という小さな島があり、海を越える石橋の向こうにガウネ城が優美な姿を見せている。

ガンメル・エストルップの荘園に残る17世紀末に建てられたチャペル

今日のガウネ城を造ったのは、オットー・トット伯爵（Otto Thott, 1703～1785）である。蔵書家として知られていた伯爵は、ロココ様式で大幅に城の増改築をし、王家の蔵書もしのぐと言われた膨大な蔵書を収納した。子どものいなかったオットー伯爵は、ガウネ城をレーツ家（Reetdz）出身の母の兄弟の孫にあたるホルガー・レーツ男爵（Holgar Reetdz-Thott, 1745～1797）に遺贈し、それ以降、ホルガーとその子孫はレーツ＝トットを称するようになり、現在に至っている。

ガウネ城の歴史を遡ってみると、一二三一年にヴァルデマー二世がガウネ島にある「家」に言及したと伝えられている。「家」とは「砦」のことで、デンマーク南岸の防衛拠点の一つだったと考えられている。現

ガウネ城

在の城に直接つながるものとしては、マルグレーテ一世が一三九八年にガウネ島を手に入れ、一四〇二年に竣工した女子修道院に遡る。修道院付属の教会は、今でも城の南棟の内部に当時のまま残っている。

その後、宗教改革で修道院が廃止され、北棟が一六五〇年に、東棟と南棟が一七五〇年に建築されて「コの字型」の現在の姿になった。そのため、絵画や家具などは、ゴシックからはじまりルネサンス、ロココ様式まで多彩なものとなっているが、内装は基本的にロココ様式で造られている。

ということなのだが、この日はあいにくと着くのが遅くなり、城の中を見ることはできなかった。しかし、庭は咲き誇る花々で満たされており大変美しい。そこを、しばし散策させてもらった。主《あるじ》の趣味か熱帯

ガウネ城の庭園

の蝶を集めた温室があり、その中には卵から幼虫、サナギがおり、成虫になった蝶たちは乱舞していた。ほかにも、消防博物館や一〇〇〇点ほどの絵画を収蔵する美術館があるほか、子どものためにはドクロ印の海賊ランドやヤギと遊べる広場も完備されている。

この城と庭、そして美術品の管理のために財団がつくられているというが、維持管理のために必要となる費用はどのように手当てをしているのだろうか。男爵家は現在二三〇〇ヘクタールの土地を所有しており、そのうち一二〇〇ヘクタールが農地、一〇〇〇ヘクタールが森林になっている。建物は一二八棟あり、二五人の作業員が雇われているようだ。穀物生産、畜産（牛とイノシシ）、林業、果樹栽培、さらには家や耕地の賃貸や狩猟料金、砂利の採取が収入源となっているらしいが……。

ガウネ城は、日本と特別な関係をもっている。広島のタカキベーカリーは、「デーニッシュ」と呼ばれる菓子パンを初めて日本に導入したことで知られているが、そのタカキベーカリーは、レーツ゠トット家傘下のトルストロップ・チーズ会社（Tholstrup Cheese A/S）からチーズを購入しており、その縁で高木俊介社長は当主のオットー男爵からガウネ城に招待を受け、その美しさに大変感銘を受けたという。その高木社長が亡くなったとき、社長のご子息たちが父親の記念にと二〇〇本の桜の木と記念碑を寄贈し、今では美しい並木道になっている。(38)

イーエスコウ城（Egeskov Slot）

フュン島のオーデンセの南にあるイーエスコウ城は、デンマークのなかでも屈指の観光スポットとなっている。北海道の登別市にそのコピーがあって、水族館になっているので、日本でもある程度知られているかもしれない。

本家のイーエスコウ城は、一五五四年に竣工したルネサンス様式の城である。施主のフラン・ブロッケンフース（Frands Brockenhuus, 1518～1569）が、妻となったアンネ・ティンフース（Anne Tinhuus, 1525～1565）が相続した荘園にこの城を建てたということである。デンマークでは、国王の選出と宗教改革とが絡み合った「伯爵の争乱」（一二四ページ参照）において領主の館の多くが農民軍に襲われるという事態が起こったため、この時期に建てられた貴族の館は防御を目的とした要塞となっている。

イーエスコウも、最深部が五メートルという小さい沼の真ん中に建てられた。「イーエスコウ（オークの森）」という名前は、城の建設にあたって、土台としてオークの丸太がたくさん沼に立てられ、そのために森が一つ消えてしまったという言い伝えによると言われている。

さまざまな説明にもあるが、建物は平行した二つの棟からなり、棟と棟の間は三メートルにもなる壁がある。壁には秘密の階段があったり、井戸が造られており、いざというときの防御装置となっている。残念ながら、観光客にはこのような施設は開放されていない。

建設当時は、矢や大砲や熱湯などの防衛手段が装備されるとともに、城へのアクセスは跳ね橋にかぎられていた。その後、一九世紀の末に家督を相続したユリウス・アーレフェルト＝ラウァヴィ伯爵（不明、1849～1912）のときに大規模な修復が行われたが、そのときに跳ね橋の反対側に玄関がつけられた。

イーエスコウ城も、建てられたあとに持ち主が種々変遷したが、一七八四年にヘンリク・ビル＝ブラーエ伯爵（Henrik Bille-Brahe, 1709～1789）の手にわたったのち、代々彼の子孫が城主となって現在まで続いている。ビル家の代々の当主はなかなか商才があったものと思われる。現在も、年間二〇万人もの入場客がいるそうだ。私が見たところ、城への入場料はテーマパークも含めて一六五クローナ（約三七〇〇円）と驚くほど高いのだが、たくさん訪れている子ども連れは、テーマパークだけへの入場券（大人：一一〇クローナ［約二四〇〇円］、一二歳までの子どもは六二クローナ［約一四〇〇円］。四歳以下は無料）を買い求めていた。

テーマパークのほうは、今の当主が好きなのだろうか、ヴィンテージカー博物館（自動車だけでなく飛行機もある）とかモーターバイク博物館、さらには大規模迷路とか樹の上ウォーキングとか

(38)　タカキベーカリーは、全国にネットワークをもつ「アンデルセン」を中心としたグループ企業に成長しており、そのアンデルセンは二〇〇七年にデンマークに再上陸し、本場を超える味のデーニッシュを売っている。そのアンデルセンの寄付した桜が、コペンハーゲンの人魚姫の像の近くにも大きく育っており、二〇〇八年から桜の季節になると、日本人コミュニティによって桜祭りが行われている。

があり、そのほかにも遊具の置かれた子どもの遊び場などがある。レストランも全部セルフサービスで、デンマークにしては比較的安上がりにすむようになっている。まあ、こういったものが、人工的な遊戯施設の少ないデンマークでは人集めに役立っているのだろう。

　ともかく、現在も城の半分くらいは当主の一家が住んでいる。そのためもあってか、公開されている部分も博物館のような死んだ感じではなく、どことなく人の息吹を感じさせている。また、展示されているものの豪華さには呆然としてしまうほどだ。素晴らしい庭も含めてやはり一見の価値はある。なお、本章の扉に掲載した写真は庭の一つから城を見たものである。チューリップがきれいだった。

イーエスコウ城の西側正面

アンデルセンの童話にも出てくるボアビュ城（Borreby Slot）

ボアビュ城の解説を見ると、「一三四五年には現在の城のある場所の南四〇〇メートルほどの所に『Burghby（ブァビュ？）』という名の村があったという記録がある」というところからはじまっている。しかし、これよりも早い段階でスティ将軍[39]がボア城に関係しているという話もある。スティ将軍は実在の人物だが、デンマークの伝説のなかではロビン・フッドのような活躍をしている。近くにあるスティ岬にその名を残しているが、岬の近くに建てたボア城の一部をここに移築したという話をアンデルセンが伝えている。

「風が語るヴァルデマー・ドーと彼の娘たちの話（Vinden tortæller om Valdemar Daa og hons Døtlre）」は、ボアビュ城の当主であったヴァルデマー・ドー（Valdemar Daa, 1616～1691）とその三人の娘の話。その冒頭に、次のような文章がある。

（39）（Stig Andersen Hvide, ca.1230～1293）スティ将軍の本名。シェラン島の有力貴族であったヴィーザ（Hvid）家の出身はないかと考えられている。国軍の最高司令官を務めていたが、エーリク五世切詰王が妻を手ごめにしたので、これを殺害した（実際、エーリク王は一二八六年に暗殺されているが、真犯人は分からない）という話が伝わっている。デンマーク史上最後の王殺しはさまざまな憶測を呼んで語り物として結実していったが、そのなかでスティ将軍は格好の題材となったわけだ。

「ストア・ベルトの近くに、分厚い赤い壁の古い城館がたっている」と風が言う。

「私はその壁のレンガ一つ一つを知っている。その昔、そのレンガが、岬に立つスティ将軍の城の一部だったころからの知っているんだ。レンガたちは城から取り外されたが、また建築に使われて、ここで新しい壁と新しい城館になった。それが、今立っているボアビュの城館だよ。私は、ここに住んだ貴族の男や女を、みんな見てきた。ここで、ヴァルデマー・ドーと娘たちの話をしよう」

ボアビュは一四一〇年からロスキレ大司教の所領となったが、一五三六年の宗教改革で王家に属することとなった。クリスチャン三世はこれを宰相ヨハン・フリース

ボアビュ城本館（右）と堀と付属の建物

（Johan Friis, 1494~1570）に与え、フリースはず小さな島にまずルネサンス様式の城を建て、一五五六年に竣工した。その城が、多少の変更を加えられながらも現在まで存続している。また、城の周囲には農場運営などに必要とされるさまざまの付属の建物が徐々に整備されていき、現在に至っている。

　見たところ軍事用の「砦」というよりは「城館」だが、伯爵の争乱の直後に建てられたこともあってか堀などの防衛施設も建設されているところからして、建物自体にももともとはさまざまの防衛構造が施されていたのかもしれない。

　一六〇〇年代になってクリスチャン・フリース（Christian Friis, 1556~1616）の時代に庭などが造られたが、一六一六年からは縁戚関係にあるドー家（Daa）の所有となった。アンデルセンの童話は、フリース家の流れを汲むドー家の最後の当主であったヴァルデマー・ドーが投機と錬金術に入れあげて城を失ってしまうという実際に起こった話をもとにして書かれているらしい。

　一六八一年にドー家がボアビュ城を失ってから城の所有者はクルクル変わったが、そのなかで枢密顧問官であったヴィルム・ベアゴー（Villum Berregaard, 1717~1769）が、一七五〇年にフランス式の庭園を造っている。その後、一七八三年にカステンスキョル家が城を購入し、現在に至るまで同家が城を保有している。また、一八八〇年代に当主だったベハーエン・カステンスキョル（Carl Behagen Castenschiold, 1837~1919）は、デュッベルの戦い[40]で名を馳せた人物だった。現在の入り口にある「落とし格子」は彼の時代に造られたものである。

アンデルセンが一七回も泊まりに来たホルスタインボー城（Holsteinborg）

ホルスタインボー城は、シェラン島南西部にある城のなかでは一番有名かもしれない。ホルスタインボーは、一二〇〇年ごろからロスキレの大司教の下で免税など特別の特権をもった荘園だった。現在の城のあたりには、近くのビサルップ（Bisserup）にあった軍港の防御のための施設が置かれ、一帯は「ブローゼ（Bråde）」と呼ばれていた。ブローゼは、一五三六年の宗教改革で王家に接収されている。

宗教改革を行ったクリスチャン三世の息子であるフレゼリク二世は、シェラン島の北辺に直轄領をまとめる政策をとった。土地の交換の結果、一五六二年にトルップゴー（Torupgård）からトロール家（Trolle）が移ってきた。そして、ここが「トロルホルム（Trolholm）」と呼ばれるようになった、このトロール家のもとで、一五九八年から一六五一年の間に城が築かれたわけである。

その後、一七〇七年に、フレンスボーの地方長官であったウルリク＝アドルフ・ホルスタイン（Ulrik Adolf Holstein, 1664～1737）がトロルホルムとスネディンゲの荘園を買収し、ホルスタインボー伯爵領を立ち上げた。ホルスタイン家はもともとドイツのホルシュタイン地方の古い貴族の家系で、一三世紀にはメクレンブルクに移住している。さらに、一七世紀になるとデンマークに移り住み、一八世紀から現在に至るまでホルスタインボー城の城主となっている。

ホルスタイン家は、初代のウルリク＝アドルフがフレゼリク四世の宰相という枢要な地位を占め、また一八七〇年代にはルードヴィ＝ヘンリク（Ludvig Henrik Holstein, 1815～1892）が大土地所有者の利益を代表する内閣の首相を務めるなど、政治の世界でも大変活躍している。このルードヴィ＝ヘンリクとその妻のミミはアンデルセンと親交を結んでいた。

アンデルセンはこのホルスタインボー城が大変気に入ったと見え、一八五六年から一八七四年までの間、ほぼ毎年、通算一七

（40）デュッベル（Dybbøl）は、セナボー（Sønderborg）対岸にある高地で、第二次シュレスウィヒ＝ホルシュタイン戦争（スリースヴィ戦争）における攻防の天王山となった。デンマークは、四月一八日にデュッベルを失っている。先述の「ドイツとの抗争の最前線セナボーとデュッベル高地」を参照。

庭から見たホルスタインボー城。ここから先は立ち入り禁止

回もこの城に滞在して多くの作品を執筆している。今でも、アンデルセンが使った部屋は彼が亡くなったときのまま残されており、夏場であれば見学もできるようになっている。

ルードヴィ・ヘンリクの母親であるヴィルヘルミーネ・ホルスタイン伯爵夫人（Grevinde Wilhelmine Holstein）は、新婚の一八〇八年にデンマークで最初のクリスマスツリーを立てたと言われている。クリスマスツリーは、ホルシュタイン地方で当時すでに盛んに行われていた風習を見たヴィルヘルミーネ夫人がデンマークに持ち込んだのだという。ホルスタインボー城のアンデルセンの部屋には、おばあさんになったヴィルヘルミーネ伯爵夫人の絵もかけられている。

第2章

デンマークの音楽家と音楽生活

19世紀のコペンハーゲンの音楽の楽しみ

1 デンマークの音楽家たち

デンマークでは、ノルウェーのグリーグ（Edvard Grieg, 1843～1907）ほど有名な作曲家が出ていないので、デンマークとクラシック音楽を結び付けて考える人は少ないだろう。しかし、かのモーツァルトの妻コンスタンツェ（Constanze Mozart, 1762～1842）は、モーツァルトの死後デンマークの外交官と結婚してコペンハーゲンに住んでいる。大バッハ（Johann Sebastian Bach, 1865～1750）がその娘と結婚させられそうになったブクステフーデ（Dieterich Buxtehude, ca. 1637～1707）はデンマークの出身だし、初心者が弾くソナチネアルバムにはデンマーク宮廷楽長だったクーラウ（Friedrich Kuhlau, 1786～1832）の作品が入っている。

それに、「夜の男」というニックネームをもつ男だけの室内楽観賞会、船会社の会長の個人寄付で建てられたオペラハウスなど、デンマークには驚くようなクラシック音楽文化がある。以下で、この国の音楽家の様子を詳しく見ていきたい。

コペンハーゲンに住んだコンスタンツェ・モーツァルト

ヴォルフガング・アマデ・モーツァルトが亡くなったあと、コンスタンツェは七歳のカールと生まれたばかりのヴォルフガングJr.を抱え、二九歳で未亡人になった。その後、数年が経った一七九八年ごろからコンスタンツェは、デンマーク人の在ウィーン代理公使ゲオルグ・ニコラウス・ニッセン（Georg Nicolaus Nissen, 1761～1826）と同棲するようになった。折しも、ナポレオンの軍靴がヨーロッパ諸国を蹴散らしはじめ、一八〇九年にワグラムの戦い(1)で敗れたオーストリアはフランス軍の占領下に置かれ、覇者ナポレオンのもとに大陸ヨーロッパの戦争が一段落したころのことである。

イギリスによる一八〇七年のコペンハーゲン砲撃のあと、フレゼリク六世のもとにフランス側に立つようになったデンマークは、ウィーンに本筋の公使を派遣することとし、あわせてニッセン代理公使の帰朝を発令した。ニッセンがデンマークに帰ることになり、ニッセンとコンスタンツェは長年にわたる同棲生活を切り上げて急遽結婚し、代理公使夫人となったコンツタンツェはニッセンとともにデンマークに向かった。夫とともに一八一〇年の秋にコペンハーゲンに到着したコンスタンツェは、この国に一八二〇年まで住むこととなった。

ということで、かのモーツァルトの悪妻として名高いコンスタンツェは一〇年間もコペンハーゲンに住んでいたのだ。せっかくコペンハーゲンにいるので、その住んでいた所を訪ねてみようと思

(1)（Schlacht bei Wagram）一八〇九年七月にナポレオン旗下のフランス軍がウィーン近郊でオーストリア軍を破った戦い。

い、ヴィゴー・シェークヴィスト著『Viggo Sjøqvist "To gange fuldkommen lykkelig" Constanze Mozarts ægteskaber（「二度完璧に幸せ」コンスタンツェ・モーツァルトの結婚）』をネタ本として、町を彷徨ってみた。

一八〇七年の砲撃のあと、戦時下の復興は遅々として進まず、コペンハーゲンは住宅不足に陥っていた。そこでニッセンは、友人の大商人ペーター・トゥタイン（Peter Tutein, 1726～1799）を頼り、とりあえずリュンビュー（Lyngby）のゾルゲンフリ宮殿の庭とメレ川に架かる水車の堰止湖とリュンビュ湖との間に広がる土地に立つトゥタインの豪邸に住むことになった。残念ながら、この建物は取り壊されてしまっており現在は残っていない。

Købmagergade 38番地の建物

秋のうちにニッセンは、コペンハーゲン中央郵便局の真向かい（Købmagergade 38）に間借りするアパートを見つけてくる。写真で見るように、いかにも一八世紀的な装飾が施された建物である。

ここの二階に住みながら、ニッセンは職探しをした。外交官としての能力はあまり認められなかったようで、新たな外交官ポストはオファーされなかった。しかし、母方に有力な親戚を抱えていたためか、ニッセンのために新聞の検閲官というポストを新設してもらった。といっても、検閲しなければならない新聞は〈デーエン（Dagen）〉紙だけで、ずいぶんと暇そうであった。給料も一二〇〇クーランデーラ[(2)]で、勤め人としては裕福と言えるだろうが決して大富豪ではない。

そのニッセン、財産も大してもっていなかったようだが、一八一二年になると家を買って引っ越している。引っ越し先はニュートーウの裏の、現在の市役所にも近い「Hestemøllestræde」と「Lavendelstræde」の交差点で、住所は「Lavendelstræde 79」と

(2)　デンマークで一八世紀末から一八一三年まで使われていた通貨単位。デーラ（Daler）は、ドルやターラーと同じ言葉。

Lavendelstræde 79番地の建物

なっている。一八〇五年～一八〇六年にかけて建てられた、当時としてはモダンな新築の大きな建物にニッセンは三四・九〇〇〇クーランデーラを払っている。

諸経費も含めると、引っ越しには四万クーランデーラが必要だった。現在の円に換算した場合どのくらいになるのか計算するのは難しいが、仮に一クーランデーラが一万円だとすると約四億円の買い物になる。当然、ニッセンにはこんな大金の持ち合わせがなかったため、これはコンスタンツェがウィーンに持っていた財産を使った買い物と思われる。とんでもない散財家という評判のコンスタンツェに、しかもモーツァルトの亡くなったときにはまともな葬式を出す金もなかったと言われている彼女に、億の単位にまで上る蓄財が本当にあったのだろうか。ひょっとしたら、彼女には財産運営の才能があった、少なくとも、モーツァルトが亡くなったあとにその才能が開花したと考える必要があるかもしれない。

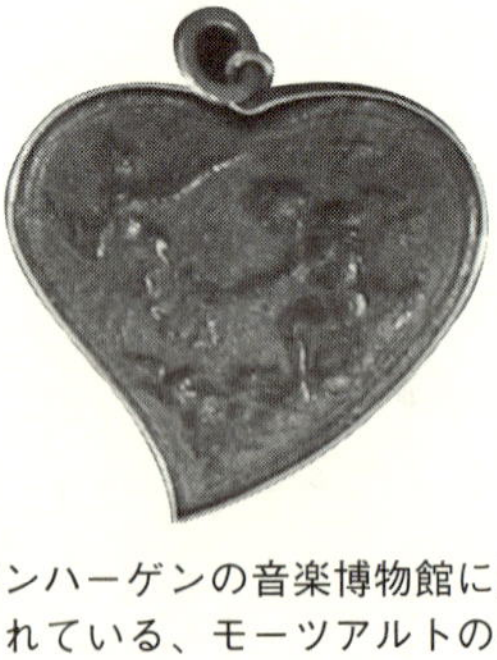

コペンハーゲンの音楽博物館に展示されている、モーツアルトのペンダント。コンスタンツェが友人のマンサ夫人に贈り、同夫人がさらにニールス・W・ゲーゼ（デンマークのロマン派初期の代表的作曲家）に贈ったもの

ニッセンは、夏の休暇をフレゼンスボー城でよく過ごしていた。今は春と秋に女王陛下が滞在され、通常はその付属の建物に皇太子ご一家が住んでいるフレゼンスボー城を、普通の公務員が休暇の際に使うということに大変驚くが、実は、フレゼリク五世の妃だったユリアーネ・マリエ王太后

が亡くなった一七九六年からクリスチャン九世が王位に上る一八六三年まで、フレゼンスボー城はほとんど使われていなかった。

いずれにせよ、一八一九年に末っ子のヴォルフガングJr.(3)が両親を訪ねてきたとき、コンスタンツェとの一一年振りの再会の場はフレゼンスボー城に付属する建物の一角だった。このとき、ヴォルフガングJr.はコペンハーゲンの王立劇場で演奏会を行って大変な盛況を得たが、当時の王立劇場の建物はその後二度建て替えられており、彼が演奏した当時の建物は残っていない。

一八二〇年五月、ニッセンは「肩叩き」をされ、七月に職を辞している。そして、ニッセンとコンスタンツェはドイツに向かって旅立っている。これまでにニッセンの健康状態はかなり悪くなっており、カールスバート（独：Karlsbad）で湯治《とうじ》をするため、またこれから先の旅行資金を捻出するために、代理人を通じてコペンハーゲンの家を売却することにした。翌一八二一年二月に売却した額は、一一万五〇〇〇国立銀行デーラ(4)となった。その間にインフレがあったので簡単に比較はできないが、二人は少なくとも数億円の財産をもってザルツブルクに移り住み、モーツァルトの伝記の編纂に取り組んだことになる。そして、二度とデンマークには戻ってこなかった。

（3）（Franz Xaver Wolfgang Mozart, 1791～1844）この当時、彼は、今はウクライナ領となってしまったガリツィアのレンベルクを拠点として、ピアニストとして活躍していた。

（4）一八一三年に国家破産を宣言したあと、六クーランデーラ＝一国立銀行デーラに切り替えられた。

ブクステフーデとヘルシングエア（Helsingør）の聖マリア教会

若きヨハン・セバスチャン・バッハは、ディートリヒ・ブクステフーデの音楽を体験するため、一七〇五年一〇月、四週間の休暇を取ってテューリンゲンのアルンシュタットから五〇〇キロ近い道程を歩いてリュベックを訪れた。バッハのリュベック滞在は三か月にわたり、ブクステフーデは若いバッハに大きな影響を与えた。バッハだけでなく、ヘンデルやマッテゾンなど当時の一流の音楽家がブクステフーデ詣でをしていることからも、この時代のブクステフーデの声望が分かるというものである。

そのブクステフーデは、一六三七年ごろに、父親がオルガニストをしていたヘルシングボー[5]で生まれたと考えられている。一六四二年には父親がヘルシングエアの聖堂教会である聖オーライ教会のオルガニストになっているので、物心のつきはじめたブクステフーデはヘルシングエアで幼年期から青年期を過ごしたことになる。そして、聖マリア修道院跡の一部を使っていたラテン語学校に通っていた。

一六五七年には、父親が以前働いていたヘルシングボーの聖マリア教会のオルガニストとなったため、ブクステフーデはヘルシングボーで三年過ごしている。この時期は、ヘルシングボーの状況が劇的に変化した時期でもあった。

フレゼリク三世は、父親の失った土地を回復しようとして一六五七年六月に対スウェーデン戦争をはじめたが、スウェーデンのカール一〇世（Karl X Gustav, 1622～1660）の軍に対してたちまち劣勢に陥った。冬になって凍結したリレベルトやストアベルトを歩いて渡ってきたスウェーデン軍のためにコペンハーゲンが危機にさらされると、一六五八年二月にロスキレで講和を結び、ヘルシングボーを含むエーアソン海峡の東側の領土はすべてスウェーデンに割譲されてしまった。

　こうして、ヘルシングボーが外国の支配下に入ったためと考えられるが、ブクステフーデは、一六六〇年にヘルシングエアの聖マリア教会でオルガニストの職を得た。

（5）（Helsinborg）ヘルシングエアの対岸の町。スウェーデン語の発音ではヘルシングボーリ。

ブクステフーデがオルガニストとして勤めていた聖マリア教会

そして、一六六八年にリュベックの聖マリア教会に移るまでの八年間、ここヘルシングエアで活躍することとなる。

ブクステフーデが働いたヘルシングエアの聖マリア教会は、もともとは修道院付属の教会として建設されたものである。カルメル派の修道僧はエーリク七世によって招致され、ヘルシングエアの土地を寄進された。カルメル派の修道士たちは聖母マリアの特別の庇護のもとにあると考えられていたため、その教会はすべて聖母マリアを守護聖人としている。エーリク七世は、大叔母のマルグレーテ一世の庇護のもとに、カルマル同盟によるデンマーク、スウェーデン、ノルウェー三国の王となった最初の君主だが、信仰が厚く、聖地エルサレムに巡礼したのちにヘルシングエアの土地を寄進している。

ちなみに、エーリク七世は一四二五年にエーアソン海峡の通行税を導入し、その徴収を確保するため、現在クロンボー城のある場所に城砦を築いている。これによってデンマークは莫大な収入源をもったわけだが、その後の国際紛争で列強の支持を失い、最終的にはヘルシングボーを含むスコーネを失う原因をつくったと言える。一四三九年、エーリク七世は貴族の反抗に嫌気がさしてゴットランド島に引きこもるという一種のストライキを行ったが、そのために王位から追われることとなった。

修道院の創設は一四三〇年で、その直後に付属の教会建設もはじめられたが、工事中の一四五〇年に火災にあったため、竣工は大幅に遅れて一五〇〇年ごろになった。竣工後の間もない一五三六年に宗教改革が行われて修道院は廃止されたが、一五四一年にクリスチャン三世のもとで、建物は病院、救貧院、養老院として使われることとなった。この「ヘルシングエア・ホスピタル（Helsingørs almindelige Hospital）」は一九一六年まで利用され、現在その一部がヘルシングエア宗教財団(6)の事務所として使われており、北欧では数少ない修道院建築として聖マリア教会とともに観光地になっている。

教会のほうは、宗教改革のあとに取り壊そうという話が出てきたが、当時ヘルシングエアに住んでいた多数のドイツ人やオランダ人の要望があったため、一五七六年に「ドイツ教会」として再出発することとなった。その後、一八一九年にヘルシングエアの地区教会となったが、一八五一年までは毎月一度ドイツ語でミサが挙げられていた。

ブクステフーデが働いたのは、ドイツ人のための教会となった聖マリア教会である。ブクステフーデの弾いたオルガンは一六四一年製のローレンツ・オルガンで、それは一八五四年に取り壊されてしまったが、オルガンを覆う箱とその前面にあるパイプのうち二七本はオリジナルのものが残っている。

一九六〇年以来、ブクステフーデが弾いていた時代の音を取り戻そうという観点から修復が試みられてきたが、一九九八年、**Marcussen & Søn** 社がオランダ人のオルガンの専門家であるコルネリ

（6）（Helsingør Stift）ヘルシングエアの教会が有している宗教財団。

聖マリア教会のブクステフーデ・オルガン

ウス・H・エドスケス（Cornelius H. Edskes, 1925〜）の監督のもとに行った修復によって、かつての響きがよみがえったという。

聖マリア教会のオルガン奏者時代にブクステフーデが住んだ家は、聖アンナ通り六番地（Sct. Annagade 6）として残っている。この建物はもともと一五〇〇年前後に建てられたもので、一八〇〇年代に改築され、一九五〇年には歴史的建造物として保護の対象となった。

外壁には、「一六六〇年から一六六八年の間、作曲家、聖マリア教会のオルガン奏者のディズリク・ブクステフーゼがここに住んだ」と、デンマーク語で記されたプレートが掛けられている。

ブクステフーデが住んでいた家

フリードリヒ・クーラウゆかりの建物を訪ねて

日本で、誰かに「デンマークの作曲家を知っている?」と尋ねれば、まずカール・ニールセン（Carl August Nielsen, 1865～1931）が出てくるだろう。そして、「ほかには?」と聞くと、たとえ相手が音楽好きであってもニールセン以外の名前はなかなか出てこない。「あのピアノのソナチネを書いたクーラウもいるんだよ」と言うと、「ああクーラウなら名前を聞いたことがあるけど、彼はドイツ人じゃないの?」という答えが返ってくるだろう。

クーラウの肖像画

フリードリヒ・クーラウは、たしかにユルツェン（Uelzen）生まれのドイツ人である。しかし、たとえばベートーヴェンもモーツァルトもブラームスもマーラーもブルックナーも、みんなウィーン生まれでないのに、彼らの活躍した町に着目して彼らの音楽を「ウィーンの音楽」と呼び、彼らをウィーンの作曲家としている。同じく、クーラウもその活躍の場はコペンハーゲンだったので、デンマークの人たちは、彼をデンマークの作曲家とすることにあまり抵抗感をもっていない。

クーラウに関して、「さすが日本人!」と感心したことがある。クラシックの作曲家としてデンマークでもそれほどポピュラーとは言えないこのクーラウについても、日本に「インターナショナル・フリードリヒ・クーラウ協会(7)（ＩＦＫＳ）」というものがあった。それだけでも驚きなのに、二〇〇七年の秋、初演から三回で葬られてしまった『魔法の竪琴（Trylleharpen）』というクーラウの初期のオペラまで日本語に翻訳して再演している。ということなので、クーラウのことは協会のページにお任せするとして、ここでは彼がデンマークで住んでいた家の写真をご紹介したい。

まず、一八二六年から三一年まで住んだリンビュー（Lyngby）では、確認できている住居が二か所ある。デンマーク語で書かれたタネ本をきちんと読んでいないため、この二か所以外にも住んだ所があるのかどうか、またこの二か所についても、いつからいつまで住んでいたかなどについては今後調べる必要があることを先にお断りしておく。

まずは「Landlyst（田園の喜び）」という名前がついていた家（Høstvej 7）で、一九二五年の空中写真と一九八六年の写真があったので見比べていただきたい。縮小したため分かりづらいかもしれないが、一九八六年の写真には屋根のすぐ下の妻の部分に「Landlyst」と記されてあったが、現在はこれがなくなってしまっている。ちなみに、私が訪れたときにはこの家は売りに出されていて、不動産屋の看板が立っていた。クーラウ協会に十分資金力があれば、買収して「クーラウ記念館」

（7）　フリードリヒ・クーラウの研究団体。クーラウの作品を紹介し、作曲家としての真価を世の中に問うことを基本理念としている。住所：東京港区南青山2－18－5　アエリア南青山801。電話：03－5770－5220。

クーラウが住んだリンビューの家

(1925年当時の航空写真)

(1986年当時の写真)

(2006年の姿)

を造るよい機会と思った。

もう一つは、リンビューのメインストリート(Hovedgade 50)にある家だが、住所は間違いないが、この家自体はクーラウが住んだものではない。ただクーラウは、まさにこの場所で、一八三一年二月五日に隣家から発生した火事によって類焼の憂き目に遭っている。当時はガラス職人であったハルベアの家だったが、今はテイクアウトの寿司屋などが入った建物になっている。

焼け出されたクーラウは、前年からの家族の相次ぐ不幸からくる心労に加えてリウマチなども悪化し、入院することとなった。退院したあとも本来の体調に戻ったわけではなく、一番上の姉であるアマリエの介護を受けつつ一〇月末にはコペンハーゲンのニュハウン（Nyhavn 23）に移り住んだが、翌年、そこで体調を崩して三月一二日に永眠している。

亡くなった家は現在レストランになっており、その壁にはクーラウのことを記したプレート（左）がはめ込まれている。そこに彼の代表作となるオペラ『Elverhøj（妖精の丘）』の名前が刻まれているが、これがどういうコンテキストで入っているのかよく分からない。以前、ここに「妖精の丘」という名前のレストランがあったという話であるが、そのレストランがプレートをつくったのだろうか？　それにしても、プレートの真ん中にただ「妖精の丘」とだけ書かれていると、その趣旨を測りかねてしまう。

真ん中の家が Nyhavn 23の家

カール・ニールセンの家を訪ねて

デンマークで一番有名な作曲家と言えば、やはりカール・ニールセンであろう。ノルウェーのグリーグ、フィンランドのシベリウス（Jean Sibelius, 1865～1957）ほど一般的ではないが、スウェーデンのアルヴェーン（Hugo Emil Alfvén, 1872～1960）などよりは知られている。

デンマークに来たのだから多少はニールセンの音楽に親しもうかとは思ったが、歌劇『仮面舞踏会』をたまたま観た以外にはほとんど何も聴いていない、というのが正直なところである。しかし、とにもかくにもデンマークにいるので、ニールセンのゆかりの場所を訪ねてみようと思い、幼年時代に住んだ家や、コペンハーゲンで住んだ八か所の建物を見て回った。

ニールセンの両親はどちらも大変貧しい家庭の出であったため、カールが生まれた家は当時の基準からしても大変みすぼらしいものであった。そのため、すでに取り壊されてしまって現存していない。やがて、村の楽師となった父親の仕事が軌道に乗り、カールが一三～一四歳のころに写真の藁屋根の家に引っ越している。カール自身は一四歳の秋にオーデンセの軍楽隊に採用されてオーデンセに出ていくが、両親はアメリカに移住する一八九一年までここに住み続けた。よって、ここがカールの実家になる。

ちなみに、カールは一二人兄弟の七番目である。夭逝した末の妹と、若くして結核で亡くなった二人の姉を除いて九人が成人したが、そのうち五人がアメリカに、一人がオーストリアに移住し、デンマークに残ったのは、カールのほかには姉のソフィーと末弟のヴァルデマーの二人だけだった。

カールは一八八四年にコペンハーゲン音楽院に入学し、奨学金を受けつつ勉学に励んだ。卒業は一八八六年、一八八八年には王立管弦楽団の第二ヴァイオリンの椅子を手に入れて経済的な基盤を確保した。翌一八八九年に海外留学の奨学金を得、ドイツを経由してから行ったパリで彫刻家のアンネ＝マリー・ブローザセン（Anne Marie Brodersen, 1863～1945）と出会って結婚している。

一八九一年八月に帰国した二人は、アパートが見つかるまで証券取引所の裏にあったホテル「トレ・ヨムフルーア」を仮住まいとしたが、現在それらしい建物

現在は、「ニールセン幼年時代の家博物館」となっている

が存在していないところを見ると取り壊されたと思われる。戦後になって新しく図書館が建った場所が一番それらしい場所に思える。ともあれ、ニールセンたちがホテルを出れば、クリスチャン四世の建てた証券取引所の異形の塔（写真）が目に入ってきたことだろう。

一〇月に入居した先は、ニューハウン五番地（Nyhavn 5）の屋根裏部屋だった。この部屋に住みながら、ユトランドとフュンに住む双方の両親の所に行って結婚の了承をとりつけている。そして、ここで長女のイルメリンが生まれている。

結婚当初は、次々と住居を変えている。翌一八九二年一〇月には、ネア・ヴォルゲール四二番地（Nørre Voldgade 42）の四階に引っ越し、ここで次女のアンネ＝マリーが生まれた。そして、一八九三年の一〇月にまた引っ越して、大理石教会が目の前に見えるフレゼリクスゲール五番地（Frederiksgade 5）の屋根裏部屋に入った。下から見上げてみると、「屋根裏部屋」と言ってもなかなか格好のよい所である。ここに住んで間もない一八九四年三月に『第一交響曲』が初演され、大成功を収めてニールセンは押しも押されぬ有名作曲家となった。他方、一八九五年に初めて息子ハンス＝ベアを授かったが、五歳にならないうちに脳膜炎にかかって心身に障害が残ってしまった。

また、一八九九年一〇月にはトルボーズヴァイ六番地（Toldbodvej 6）に引っ越している。ここ

コペンハーゲンのニールセンの住居

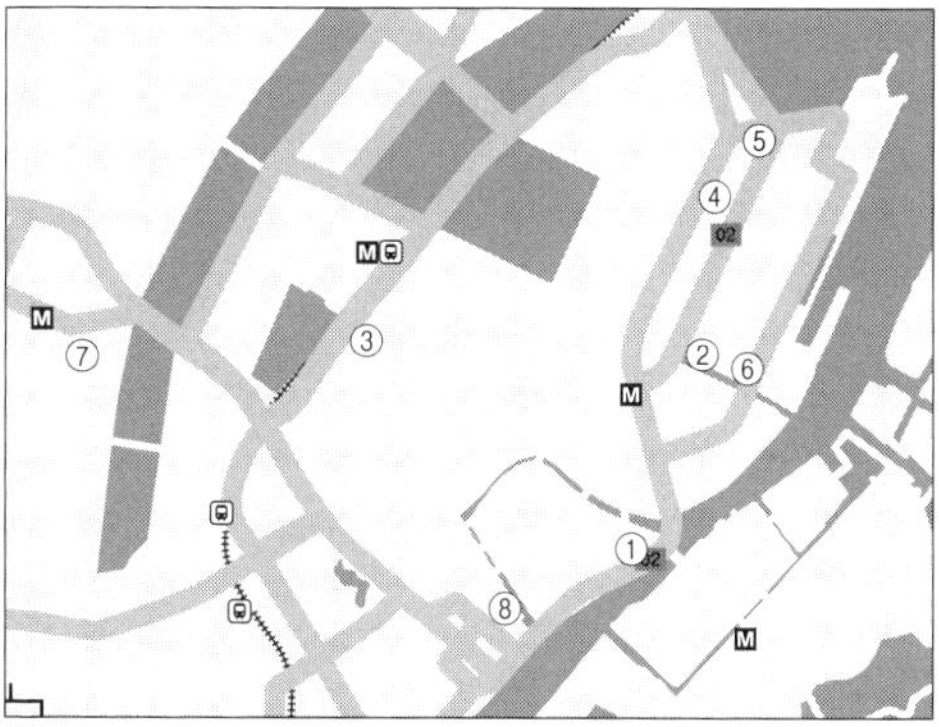

①ホテル　トレ・ヨムフルーア
②ニューハウン５番地
③ネア・ヴォルゲール42番地
④フレゼリクスゲール５番地
⑤トルボーズヴァイ６番地
⑥ニュー・トルボーズゲール５番地
⑦ヴォドロフスヴァイ53番地
⑧フレゼリクスホルムス・カナル28A

で初めて、屋根裏部屋から二階に下りてきた。エレベータのない時代、やはり屋根裏部屋は家賃も割安だったため、若いニールセン夫妻も屋根裏から住みはじめることにしたのだろう。

トルボーズヴァイ（現在はエスプラナーデン）の住宅はなかなか気持ちがよく、成功したニールセンの住宅にふさわしい所であった。このあたりから引っ越しの回数も減ってきた。と同時に、作曲活動の比重が高まり、国から奨励金をもらうようになると王立管弦楽団のメンバーを辞している。一九〇六年には『仮面舞踏会』が初演されて大成功を収め、二年後の一九〇八年には王立劇場の指揮者に任命されている。

一九〇六年から一九〇八年にかけての二年強、ニューハウンに近いにニュー・トルボーズゲール五番地（Ny Toldbodgade 5）住んだのち、セアネの外にあって、庭もあるヴォドロフスヴァイ五三番地（Vodroffsvej 53）に移って、ここに一九一五年まで住んでいる。ここには、妻アンネ＝マリーの大きなアトリエも設《しつら》えられた。(8)

妻のアンネ＝マリーは、自立した女性芸術家としては最初の世代に属する人であった。それを認めて結婚したカールではあるが、それぞれの創作活動が忙しくなるのに加えてカールの女性関係がルーズになってくると、二人の間に軋轢が徐々にだが生じはじめるようになった。

一九一五年、二人はフレゼリクスホルムス・カナル二八A（Frederiksholms Kanal 28A）にある大きな家へ引っ越したが、このときの二人の関係は最悪な状態で、別居となっていた。結局、二人がここで一緒に住むようになったのは、七年後の一九二二年になってからのことである。

クリスチャンボー宮殿の、運河を挟んだ反対側にあるこの家は現在「美術アカデミー」の所有となっており、代々芸術家に貸与されてきたものである。建物は大きいが結構使いづらかったようで、二人は何度も改修や引っ越しを考えたようだが、結局、カール・ニールセンは亡くなる一九三一年までここに住み続けた。

グレ（Gurre）の城跡

シェーンベルク（Arnold Schönberg, 1874～1951）の初期の作品に『グレの歌』という曲があり、

『浄められた夜』と同様に後期ロマン派的な作風の曲となっている。

この音楽会形式のオペラのような作品については今まであまり気に止めていなかったというのが正直なところだが、ふとしたことで、この「グレ」というのがデンマークのヴァルデマー再興王の城があった場所の名前で、歌の歌詞が、グレ城にまつわるヴァルデマー再興王と愛人トーヴェ、そして王妃との関係を描いたものだということを知った。そのグレ城は廃墟となっているが、ハムレットで有名なクロンボー城の近くにあることが分かったので行ってみることにした。

シェーンベルクの歌詞は、イェンス・ペーター・ヤコブセン（Jens Peter Jacobsen, 1847～1885）の詩のドイツ語訳からとられている。このヤコブセンの詩は、中世の伝説を題材にした浪漫主義的なものでる。ヴァルデマー再興王がトーヴェという愛人をつくったために王妃がこれに嫉妬し、トーヴェを殺害する。ヴァルデマー王は、神の慈悲のなさを嘆く。そして王は、グレ城で亡くなったあとも、夜な夜な墓からよみがえって供を従えて狩りをする、という内容である。

実は、この愛人の話のもとはヴァルデマー再興王ではなくヴァルデマー大王にまつわる話らしい。しかし、ヴァルデマー再興王とトーヴェの話はさまざまな形でこれまで伝えられており、浪漫的な想像をかきたててきた。

（８）（Søerne）コペンハーゲン市内のソルテダム堀、ペブリンガ堀、聖イェルゲン堀の三つの堀を総称して「セアネ（湖あるいは池の複数）」と呼ぶ。後述の「コペンハーゲンを弓なりに囲む広大な堀」も参照。

グレ城は、大小の湖に挟まれた湿地帯に建てられていた。グレとは、そもそも「沼」とか「湿地」という意味である。城の中心部分の建造は一三世紀まで遡り、ヴァルデマー再興王の時代に、これを囲む四角な防壁が建てられた。それとともに周辺に住宅や倉庫が建てられ、城に向かって玉石舗装の道が築かれた。城が栄えたのは一四～一五世紀で、一六世紀の半ばには放棄されて王家の拠点はクロンボーに移された。

シェーンベルクに直接題材を与えることになったヤコブセンは、デンマークよりもドイツなどの周辺国で人気があったようだ。トーマス・マンの『トニオ・クレーガー』も、ヤコブセンが書いた『ニールス・リューネ（Niels Lyhne）』という小説に大いに影響されているという。そのトニオ・クレーガーが滞在したオールスゴーは、グレからほど近い海岸の町である。

グレの廃墟

2 音楽生活

室内楽の楽しみ

日本から帰って来たら、机の上に封筒が載っていた。音楽の友人であるクリスチャンから来た封筒を開けてみると、メンデルスゾーン（Felix Mendelssohn Bartholdy, 1809～1847）の「作品12」のクァルテットのパート譜が入っていた。

「作品12」の四重奏は、その第二楽章にちなんで「カンツォネッタ」という愛称がついている。この第二楽章は、ロマンチックな主題といかにもメンデルスゾーン風の細かな音符のやりとりのある中間部があって非常に愛らしい曲だが（『真夏の夜の夢』の序曲を思い出させる）、第四楽章などはユニゾンで嵐のように熱情的なパッセージもあり、変化に富んでいる。前回集まったときに、私かららリクエストした曲であった。地下の倉庫を探したところ楽譜があったということで、「練習するように！」と早速クリスチャンが送ってきたのである。

日本に行っている間、コペンハーゲンでは吹雪まがいの天気だったようで、結構な雪があちこちに積もったままとなっており、ここ一週間は空もどんよりと曇っていた。冬でも高々と空に上っていく日本の太陽を見たあとだっただけに、意気が上がらないことこのうえなかった。

エルセとクリスチャンは、家に音楽用の特別室をもっている。もともとの家に離れとして造ったもので、その真ん中に、クリスチャン手づくりの弦楽四重奏用の四つ叉になった特別な照明が立っている。あるプロの音楽家が工夫したものを真似てつくった、ということだった。いわゆるデンマークデザインとはほど遠いが、なんとも無骨な感じの日曜大工はいかにもデンマークらしいと思う。

もう一つ感心したのは、CDを整理するための黒いボックスだ。本棚に、手前に引き出せるようになった黒いボックスが何個も置かれていて、それぞれに内容を明示したラベルが貼られている。四〇センチくらいの奥行きの本棚を有効に活用するため、自らが段ボールを使ってつ

四つ叉の照明

くったものだという。おまけに、すべてのＣＤの内容は別途データベースに入っているという。データベースに入れるだけでも大変なのに、と思っていたら、そのデータベースのソフトも市販のものではなくオリジナルにつくった、と言う。まあ、ここまで来ると普通ではないが、元コペンハーゲン大学でコンピュータを教えていたという経歴（教授）をもつクリスチャンであるからこそのことで、デンマーク人だからといってみんながそこまでするわけではない。

ともかく、クリスチャン（デンマーク人）に加えて、同じ大学の日本語学科の准教授であるマーガレット（独英のハーフ）とステファン（スウェーデン人）と私（日本人）というきわめてインターナショナルな組み合わせで、メンデルスゾーンを最後まで演奏し、お茶の時間となった。今日は、ジャーナリストのエルセ手製のリンゴパイだ。テーブルには、庭から採ってきたスノードロップが飾られている。いかにも春である。

お茶をはさんでの後半は、エルセも入れてドヴォルザークの『ピアノ五重奏』。しばらくやっていなかったので結構忘れていたが、ともかくも大過なく終わりまで到達した。やっぱり名曲だ。最初のチェロのソロを聞いただけで、とても懐かしいような、甘い感情が湧き出てくる。第二楽章のピアノ、第三楽章のビオラのソロも素敵だ。もっとも、第四楽章の真ん中あたりには鬼門が控えているが……。

三時間ほど演奏を楽しんで、今日はお開きとなった。月に一、二度こういう遊びができるのは、とても贅沢なような気がする。

夜の男ナットマンネン

コペンハーゲンには、冬の間、室内楽を楽しむ「室内楽協会」がある。デンマーク語では「ナットマンネン（Natmanden）」というニックネームがついているグループで、日本語にすると「夜の男」という意味になる。毎週火曜の夜八時半から国立博物館の会場を使って「会合」（演奏会ではない）を行っている。

私が話を聞いた「会合」のプログラムは弦楽四重奏で、ヤナーチェク（Leoš Janáček, 1854〜1928）の『クロイツェルソナタ』とドヴォルジャック（Antonin Dvořák, 1841〜1904）の「作品一〇六」を演奏すると言う。プログラムが面白かったことに加えて「会合」の性格に興味が引かれたので、教えてくれた友達のクリスチャンにお願いして、そのナイトマンとやらに連れていってもらうことにした。というのも、「会合」に参加するためには、会員になるか会員のゲストでないとだめだという決まりがあるからだ。

会場は、国立博物館の二階。外が真っ暗になった冬の八時を回ると、高齢の男性が三々五々集まってきた。この日の演奏者はシェラン交響楽団のメンバーである。全員このナットマンネンの会合には初登場とあって、演奏の前に全員が起立して拍手で歓迎した。この行為もそうなのだが、ナットマンネンにはいくつかの不文律があるという。まず、男性しかメンバーになれないことである。「男女同権と女王陛下を頂くデンマークでそんなことが可能なのか」と聞くと、メンバーから「そこをどうにか今日まで守って来たのだよ！」という答えが返ってきた。次に、演奏会場は自由席となっているが、最前列だけは会の幹部会員しか座らないというルールがあるそうだ。

その幹部会員の一人である出納係のモーテンセン氏に話をして、このシーズンいっぱいは、「クリスチャンが来られないときも、彼のゲストとして参加してもよい」という快諾をいただいた。会員申込書を見ると、二〇〇六／〇七年シーズンは会合が二五回あり、パッシブ・メンバー（要するに、聴くだけの人）は八〇〇クローナ、アクティブ・メンバー（演奏家）は一五〇クローナの会費を支払うことになっている。演奏家にお金を払って演奏してもらうのではなく、一緒に音楽を楽しみ、演奏家はうるさい親父たちに聴いてもらうことで喜びを得るということになっている。それで、「演奏会」と言わずに「会合」になっているのだと思う。

このナットマンネンの発足は一八六八年というから、明治元年である。その年の一二月五日が最初の会合で、私の行った会合は第三三四四回目にあたるのだそうだ！　何ともすごい歴史である。

そもそもは、王立楽団のチェリストであったフランツ・ネルーダが仲間を誘い合わせて「室内楽協会」を立ち上げたもので、はじめたときにネルーダスは弱冠二五歳だった。その彼が一〇〇歳になったときに協会も七五周年を祝い、記念誌を出している。一九四三年のことだというので、戦争中となる。さらにそれから五〇年たった一九九三年には一二五周年を祝い、一冊が一・六キロにもなる記念誌をつくったという（次ページの写真）。そこには、「過去すべての会合の完全な記録、協会の歴史、さらに作曲家と演奏家のリスト」が掲載されており、在庫が続くかぎり新会員の入会記念として贈呈されるという。来週、入会申込書を持っていくと、私もこの記念誌をいただけることになる。でも私の場合、一・六キロものデンマーク語の本をいつになったら読み終えられるのかは分からない。

この日の会合だが、なかなか力の入った聴かせる演奏だった。ヤナーチェクの冒頭から、一人ひとり入っていくモチーフがなかなかワイルドだし、終始戦闘的で気合が入っているだけでなくアンサンブルの息もあって、甘やかな旋律と表現のタメもある演奏でかなり水準の高いものだった。ドヴォルジャックも、さまざまな表情の変化とかすかなメランコリーを楽しませてもらうとともに、今さらながら、音楽が複雑にできているという感慨を得た。とくに、最終楽章の表情の変化などは、本人が生きていたらどういうつもりなのか聞いてみたいほどである。終わりにまた起立をして拍手をして会合は解散となり、熟年老年のナットマンたちはいそいそと家路に就いた。

なぜ、このような集まりが一六〇年も続いているのだろうか。デンマークには、「会員制文化」とも言えるような文化がある。企業や官庁に美術クラブがあり、毎月一〇〇〇円とか二〇〇〇円とかの会費を集めて年末に絵を買い、くじに当たった会員がその絵を持って帰るという。それでは、ほとんどの人が掛け損じゃないかと思うわけだが、美術クラブとしては、作品の購入だけでなく作

家などに講演に来てもらったり、さまざまの美術関係の付帯的な活動もしているため、そこにメリットを感ずる人もいるらしい。それに、何と言ってもかぎられたメンバーズクラブの一員であるということ自体が大好きである、ということらしい。

ヨルトのヴァイオリン工房

掲載した写真は、コペンハーゲンでお世話になっていたヴァイオリンの店のご主人夫妻である。コペンハーゲンにもヴァイオリンを扱っている店はいくつかあるが、誰もが「一押し」なのがヨルトの店だった（Emil Hjorth & Sønner）。そもそも、コペンに行くということになったとき、昔から懇意にしていただいている東京芸術大学の岡山潔教授（当時）が、「コペンだったら、是非ヨルトに行ったらいいですよ」と教えてくれ、その場で諳んじている住所を自らの名詞に書いてくれた。教授が使っている楽器は、先代のヨルト氏から買ったものだとも言っていた。

もう一人、同じくヨルトの店を教えてくれたのが、私よりずっと若いがヴァイオリンのプロである橋本泰子さん。彼女は、ご主人の仕事の関係でコペンハーゲンに住んでいたときにヨルトにお世話になっており、今でも季節の挨拶をお互いに欠かしたことがないと言う。びっくりするのは、彼女はただふらっとこの店を見つけたわけではなく、彼女のお父さん（チェリスト）が一九六〇年代に（これも先代だと思うが）ヨルトでチェロを買っていたのだそうだ。

ヨルトの店は、「創業一七八九年」というから日本で言えば寛政元年である。写真に写っているマッズ氏で七代目だが、四代目と五代目は兄弟でほぼ同じ時期に活躍しているので実質は六代目となる。みんな長生きで、八〇～九〇歳まで生きている。今のご主人もなかなかエネルギッシュかつデンマーク人らしく、愛想もいいし腕も効率もとてもよい。楽器の話だけでなく、コペンハーゲンの音楽情報についてもいろいろ教えてくれたり、調べてくれたりする。奥さんも楽器についての知識がたいへん豊富で、ご主人が席を外していても何ら問題がないほど相談に乗ってくれるし、話も早い。ともかく、コペンハーゲンでは、この店にさえ行けば楽器のことは安心だった。

ところが、ヨルトの工房は、二〇〇七年

マッズ・ヨルト夫妻

八月一日をもって、その二一九年六代にわたる工房の歴史を閉じた。突然のことで驚いた次第だが、マッズ氏の二人の娘ともヴァイオリン工房を継ぐ意志がなく、そうすると工房を開けていても日々忙しいだけなので、そろそろ悠々自適の暮らしをしたいという気持ちになったのだろう。とりあえず店をたたんで、工房がワインバーに衣替えされている間マッズ氏と夫人は、なんと西域、タクラマカン砂漠を旅していた。

工房をたたんだとはいえ、本人はいたって元気だ。今後は、ヴァイオリンなどの楽器の取引だけを自宅で行い、事前にアポのある人にだけ会うと言っている。取引する楽器の調整などが必要なので、工房の道具の大半はそのまま同じ建物の上階にある自宅に引っ越すが、自宅に収容しきれないようなものは音楽史博物館に寄付するということだ。また、ホームページは、ヨルト家の歴史をはじめ、もっと充実したものにすると言う。ともあれ、この写真はヨルト工房のほぼ最後のころを写したものとなった。

ニールセンの仮面舞踏会――コペンハーゲンのオペラハウス

オペラを観に行った。コペンハーゲンのオペラハウスは、二〇〇五年の初めに柿落《こけら》としという、きわめて新しい建物である。専門家のKさんから「オペラ劇場の建物は素晴らしい！　劇場の音響もとても聴きやすく、よいできだと思いました」というコメントもあったので、できるだけ早く行ってみようと思いつつ三か月が経ってしまった。

今年中には是非一度、と思ってオペラの演目の予定表を見たら、ちょうどいいことに一一日に『仮面舞踏会』が上演されることになっていた。ヴェルディだったら是非観よう。そう言えば、昔スカラ座でそれとは知らずにパバロッティ(Luciano Pavarotti, 1935～2007、歌手)とアバード(Claudio Abbado, 1933～、指揮者)の競演を観たこともあったと勇んで予約をした。一か月前の時点で、すでに予約はほとんどいっぱい。四階席だったら最前列が若干残っているというので、その最上階の席を予約した。

しめしめと思っていたところでオペラのオーケストラでヴァイオリンを弾いている宇野さんに話をしたら、「えっ、それヴェルディじゃありませんよ。カール・ニールセンの『仮面舞踏会』です」ということだった。大衝撃！　ニールセンがなぜヴェルディと同じ題名のオペラをつくっているのか！　ほとんど詐欺だと思ったが、予約をしてしまったことだし、ニールセンのオペラとやらを聴いてみるのもいいかと思って出掛けることにした。

オペラハウスは、女王陛下のお住まいになっているアメリエンボー宮殿から運河をはさんだ対岸にあるのだが、車で行くとなるとグルッと裏側を大回りすることになる。道すがら葦の茂る堀やら田舎道やらを通って、パッと出た所がオペラ座の立っている海岸である。港の倉庫に行くにはふさわしい道だが、オペラハウスへの道という雰囲気が出るまでにはまだまだ時間がかかりそうだ。

このオペラハウスは、マースク・ラインの会長の個人の寄付と聞くが、大変素晴らしい建築となっている。客席の数はそれほど多くないが、たしかに音響はとてもよい。三階の最前列というのは大体音響がいいものだが、期待を超える音のよさで大変満足した。インテリアもデンマークデザインの名に恥じない、簡素でいてモダンなよい趣味をしている。ただ、下を見ると怖いような構造が多く、高所恐怖症の私としては落ち着かないことこのうえないし、ここから物を落としたらどうなるのかと不安も広がる。また、カフェテリアがあちこちにあるのはいいが、大半は招待客のためのスポンサーの貸し切りとなっており、そうでない所も、買ったものを置くスペースが十分にないのがちょっと困りものである。愚痴を書いてしまったようだが、ともかくなかなか素晴らしいオペラハウスであることはまちがいない。

オペラハウスの外観

さて、覚悟をしてニールセンの『仮面舞踏会』を鑑賞したのだが、ニールセンのマスカレードはヴェルディと違って「オペラ」ではなかった。昔ながらの演出を観たことがないのでどこまでが本来のものか判断に苦しむ部分はあるが、全体としては、オペレッタかサルスエラ的なもので、純粋芸術というよりはエンターテインメント的なものだった。おそらく、オリジナルではバレエが入っていたところにアクロバットを使い、サーカスかヴァリエテのショーのような要素を取り入れたのであろう。

こういった演出は大好評だった。五階にある照明設備のところからワイアーを使って宙乗りをしたり、ロープを使った空中ショーもある。満場、大喝采だった。

こういう喜劇だと、楽しく笑わせるためにはやはり演出が大切なのだろう。音楽は二の次で、奇抜な演出をして客を楽しませることを第一としているようである。現代的な演出かもしれないが、アヴァンギャルドではなく、とても日常的なことに話を置き換えて、普通の観客に身近な出来事として楽しんでもらうといったサービスが徹底されている。

こんなに楽しい演出をするのだったら音楽ももっと楽しければいいのに、と思ってしまうのは天邪鬼だからだろうか。ニールセンの音楽は、何だかリヒャルト・シュトラウス（Richard Strauss, 1864～1949）ばりだが、そこからちょっと気を抜いたような響きだった。

第3章

コペンハーゲン周辺の見どころ

エーアソン海峡に架かる橋。左はコペンハーゲン、右も昔はデンマークだった

1 美術関係

ニュ・カールスベア・グリプトテク（Ny Carlsberg Glyptotek・彫刻美術館）

「地中海からはるか離れた北国の美術館で古代の彫刻が所蔵されています」と聞いても、たいしたことはないだろうと思って、最近までグリプトテクに行ったことがなかった。ところが、実際に行ってみると大変な収蔵品にびっくりした。ギリシャ、ローマにとどまらず、数は少ないが写真で見たことのあるオリエントの古い彫像があり、膨大なエトルリア[1]の品々が所狭しと並べられ、それぞれのローマ彫刻の説明書きには嘘かと思うほどに知られた名前が記されていた。あまりの収蔵品の豊富さに信じられず、本物かどうかをネットで調べてみたが、本当にすべて本物だった。

シーザーと争ったことで有名なローマの大ポンペイウス（Gnaeus Pompeius Magnus, BC106～BC48）について言えば、さまざまな歴史書に掲載されている写真がまさにこれだった。これは、ローマのリキニ家の墓から見つかったものだという。

ポンペイウス

オリジナルはブロンズの彫刻で、ポンペイの劇場に立っていたと記されている。ここにあるのは紀元後三〇～四〇年につくられた大理石のコピーだということだが、そのコピーもローマ時代のもの、それもポンペイウスが亡くなってからそれほど経っていない時期に親戚の墓用につくられたものだというので、由緒正しいコピーということになる。

リキニ家の墓は、一八八四年末、イタリア統一後の建築ブームのなかで発見された。紀元二七年に執政官を務めたマルクス・リキニウス・クラッスス・フルギ（Marcus Licinius Crassus Frugi, BC1C～AD1C）をはじめとして三人の棺が納められていたようだが、すべてがきちんと発掘されたわけではなく、盗掘などで状況が分からなくなっている部分もあるという。

（1）（Etruria）イタリア半島中部、今日のトスカナ地方を中心に、古代ローマに先だって紀元前八世紀ころから存在した都市国家群。ローマの発展とともに紀元前一世紀にはローマに吸収される。

ニュー・カールスベア・グリプトテク

ちなみに、カールスベアの社長であるカール・ヤコブセン（Carl Jacosen, 1842～1914）は、この墓から出たと言われている一三個の肖像を一八八七年に入手している。入手にあたって、著名な考古学者だがエトルリアの碑銘を捏造したという非難を浴びたヴォルフガング・ヘルビッヒ（Wolfgang Helbig, 1839～1915）が仲介したということで、肖像の信憑性に問題を投げかけている向きもあるようだが、リキニ家の墓から出てきた本物という説が有力のようだ。

このポンペイウスの肖像がローマ初期の彫刻のなかでは一番価値がありそうだが、そのほかにも聞いたことのある皇帝たちの肖像が並んでいた。

最大の驚きはグデアの像だった。グデアの像は、地中海文化のコーナーの劈頭に立っている。一歩この部屋に入って、この像を見てぎょっとした。子どものころに『世界の歴史』（中央公論社刊）を読みはじめたが、その最初に世界最古の文明としてシュメールの話が紹介されていることを覚えている。そこにあった数少ない写真の一つが、ラガシュのエンシ（王）グデアの座像だった。座像と立像という違いはあるが、頭の周囲のバンダナのようなもの、しっかりと握り締めた両手、そしてへりくだった表情は、黒っぽい石の感じとともに忘れることができない。

グデアの立像（BC2100頃）

グデアの座像は、確かルーブル美術館で見た記憶がある。フランスにあるとすると、コペンハーゲンにあるのはコピーではないかと思ったが、調べてみたところグデアはたくさんの像をつくっていて、現在までに二六体も発見されているという（もっとも、そのなかの一〇体ほどは贋作の疑いが高いとされている）。フランス人外交官ド・サーゼック（Ernest Choquin de Sarzec, 1832～1901）の発掘した一一体（そのほとんどはルーブル美術館が所蔵）のほか、グデア時代のラガシュの首都であったギルスで一九二四年に盗掘されたとされる五体がかなり信憑性の高いものと考えられている。ちなみに、カールスベアのグデアはこの盗掘品の一つだった。

グデアの像はそのほとんどがルーブル美術館に集中しており、ルーブル以外の所蔵品のなかで本物であることがはっきりしているものはデトロイト美術館とメトロポリタン美術館にあるものだけなので、カールスベアは大変なものを収集したことになる。ちなみに、大英博物館所蔵の二体は出所のはっきりしていないものらしい。多くの大型の像はラガシュ(2)の主神であるニンギルスとその妻バアウに捧げられているが、小さな像はグデアの守護神であるニンギシュジダとその妻ゲシュティナナに捧げられている。カールスベアの像（六三センチ）は、ゲシュティナナに捧げられたものである。

グデアの像は紀元前二一〇〇年ごろのものだが、その前に置かれている男の座像はそれよりもさ

（2）（Lagash）古代シュメールの最古の都市の一つ。シュメールの初期王朝時代に繁栄した。

らに三〇〇年くらい古い。シュメールの歴史は紀元前六〇〇〇年くらいからはじまるのでかなり末期の遺物となるが、それでも太古の時代に想いが及ぶ。『世界の歴史』を読みはじめたころには、将来、メソポタミア古代史の学者になりたいと思っていたが、今はまったく違った仕事をしている。とはいえ、そのときの思いがきっかけとなって、今日ここに来ている。

ほかにもびっくりしたものと言えば、エトルリアの家族墓に安置されていた棺の蓋である。亡くなった人たちが、そこで半身を起こしてこちらを向いているのだ。直立した像や寝た像と違って、妙に生々しいその姿勢が怖い。墓に入ると、親や祖父母や親戚たちの似姿が起き上がって右からも左からも凝視する、という光景にはぞっとした。

ギリシャからエトルリアにかけての所蔵品は大変豊富である。一九世紀のイタリアでは、美術品の持ち出しに関する規制が一切なかったらしいが、それにしてもこれだけのコレクションを北欧の小国デンマークに持ってきたということには驚いてしまう。そして、それを成し遂げたのが、王家でもなく国でもなくビール会社だったというのがいかにもデンマークらしい。

エトルリアの棺

カールスベアは現在でも活溌に活動をしている会社だが、最近は海運会社の「マースク・ライン」がデンマークではもっとも目立っており、オペラ座もマースク社の会長の個人寄付によって造られたものとなっている。所得税が七〇パーセントにも上る国で、どうしてこういうことが可能なのか驚いてしまう。

ヴィルヘルム・ハマースホイ（Vilhelm Hammershøi, 1864〜1916）の足跡を辿って

デンマークを代表する画家ハマースホイは、一八六四年五月一五日にコペンハーゲンで生まれている。生家はシャルロッテンボー宮殿から運河を挟んで反対側、ホルメン教会とも道を挟んで反対側に位置するヴェズ・ストラネン二番地（Ved Stranden 2）である。今回行ってみると、確かに番地は残っているが、ハマースホイの時代の建物は現存していない。

この一八六四年は、第二次シュレスウィヒ・ホルシュタイン戦争でデンマークがドイツに敗北した年である。しかし、五月九日のヘルゴランド沖の海戦では、デンマーク海軍は一矢を報い（フレガッテン・ユランが大きい戦功をあげた）、その艦隊がこの一五日に市民の歓呼のもとにコペンハーゲンに凱旋している。その歓呼のなかで、ハマースホイが生まれたということになる。

ハマースホイの重要作品のほとんどは、コペンハーゲンにある、ニュ・カールスベア・グリプトテク（Ny Carlsberg Glyptotek、一九〇六年創設）、ヒルシュスプルング美術館（Hirschsprung、一九一一年創設）、オードルップゴー美術館（Ordrupgaard、一九一八年創設。松方コレクション・西洋美術館との関係は一九四ページからを参照）、国立美術館（Statens Museum for Kunst）の四つに収

蔵されている。このようにデンマーク国内にたくさんのハマースホイの絵が残ったのは、彼のパトロンであり、彼の絵の収集家でもあったアルフレッド・ブラムセン（Alfred Beutner Bramsen, 1851～1932）に負うところが大きい。ただ、ブラムセンが資本家でなく単なる歯医者だったせいか、カール・ヤコブセンはもちろんのこと、ハインリヒ・ヒルシュスプルング（Heinrich Hirschsprung, 1836～1908）やヴィルヘルム・ハンセン（Wilhelm Hansen, 1868～1936）のように自分の美術館を造るところまでには至らなかった。

ハマースホイは室内を描いた絵で有名だが、描かれている室内は彼が住んでいた住居である。また、その多くが、一八九八年から一九〇九年にかけて住んだストランゲーゼ三〇番地（Strandgade 30）のものである。『陽光に舞う塵』と題された彼の代表作（少し前に、デンマークを代表する芸術一二点とし

中庭側から。南側にある左の二階の窓が絵と同じ形

『陽光に舞う塵』（1900年）オードルップゴー美術館所蔵

て選ばれている）もここで描かれたものである。

もともとは一六三六年ごろに建てられたルネサンス式の住居で、門構えの部分は一七一〇年に新しく造り直されている。実際に描かれた窓はどれなのだろうかとストランゲーゼ三〇番地を訪ねてみると、建物正面の窓でないことは確かだった。馬車道を通って建物の裏側へ回ってみると、描かれたような六枚ガラスの窓枠が四つ組み合わさった窓が見つかった。ただ、同じ形の窓はこの左側の棟の二階にしかない。右側の棟は窓枠が六つ組み合わさっている。この写真の左側が南なので、絵がリアリズムに徹しているとすると、窓とドアの位置関係などを考えれば左棟の左側になるのだろうが、場所の関係でそちら側の窓が見えるところまで踏み込めなかった。要するに、ハマースホイの旧居は現在オフィスになっていて、勝手に入り込むことができなかったのだ。

同じ道の反対側に二五番地がある。ここは、ハマ

ストランゲーゼ30番地の家（真ん中）

ースホイが一九一三年から亡くなる一九一六年まで住んだ家だ。この建物は、デンマーク・アジア会社[3]の本社社屋として一七三九年に建てられたバロック様式のものだが、その後マンションに改造されている。現在は、デンマーク外務省の儀典当局が事務所として使っている。

この旧アジア会社を描いた絵も何枚かある。国立美術館にあるものには、二つの建物とその間の門構えだけが描かれているが、オードルップゴー美術館（Ordrupgaard）にあるものでは、門の向こうに帆をたたんだ船が見える。ただし、いずれも運河の向こうにあるはずの町並みは描かれていない。現在の様子を写真に撮ってみたが、絵と酷似している。逆に言えば、ハマースホイは対象物をデフォルメすることはなく描写したということである。ことに、そのくすんだ色調は、いかにもコペンハーゲンの暗い冬の空気を表しているように思える。

国立美術館には、一七五〇年代から一九世紀末までのデンマーク美術の変遷が一目で分かる部屋がある。そこ

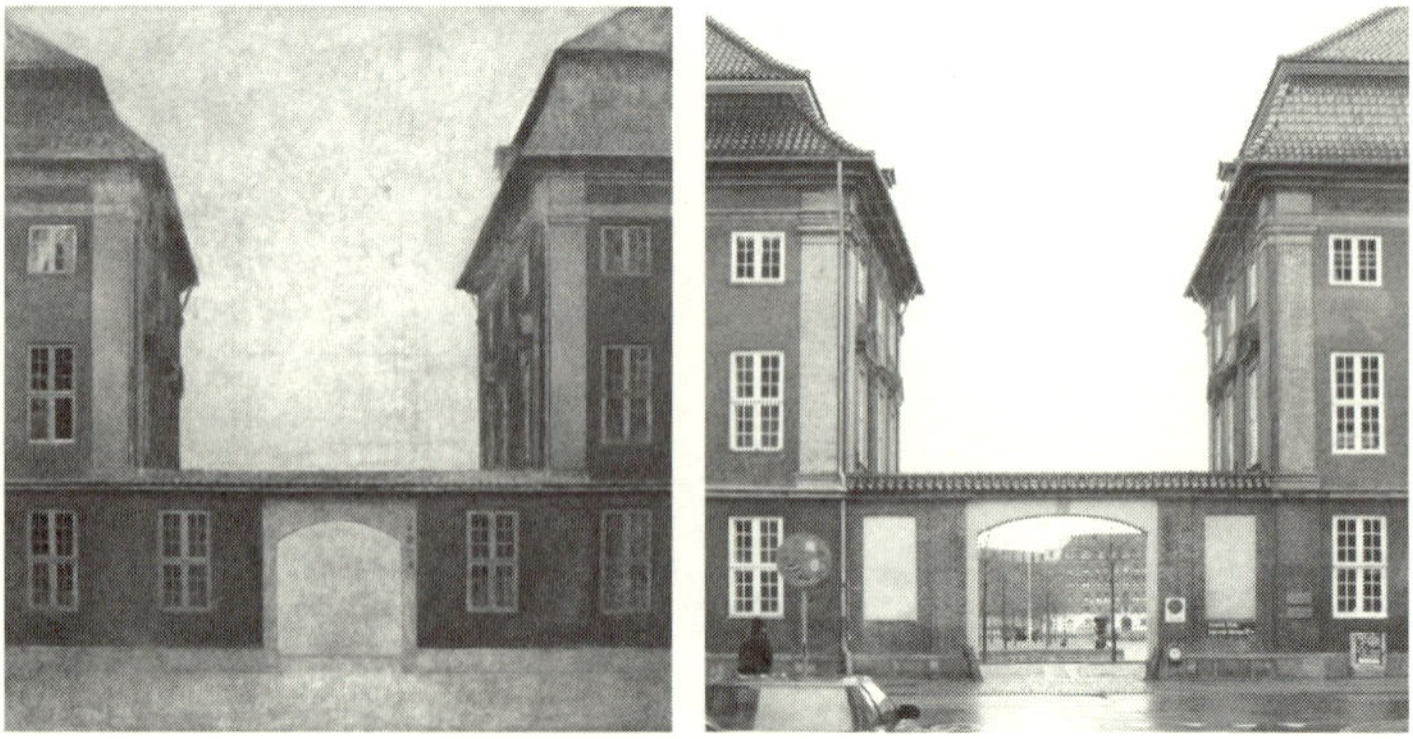

アジア広場の絵（左）と同じところを撮った写真（右）

で見ても、ハマースホイの絵は大変静かな印象を与える点で特徴的であるが、その静けさを生む色調の薄暗さと対象の細部の描かれ方（これを象徴主義と言うのだろうか、衣服などがマスとして描かれており、細かい襞《ひだ》や皺《しわ》などは描かれていない）はそれなりに個性的であっても、フランスの印象派や二〇世紀に入ってのさまざまな潮流と比べれば、ほかの同時代のデンマーク画家の絵と似たり寄ったりだとも思える。にもかかわらず彼の絵は、デンマークの美術行政ないし美術界の主流からは拒まれ続けた。

『縫い物をする若い女』という初期の作品（一八八七年）も、シャルロッテンボー展覧会から排斥され、フランスの例にならって組織された「落選作品展覧会」のほうに回っている。翌年、パリで行われた万国博覧会に出品され、そこで銅メダルを得たが、この機会に文化省がパリへの遊学を認め、三〇〇〇クローナ（約三〇〇万円ほどと思われる）を支給した二〇人の若いデンマークの芸術家のなかには含められなかった。

デンマークの専門家に聞くと、ハマースホイの絵は「神秘的、無神論的な薄気味悪さを漂わせているから受け入れられなかったのだ」と言う人が多かった。ここに無神論まで見るというのは大変な深堀り解釈のように思えるが、たとえばこの妹をモデルにした縫い物の絵についても、モデルは

（3）（Asiatisk Kompagni）デンマークの東インド会社として一六一六年にクリスチャン四世が設立したもので、いったん解散したのち、一七三二年にアジア会社として再設立された。

こちら側を向いているにもかかわらず描かれているのは彼女が縫い物に没頭しているところであり、絵を観る人とのつながりはなく、どこかほかの世界に属しているかのごとくである、という。

このあたりの解釈は、門外漢の私にはよく分からない世界である。縫い物への没頭がよく伝わってくるのは確かだが、「それが異世界の姿だというのはどうして?」と思わず疑問を感じてしまう。むしろ、ある人が「ハマースホイの付き合いの悪さがお偉方の顰蹙《ひんしゅく》を買っていたのではないか」と言っていたことのほうが、当時のエスタブリッシュメントに受け入れられなかった本当の理由として得心できる説明のように思える。

もう一つの疑問は、こういった薄暗い絵がどうしてデンマークの人たちの間で評価されているのか、というものである。むしろ、暗くて嫌な冬をいくらかでもしのぎやすくするために、デンマークの人たちは明るく刺激的な原色の色調を好むのではないか、だからアーサー・ヨーン(Asger Jorn, 1914～1973)などのCOBRA(4)の絵が好きなのではないかと私は思っていた。

ハマースホイの絵はその逆で、デンマーク人の追い求めている陽光や明るさではなく、普通にあるぼんやりとほの暗い世界や静けさをそのままに切り取っている。日が一日一日と短く暗くなるころの鬱々とした気分を避けるために、デンマークでは抗鬱剤の使用が大変多いとも聞いている。そんな国で、鬱を助長するようなこういう絵がどうして好まれるのだろうか。単純に考えれば、このような薄暗い世界に親しみを感じるということであろう。そこはかとないメランコリーという日常の生活への親しみというのもあると同時に、それを突き破る原色の世界にもあこがれる、ということなのかもしれない。

ともかくハマースホイは、生前、ブラムセンの努力もあって徐々に名前が知られるようになったが、亡くなるとともにその作品は忘れ去られていった。ハマースホイが亡くなった翌年、アルフレッド・ブラムセンは、ハマースホイの全作品三七七点のうち二七五点を集めて回顧展を行った。ところが、カール・V・ペーターセン（Carl V. Petersen, 1868～1938）という評論家が、「ハマースホイは、傑作と言える作品をほとんど残さなかった。それと言うのも、精神的な限界と劣等性をもった小国で生まれたために、その才能を開花できなかったからだ」と、こき下ろされたのが忘れ去られた理由かもしれない。

ハマースホイへの再評価がはじまったのは一九八〇年代になってからである。現在では、クッキーの缶にまで印刷されてコマーシャルに消費されすぎているスケーエン（Skagen）の印象派の画家よりも、ハマースホイのほうが専門家の間での評価は高いようだ。

ハマースホイは、ストランゲーゼ三〇番地の家が売られてしまったため、一九〇九年にはニューハウンに近いクヴェストフースゲーゼ六番地の新築の家に引っ越した。しかし、このアパートから

（4）ヨーロッパのアヴァンギャルド運動の一つ。一九四九年から一九五一年にかけて活発な活動を展開した。「COBRA」は、コペンハーゲン（COpenhagen）、ブラッセル（BRussel）とアムステルダム（Amsterdam）の名前から合成したもの。

は期待した港の景色は見えず、また当時としては最新式の建物で、電気や水道、水洗式のトイレも完備していることが古いものを好きなハマースホイには気に入らず、一年ほどでブレズゲーズ二五番地に再度引っ越している。ここには一九一〇年から一三年まで住んだが、ストランゲーゼ二五番地の家の一階が空いたと知ってそちらに転居し、ここが終の住処となった。

高い天井と明るい部屋に恵まれ、窓からはアジア広場やアイトヴェス倉庫、さらには港の喧騒なども眺望できたが、すでに彼の体は癌に侵されており、第一次世界大戦がはじまると同時に母親も亡くなるといった不幸もあって一九一四年からは創作活動が急激に衰え、一九一五年になって描きはじめた未完成の絵が彼の最後の作品となった。

ストランゲーゼ25番地

オードロップゴー美術館→松方コレクション→西洋美術館

二〇〇八年の秋にハマースホイの展覧会を開催した東京・上野にある国立西洋美術館は、松方コレクション[5]がもとになってできたことはよく知られている。その松方コレクションに、オードロップゴー美術館の収蔵品だったものがある。

オードロップゴー美術館は、ヴィルヘルム・ハンセンという個人の収集品を展示した美術館である。ヴィルヘルム・ハンセンは、若くしてデンマークの保険業界の重鎮となり、自らが設立した会社だけでなく、保険関係のいくつもの会社のトップを兼任した人物でもある。なかでも、フランスの保険会社「ラ・ポピュレール（La Populair）」の共同設立者となったために一九〇二年からしばしばパリに出張する機会が増え、それが切っ掛けとなってフランス絵画に惹かれるようになった。

第一次世界大戦がはじまると、美術品の価格が下落した。戦争が終われば再び高騰すると考えたハンセンは、一九一六年からフランスの美術品の買い付けをはじめた。最初に買ったのはシスレー（一八三九～一八九九）、ピサロ（一八三〇～一九〇三）、モネ（一八四〇～一九二六）、ルノアール（一八四一～一九一九）、クールベ（一八一九～一八七七）などで、戦争中パリに行けなかった間も代理人を通じて美術品の買い付けを続けていった。

ハンセンの場合、絵を一枚一枚選ぶということはせず、何人かのパートナーとともにコンソーシアム（Consortium）をつくって資金を調達し、個人のコレクションが売りに出されるときなどに一気にまとめ買いをした。そして、買い込んだもののなかで自分のところに残したいものだけを選別

（5）　川崎重工の前身である川崎造船所の初代社長であった松方幸次郎（一八六五～一九五〇）がヨーロッパで収集した美術品のコレクション。その大部分は第二次世界大戦で散逸してしまったが、フランスに保管されてあったものの大部分については、フランス政府が日仏友好のためとして日本に寄贈返還し、その展示のために西洋美術館が建設された。

して、残りは個別に売却するという方式をとっていた。

その結果、ハンセン自身の素晴らしい鑑定眼も手伝ってまたたく間に、質が高く、一貫性をもった素晴らしいコレクションがまとまり、収集をはじめてからわずか三年後の一九一八年九月に、新しく建てたオードロップゴーの邸宅でフランス絵画一五六点からなるコレクションのお披露目を行っている。この一五六点は、ダヴィド（一七四八～一八二五）、ドラクロア（一七九八～一八六三）からはじまり、印象派からフォーヴィズムの走りとしてのマティス（一八六九～一九五四）に至るまでの作品が含まれていた。

ハンセンは、「いつか、この絵画を国に寄付したい」と常々言っていた。しかし、その気持ちが変わってしまうという事件が起こった。一九二二年、コンソーシアムに融資をしていたランマン銀行が破綻して、銀行への借金を返済するためにコンソーシアムは所有していた絵画を一時的に売却せざるを得なくなったのだ。

庭から見たオードロップゴー美術館の旧館

いくつかあったコンタクト先のなかに松方幸次郎（一八六五～一九五〇）がいた。ハンセンは、当時のパリの状況に鑑み、負債を返すに足るだけの売却益を出せるかどうかについてかなり心配していた。ある時点で松方と個人的に交渉をはじめようかと考えたが、ちょうどそのときスイスのバイヤーが現れ、そこを通してカールスベア財団を動かすことに成功した。また、カールスベア財団が動いたことを察知したのか、一九二三年二月六日には松方からのオファーも来ている。

このプロセスのなかでハンセンは、彼のコレクションをデンマークに残して置きたいという願いから格別に安い価格で国に買い上げを打診したが、国からは敵対的とも思えるほどの冷たい反応しか返ってこなかった。この国の反応に、将来はコレクションをデンマークに寄付するというハンセンの気持ちは吹き飛んでしまった。その結果、コレクションの大部分がスイスの収集家のものとなり、松方も価値の高い絵画を何点か購入することとなったわけである。

オードロップゴー美術館のあるキュレータ（鑑定員）によれば、このときに松方が購入した絵画が、現在、東京の国立西洋美術館に収蔵されていると言う。ただ、松方コレクションのなかでも最高の価値のものはフランス政府に接収されているので、このときに松方に売られた絵が西洋美術館に収蔵されているかどうかは一つ一つ検証する必要があるだろうということであった。オードロップゴー美術館の内部資料にはきちんと記録されているというのだが、公表されている資料では明確には分からない。また、公表されている西洋美術館の資料を見るかぎりはよく分からない。

オードロップゴー美術館の公表資料では、同美術館が所蔵していた一二点のゴーガン（一八四八

～一九〇三）の作品のうち松方が四点を獲得したとなっている。それは、ブルターニュを題材としたもの一点とタヒチでの絵画三点（『やしの下で』、『シエスタ』、『二人のタヒチの女』）であるとされている。また、シスレーの作品七点はすべて松方に売却され、そのなかには初期の秀作である『パリの聖マルタン運河』も含まれているということである。

しかし、ネットで公開されている西洋美術館の所蔵品目録にはこのような作品が掲載されていない。他方、オードロップゴー美術館の資料では、「このときにセザンヌ、マネ、モネ、コロー、ドラクロア、ドーミエなどの秀作もデンマークから失われた」とされているが、それが松方コレクションに含まれたのかどうか、また最終的に西洋美術館に来たのかどうかは定かでない。私にとっては、将来の探索課題となってしまった。

ヴィルヘルム・ハンセン

ハンセンは、この危機を乗り越えたのちフランス絵画の収集を再開し、美術品価格が高騰していた状況にもかかわらず大きな成果を出している。散逸を免れたオリジナル収蔵品と再開後の獲得作品が現在のオードルップゴー美術館の収蔵品となっており、ハンセンも大変満足していたと伝えられている。ただハンセンは、国から受けた冷たい仕打ちを忘れることができず、コレクションを一般に開放することをやめてしまった。オードロップゴー美術館で公開されるようになったのは、ハンセンの死後のことである。

芸術家の共同アトリエ・ヴェアケズ（Verkedt）のオープニング

コペンハーゲンを拠点に活躍されている中原芳樹画伯から、新しい共同アトリエのオープニングに誘われた。フレデリクスベアにある古い市電用の変電所が改造され、中原画伯をはじめとした五人の美術家たちの共同アトリエとして貸し出されたのである。変電所が造られたのは一九〇八年というから一〇〇年以上が経っている。変圧器などは撤去してあったが、まだクレーンが残されていたりして、古い工場跡という雰囲気に満ち満ちている。

この建物はフレデリクスベア市のものということで、レベック（Mads Lebech）市長もオープニングに参加され、「創作活動を支援し、市民生活のなかに芸術が生きるようにすることが市の文化行政の精神だ」とスピーチをされた。共同アトリエに参加する五人の芸術家は、二人のデンマーク人を除けば中原画伯が日本人、そして残りの二人はメキシコ人とスウェーデン人で、町の国際化および異文化との交流を象徴するプロジェクトとなっている。

アトリエは二階にある。大きな部屋を分けて、五人がそれぞれの創作活動の場所をもっている。二階に上がってすぐの所は五人共有の応接スペースとなっており、その向こう側にそれぞれのアトリエがある。孤独な作業である創作活動に、オープンなスペースを通じて芸術家同士のコミュニケーションという要素をもち込むという面でも斬新な試みと言える。

芸術家が製作する場所だから雑然としてゴミだらけじゃないかと思っていたら、まったく当てがはずれた。トヨタの工場のように整然と物が置かれ、あらゆる場所が清潔に保たれている。中原画伯の古い友人である奥野さんに聞いたところ、「デンマークでは、芸術家のアトリエというと、このように整然としていることが当たり前」なのだそうだ。日本から来た中原画伯も、現地に馴染んだのかもしれない。

グループのまとめ役であるカルステン・フン・イェンセン（Carsten Fun Jensen）は彫刻家である。女性の体の柔らかなラインをモティーフに、抽象的な彫刻をつくっている。創作だけでなく販売のほうの才能もあるようで、大作のオブジェだけでなく、家庭で日常的に消費できるような小さな作品もつくっている。レベック市長の部屋にもイェンセン氏の彫刻が置かれているというので市長に尋ねてみたら、「カルステンの彫刻を見ると、手で触りたいという誘惑に勝てないんだよね」と言っていた。

外国人の一人、ラマ・キング・ナッシュ（Rama King Nash）はメキシコとデンマークのハーフで、父親は著名な美術家だったということだが、この父親、例の人魚姫の首を切り落とした人物として語られている。そして、スウェーデン人のアダム・A・ベンツソン（Adam A Bengtsson）は、森のなかに捨てられた車をモチーフとした絵を描いている。

もう一人のデンマーク人であるヤコブ・ヘアスキント（Jacob Herskind）は、そもそもビジネスマンで、日本の商社を相手に商売をしていたため何度も日本に言ったことがあると言う。あるとき、ビジネスを放り出して芸術に専念するようになった。マンガのような、ちょっとユーモアのある絵を創作している。「芸術家は創作が上手でも、造ったものを売る能力に欠けるやつが多いから、自分がいるとみんなの作品が売れるようになるのさ」と言っていた。

そして、最後に中原画伯だが、以前はまったくの抽象画を描いていたが、最近は具象を交えてきている。抽象画は流行らなくなってきた、ということだそうだ。最近は自転車レースをテーマにしているようで、「とくに、有名選手が描かれていれば人気が出る」と言っていた。なかなか、この世界も楽ではないようだ。はるばる日本から来て、デンマークの芸術家のなかで自分の居場所をつくり、このような新しいプロジェクトに参加するということは、言葉では言い尽くせないほ

アトリエの入り口から見たところ。手前から、応接スペース、ヘアスキントのアトリエ、中原画伯のアトリエ

ど大変なことなんだと思う。

ともかく、中原画伯も含めて全員の色使いや描く内容が大変明るい。やはり、暗い冬を過ごす北欧の人たちに受け入れられるものを追究しているのであろう。日本人との感性の違いを改めて感じることとなった。

古い建物をこのような形で再利用するということはヨーロッパではごく普通のことだが、日本では、土地の効率的利用とかと言ってなかなか難しい。それに、台風や地震があるためか、建物を何世代にもわたって利用するという考えが乏しいから、堅牢で内部空間の豊かな建物がなかなか造れない。フレデリクスベア市の文化政策が羨ましいと思える前に、日本と違った建築文化をもっているデンマークの風土が羨ましくなる。

みんなで

2 見過ごされがちな記念碑

デンマーク一長い海水浴橋のあるセーヴァン（Søvang）

コペンハーゲン空港は、コペンハーゲンの南に浮かぶアマー島にある。そのアマー島の南側を占めるのがドラーォアで、ここで取り上げるセーヴァンは、そのドラーエア市の最南端に位置する集落である。

第一次世界大戦がまだ終わっていない一九一八年、アマー島の南部で三五〇区画の分譲が行われた。この分譲地が「セーヴァン」と名づけられ、恒常的な住宅として、あるいは夏の別荘として使うことが認められた。その後、セーヴァンは別荘地として発展したこともあって、一九五〇年になってもここに暮らす住民は二〇家族にすぎなかった。

そして、一九五〇年から一九七六年までの間は、ここで新築される家は別荘にかぎられたが、一九七〇年代半ばに下水が整備されたあとに変化が訪れた。それらの別荘が姿を消し、立派な家が次々と建てられていったのだ。

現在、セーヴァンは、一七〇〇人あまりの人口が六〇〇軒以上の家に暮らすという住宅地になっている。とくに、最近のデンマークでは水辺の住宅地の人気が高く、そのうえセーヴァンの近くに

コラム　人魚姫の妹

「世界三大がっかり」の一つと言われながらも、そしてたび重なる損傷にもかかわらず、人魚姫の像はコペンハーゲンの観光スポットの一つとなっている。この人魚姫に、最近妹ができた。掲載した写真の右が妹だが、知り合いのデンマーク人に聞いてみると、「容姿端麗とは言えない妹」の評判はあまり芳しくない。

この新しい人魚姫には家族がいる。そもそもは、2001年のハノーファー（ドイツ・ニーダーザクセン州の州都）万博のデンマークパヴィリオンのために、ほかの家族達と一緒に製作されたものである。それが、姉さんのいる所から100メートルほど離れた所に造られた「ヘンリク王配殿下広場」に家族ともども恒久展示されることとなり、2006年９月15日に、ヘンリク王配殿下の臨席のもとに除幕式が行われた。

この妹のほうの正式の名前は、「遺伝子を組み換えられた人魚姫」となっている。家族全体は「遺伝子を組み換えられたパラダイス」と呼ばれ、家族のメンバーは、聖母、資本家の３分の１、アダム、イヴ、イエス、マリア・マグダレナ、孕んだ男の７体となっている。作者はビョルン・ネアゴー（Bjørn Nørgaard）と言って、デンマークの代表的な彫刻家である。姉さんと違って切り立った岸壁から離れて座っている妹には、容易に近づくことはできない。

姉

妹

は「コンガロンネン（Kongelunden）」というアマー島唯一の森[6]やゴルフ場もあるので、ここの住宅はなかなか高嶺の花となっている。

セーヴァンの名物と言ったら、何と言っても海水浴用の橋だろう。すでに分譲がはじまったときから所有者たちによってクラブが設立され、一九二七年の夏に、最初の海水浴橋を造っている。海水浴場に何で橋が必要かと言うと、セーヴァンの海は極度の遠浅で、泳ぐためにはかなり沖合に出る必要があるのだ。

最初の橋は、近くで切り出してきたブナの木を使った一〇〇パーセント木造のものだったが、一九八〇年ごろに支柱を鉄パイプにし、その上に木の板をわたす形となった。ちなみに、橋の長さは二七九・一メートルある。この半端な一〇センチには重要な意味がある。「2791」という数字の順列に意味があるのだが、この数字、実はセーヴァンの郵便番号となっている。

ここの海水浴橋が有名になった事件が、これまでに二回ある。最初は一九五三年のことで、『コンゲロンネンにて[7]』という映画の舞台になり、国中に知られるようになった。この年、目端《めはし》の利く男が橋の上にアイスクリーム屋を出して大層人気を博したが、あいにくと一シーズンで閉鎖されて

（6）セーヴァンの分譲と時を同じくして造林された人工林。当時のフレゼリク六世の勅許を得て、「王の森」という意味の「コンガロンネン」と呼ばれている。

（7）（Ved Kongelunden）一九五三年のデンマーク映画。週末農園での出来事を描いたミュージカル・コメディ。

しまっている。その理由というのが面白い。水着で海水浴に来ている客は現金の持ち合わせがないために、アイスクリームをツケで売っていたのだが、そのツケを回収することができなかったということなのだ。

もう一つは一九九七年のことで、この橋が「デンマークで一番長い海水浴橋」としてギネスブックに記載されたことによる。ちなみに、「海水浴橋」とはシーズンの間だけ造られる橋で、毎年五月の第一週目の週末に床が敷かれ、九月の最終週の週末には取り外されている。橋のメンテナンスおよび床の着脱は、すべて「セーヴァン橋の友」というグループが責任をもって行っている。

デンマーク最長の海水浴橋

コペンハーゲンを弓なりに囲む広大な堀

コペンハーゲンは海辺の町なので、海やそれに続く運河などが風景の一部となっている。しかし、海だけでなく陸地のなかにも水面の見える所が何か所かある。その内陸にある水面は、すべて人工のものである。

たとえば、昔の城壁を撤去した跡地は現在広い通りになっているが、その外側には堀の跡が点々と残っている。チボリ公園のなかの池は西の城壁の外にあった堀だし、北側の城壁の堀も、西からエアステズ公園の池、植物園の池、国立美術館の池とつらなり、カステレット要塞(8)につながっている。

このような防衛施設としての堀は説明を受ければすぐに分かるが、この堀から二、三ブロック町の外に向かって歩いていくと見えてくる広々とした堀は、いったい何のために造られたものなのだろうか。今でこそ都会のなかの憩いの場所、野鳥の楽園、格好のジョギングコースという役割を担っているこの堀だが、実は歴史的に大きな意味をもっている。大きな川のないコペンハーゲンでは、水を供給することに関して大変な苦労があった。この堀は、その努力の歴史を物語るものなのだ。

（8）（Kastellet）コペンハーゲンの北にある五芒星の形をした要塞。クリスチャン四世により一六二六年に建設が開始され、その後、幾多の改造を経て現在に至る。軍事施設があるが、大半は公園として利用されている。

そもそもコペンハーゲンは、シェラン島と対岸に位置するスウェーデンのマルメとを結ぶ港として町の歴史がはじまっている。コペンハーゲンという英語（ドイツ語）名の元になったデンマーク語の「ケーベンハウン（København）」は、「商人の（Købmand）の港（Havn）」という意味で、アブサロン大司教が町の礎をすえたころは、単に「ハウン（港）」と呼ばれていた。

そのころ、町で必要とされる飲料水などはすべて井戸で賄われていた。しかし、この地で生活するためには水車を動かす必要があったため、ビスペエンゲン（Bispeengen）の窪地から流れてくる小川を町の近くに引き込んで町の北側に弧をなしていた低地にダムを造って水の確保をした。それがペブリンガ堀（Peblinge Sø）で、その水

ソルテダム堀

はさらに町の西の城壁に沿った堀に導かれた。つまり、チボリ公園の池は当時から水が満々としていたということになる。

　その後、一五二三年にコペンハーゲンが反国王派に包囲されたという経験を踏まえて、町の防衛を強化するためにペブリンガ堀の堤を高くして新たなダムを築いた。それがソルテダム堀（Sortedams Sø）である。このとき同時に、町の北側の城壁に沿った堀もすべて水で満たされることとなった。そして、一六〇〇年代の初め、クリスチャン四世によってペブリンガ堀から流れ出る小川を堰き止めて聖イェルゲン堀（Sankt Jørgens Sø）が造られている。

　この間、水の需要が拡大したということもあって新たな水源が求められ、ハーレストルップ川を堰き止めてダムフス湖（Damhussøen）を造り、その水を人工的に開削したグレンダール川を通してビスペエンゲンに運ぶという工事が一六九七年に完成している。また、時期ははっきりしないが、供給量の大幅拡大を目指して、ウッタースレウ・モーセ（Utterslev Mose）とゲントフテ湖（Gentofte Sø）の水をエムドルッ

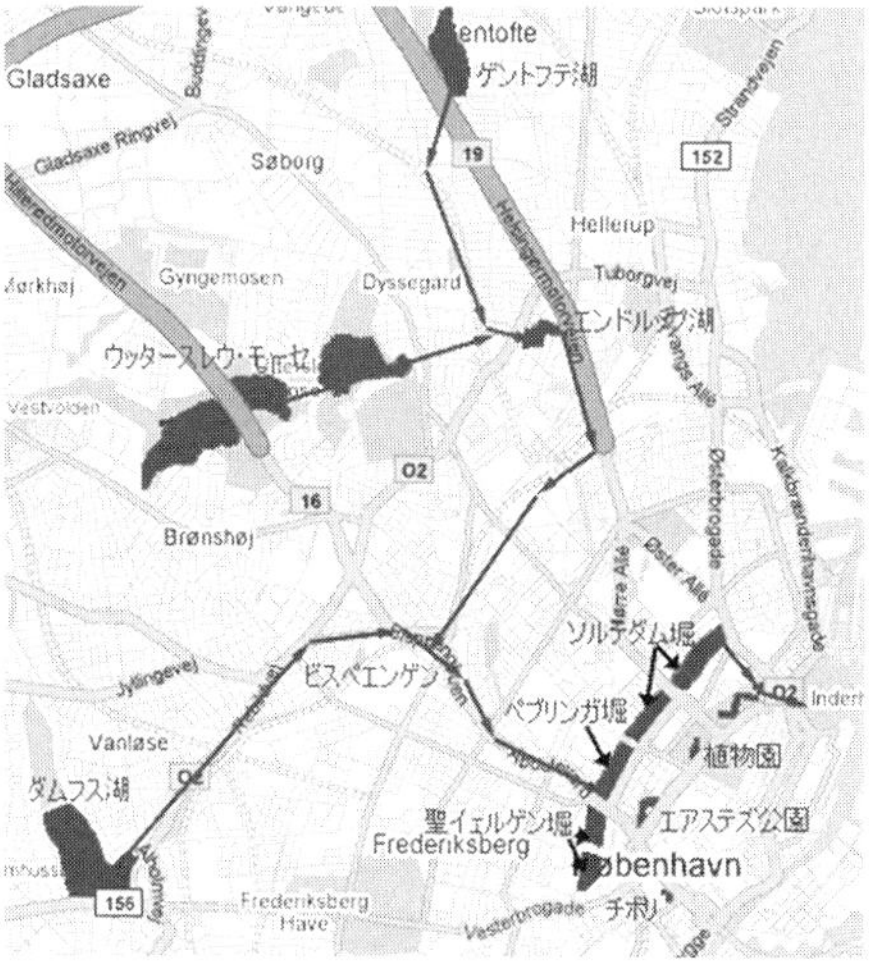

コペンハーゲンの水源

プ川の水を堰き止めて造ったエムドルップ湖（Emdrup Sø）にいったん溜めてからビスペエンゲンに流し込むという工事も行われている。

海抜が比較的高いエムドルップ湖の水圧を利用して、コペンハーゲンの町に噴水を造る工事が一五七〇年代にはじまっている。最初は、ガンメル・トーウ、アマー・トーウ、ホイブロの三か所だったが、一七世紀になると、ローゼンボー城をはじめとして個人の庭にも噴水が造られるようになった。このため、六本もの導管がエムドルップ湖からコペンハーゲン市内の間に引かれたという。

同時期、ペブリンガ堀から町中に木管で水が引かれ、市民の生活用水に使われるようになった。また、ダムフス湖が拡張され、湖からコペンハーゲンに向けて水道道路ができ、道の下に造られた水道によって生活用水がコペンハーゲンに運ばれるようになった。

しかし、一九世紀になると、とくにペブリンガ堀から送られる水道の水質についてクレームがつくようになり、こ

エムドルップ湖。日本大使公邸が湖畔に立っている

れが理由でコペンハーゲンにおいて下水建設が行われるようになった。また、ペブリンガ堀とソルテダム堀の水が生活用水として使われなくなり、それに代わって聖イェルゲン堀の水が水道として使われるようになった。そのため、底が一段と深く掘られ、[9] そこへ供給するための水としてハーレストルップ川の周辺で掘られた井戸からの水が使われるようになった。この体制は、第二次世界大戦を超えて一九五九年まで続いている。なお、現在では、コペンハーゲンの水道はすべて地下水を利用しており、表層水の利用は行われていない。

中世にはじまったこの水道システム、現在は生活用水としては利用されていないが、システムとしてはそのまま機能している。最近になって、ウッタースレウ・モーセとエムドルップ湖の富栄養化が進んだために下流のペブリンガ堀などに生育する鳥や植物に悪影響が出はじめたため、一九九九年にエムドルップ湖の出口に浄水施設が造られている。もちろん、その結果は良好だという。

ローズヴァズ（Raadvad）――デンマーク工業の揺り籠

コペンハーゲンの北約一五キロ、毎年、秋にフーベルトゥスヤークト（七五ページの注参照）が行われる鹿公園の北側の森のなかに、「ローズヴァズ」という小さな集落がある。ここは、デンマ

（9）現在、他の堀に比べて約倍となる四～五メートルの水深となっている。

ークでももっとも早く工場が造られた所で、現在もその名残がそこかしこに見られる。

遡って一六四一年、工場を動かすための水車が設けられ、兵器や農機具の生産に使われはじめた。その後、一七五八年になって、フレゼリク五世は側近のニコライ・ヤコブ・イェッセン（Nicolai Jacob Jessen, 1718～1800）の退職に際し、ローズヴァズの水車を下賜し、イェッセンは水車を使ってナイフ工場をはじめた。一九世紀初頭のローズヴァズの人口は約一五〇人で、そのうち七八人が工場で働いていた。

一九〇七年に起こった大火でローズヴァズの工場は全焼したが、そのために施設の近代化が進み、それまでは手作業で行われていたナイフなどの製造に機械が導入されることになった。一九二一年には工場の統合が行われ、「ローヴァズ・ナイフ製造株式会社（Raadvad Knivfabrikker A/S）」がスタートし、世界に向けての製造がはじまった。そして、一九五八年には、マルグレーテ二世（当時は王太子）を迎えて工場の二〇〇周年祭が執り行われている。

その後、一九六〇年代になると、政府が旧式工場の近代化を強力に進めたこともあって、ローズヴァズ社は一九七三年にユトランドの北辺のブレンナースレウ（Brønderslev）に新工場を建てて移転した。ローズヴァズ社の主要製品は、ジャガイモの皮剥き器、チーズのスライサー、缶開け器、パンのスライサーなどだが、これは現在も変わることなく製造されている。しかし、フィンランドの「フィスカース社（Fiskars）」に買収されたため、今はその子会社として事業を行っている。

現在、工場跡地は国立博物館の管理下となっている。すぐそばにある湖から出てくる水が、工場

左側が工場。右側が水車に水を供給する堰止湖

水車から流れ出す水（右）
工場の壁にはめ込まれたジョージ・ジェンセンのプレート（下）

跡地のなかを貫いて轟々と流れている。工場の建物は貸し出しがされているようでいくつかの工房などが入っているが、空き部屋が目立っている。この集落には、デンマークの都市部ではあまり見られない電柱に電線が張りめぐらされており、街灯もついているが、いずれも打ち捨てられた工場同様にかなり古めかしい雰囲気を漂わせている。

工場の壁の一つに、銀器で有名なジョージ・ジェンセンの創設者「ゲオルグ・イェンセンが子どものころに住んでいた家」というプレートが付けられていた。ゲオルグ・イェンセンは、ローズヴァズの工場で真鍮細工師として働いていたイェルゲン・イェンセンとマルタ・マリー・イェンセンの八人兄弟の末っ子として、一八六六年八月三一日に生まれている。一三歳のときに地元のナイフ工場で働きはじめたが、翌年に家族がコペンハーゲンに引っ越すことになり、そこで金細工師の徒弟として働きはじめた。そして、のちに彫刻家、銀細工師として頭角を現していったということはよくご存知であろう。

コペンハーゲンの解放区クリスチャニア（Christiania）

「コペンハーゲンの解放区クリスチャニア」という名前であるにもかかわらず、二一八ページに掲載した写真のような水辺の別荘地といった雰囲気に違和感を感じないだろうか？　解放区と言えば、パリのカルチエ・ラタン(10)、ベルリンの夕ヘーレス(11)、それに全学封鎖当時のわが母校京都大学など都会の建物のイメージがあるが、「こののどかな風景はいったい何だ！」と言いたくなる。たしかに、クリスチャニアのなかにもそういう場所はあるが、何と言っても三四ヘクタールととても広く、水辺には自然がいっぱいとなっている。

もとをたどれば、クリスチャン四世が、一七世紀初めにコペンハーゲンとアマー島の間の海を埋め立てて造った要塞である。一九七一年になって、使用されなくなった城壁や軍施設が若者たちに占拠されてしまったというのがクリスチャニアのはじまりである。一九六八年の学生運動の時期からは若干遅れるが、自然発生的にはじまった占拠も、ヤコブ・ルドヴィクセン（Jacob Ludvigsen, 1947〜）というアジテーターが理論化することで大きな流れとなっていった。

クリスチャニアは麻薬中毒者の避難所になり、また路上で公然とドラッグが売られていることで知られている。ソフト・ドラッグの店が出ていたメインストリートは、「プッシャー・ストリート

---

(10)（Quartier Latin）パリの伝統的な学生街。一九六八年五月、フランスにおける学生運動のなか、カルチエ・ラタンに解放区をつくろうとした学生と警官の間に大規模な衝突が起こった。その後、日本の学生運動のなかでは「カルチエ・ラタン」が「解放区」と同義語のようになる。

(11)（Tacheles）ベルリン・ミッテにある、自治に基づく共同の美術イベントセンター。ベルリンの壁の崩壊後、取り壊し対象となった建物を「芸術家イニシアティヴ・タヘーレス」（東欧ユダヤ人の使うイディッシュ語で「明晰な話し」という意味）と称する団体が占拠し、当局にその継続利用を認めさせた。現在、賃貸契約が終了し、その将来は不安定な状態になっている。

コラム グルントヴィ記念教会

コペンの大通りを車で走っていた時、将棋の駒に似た格好のファサードのある建物を見た。ゴシック風の建築だが、とてもマッシヴで威圧的な感じがして、19世紀末から20世紀前半にベルリンに建てられた建築物を思い起こさせた。しばらくして、それがフォルケホイスコーレの生みの親であるグルントヴィ（Nikolaj Frederik Severin Grundtvig, 1783～1872）を記念して建てられた教会であることを知った（写真）。

教会のデザインは、1913年、コンペによってペンダー・ヴィルヘルム・イェンセン＝クリント（Peder Vilhelm Jensen–Klint, 1853～1930）の案が採用された。建設は第１次世界大戦後の1921年に始まり、1927年にまず塔の部分が完成し、グルントヴィの誕生日である11月６日に塔の部分だけのお披露目が行われている。その後、1928年に身廊と祭壇部分の建設が始まり、全体の完成は1940年となり、ドイツ占領下（1940年４月９日～）の11月６日に竣工式が執り行われている。

イェンセン＝クリントの死後は、彼の息子であるカーレ・クリント（Kaare Klint, 1888～1954）が建築を引き継いで完成させている。カーレ・クリントはまた、椅子をはじめとした教会のすべての家具のデザインもしている。ここの椅子などは典型的な北欧デザインのもので、カーレ・クリントが北欧デザインの開祖であることが如実に分かる。さらに、カーレ・クリントの息子であるエスベン・クリント（Esben Klint, 1915～1969）が教会のシャンデリアをデザインしており、親子３代にわたる想いこの教会のなかに息づいている。

このグルントヴィ記念教会は、ポー・ビャアオエズ（På Bjerget）という周辺より幾分高くなった丘の頂上に建てられており、それを取り巻くように住宅もデザインされている。さらに、教会の正面の道は真っすぐに共同墓地へとつながっており、墓地のなかのメインストリートとなっている。

（麻薬売人通り）」と呼ばれている。二〇〇四年に警察が取り締まりを強化して以来、表面的にはドラッグの販売は路上から消えたが、プッシャー・ストリートの写真撮影は今も続いている。

　クリスチャニアにおけるドラッグの取り締りが厳しくなったために、コペンハーゲンにおけるドラッグ販売ルートが広がったと観測する人もいる。また最近、クリスチャニアのなかの麻薬販売ルートをめぐって、ノアブロ[12]の組織と死者が出るほどの抗争も起こっている。クリスチャニアの住民のなかには、まさしくドラッグにラリっているような者もいる。それはそれでハッピーなのかもしれないが、

（12）（Nordbro）コペンハーゲンの北西の街区で、犯罪の多い地域として知られている。

プッシャー・ストリート（Pusher Street）

ドラッグの商売が絡んでくると事は簡単にすまない。

歴代のデンマーク政府は、クリスチャニアをどうにか正常化したいとさまざまな手段を講じてきたようだが、クリスチャニア側は赤地に黄色い丸が三つ並んだ国旗などもつくり、現在でも一定程度だが国家権力の枠外になっている。二〇〇七年五月にも警察の介入があり、一騒動が起こって多くの逮捕者が出たが、結局は警察が引き揚げることとなった。ノアブロで占拠された「青年の家」からの不法占拠者を排除するにもかなりの時間をかけているのを見ると、デンマーク当局の対応はかなりぬるま湯的と言える。そのせいか、週末の昼間に行くと観光客も多く、ヒッピーや解放区の文化というものも観光・商売のネタにしてしまうという世の中に唖然としてしまう。

クリスチャニアのなかでも、軍の兵舎だった街寄りの所にはレストラン、美術館、商店、遊技場、共同浴場などの施設が立っている。これに対して、住宅の大半は水

矢印がメインエントランス。薄い色の線がプンシャー・ストリート。
プンシャー・ストリートを中心とした地図の左側の部分がいわば商業・公共地区で、地図の右側、堀の両岸に広がる城砦部分に住宅がある。

堀の内と外を結ぶ橋は一つだけ。

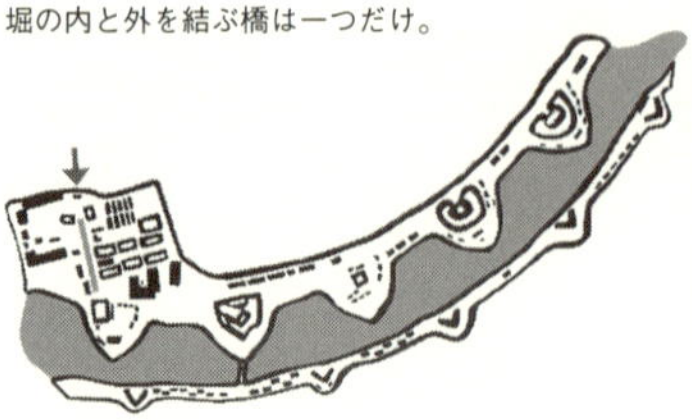

クリスチャニアの地図

堀の先にクリスチャニアの住宅地区

辺に沿ってあり、要塞の周辺に住民自らが造った建物がある。しかし、水などは雨水を集めているという家も見える。最近では権力との妥協を図っているのか、料金を払ってコペンハーゲン市の水、電気、ごみ処理などのサービスを利用しているようだ。

いろいろネガティブなことを書いてしまったが、九〇〇人あまりの住人がクリスチャニアのすべての施設を共有しており、私有財産は認めないという原始共産制的なスタイルが、とくに現在の右派政権の正常化努力にもかかわらず引き続き維持されている。クリスチャニアは、外見だけでなく、そのありようがなかなか稀有な存在とも言える。

カールスベアと卍

コペンハーゲンには、カールスベア（日本では「カールスバーグ」と発音されている）ビール工場の本拠地がある。現在、デンマーク国内における生産の拠点はユトランド半島のほうに移っており、数年経つと、ここではビールの生産が行われなくなるそうだ。博物館でビールの歴史を見たり、試飲をしたり、買物をしたりと観光地としても人気がある。

この本社の建物は、カールスベアの二代目のカール・ヤコブセンが父親に反旗を翻し、自ら「ニュ・カールスベア社」を設立したときに建設したものである(13)。

その本社を見学すると、初期産業建築の豪華さに目を奪われる。なかでも、建物を貫く道路にまたがるアーチを飾る巨大な象の彫刻には驚いてしまう（写真）。近くに寄って見てみると、その象の脇腹に巨大なハーケンクロイツが浮き彫りにされていた。建物の細部をよく見ると、ハーケンクロイツのついているのは象の脇腹だけではなかった。たとえば、象が支える塔の先端にもハーケンクロイツが燦然と黄金に輝いている。街中から来たときに通るM型のアーチをした門の上には、同じハーケンクロイツが一〇個もついている。さらに、カールスベア博物館の入り口に立つと、鉄柵を支える石の柱の一つ一つに大きなハーケンクロイツが穿たれ、門の奥に見える建物の屋根の中央には、ご丁寧にもナチの旗と同じように四五度傾いた形でハーケンクロイツが配置されていた。

「ハーケンクロイツ」という単語を連発してしまったが、これは最初に私がそう思ってしまっただけのことで、カールスベアのマークはナチの「ハーケンクロイツ」そのものではない。日本の寺などで使われている「卍」と同じく、この鍵十字はインドに起源をもつ吉祥のマークである。それが洋の東

西で使われ、たまたまナチがそれを自分の旗に使ってしまったというのが真相である。

カールスベアについては、遅くとも本社社屋が建てられた一八八一年にはこの卍印を使っていたことが分かる。実際には父親の会社ですでに使われていたので、その起源は一八八一年以前に遡ることになる。ナチが台頭してきた一九三〇年代、卍はカールスベアの商標からは外されたようだが、建物の装飾までは削り落とすことができなかったようで、いまだに健在となっている。

象の脇腹にある卍には、卍の腕の間に丸印が打たれている。これが、実際にビールの商標に使われたデザインである。日本ではあまり見慣れないが、これも卍の一種で、ヒンドゥー教ではよく使われているらしい。他方、ナチの旗とお寺の卍とを比べて、ナチはその鍵の向きがSと同じで右側

イエス教会と鐘楼

(13)　建物正面には「一八八一年」の銘が入っている。ニュ・カールスベア社の設立は一八八二年だが、カールスベア社を設立した父親が亡くなったあとは、父親の会社も統合してカールスベア・ビール会社となって現在に至っている。

に旗の部分が向いているが、仏教ではそれが左側に出るという話がある。ナチの旗はともあれ、普通に卍が使われたときにどこまで向きが意識されていたかは疑問である。

このカールスベアの卍も本社の建物で見るかぎりはS字タイプなのだが、本社の近くにあるイエス教会には、旗の部分が右向きのものも左向きのものも混在している。このイエス教会も、カールスベア社のカール・ヤコブセンによって一族の墓所として建てられたもので、教会部分は一八九一年に、脇に立つ鐘楼部分は一八九五年に竣工している。カールがこの土地を手に入れたのは一八七九年で、そのときすでに教会を建てたいと思っていたようだが、本社社屋の建設に手いっぱいであったため、教会建設は、その後父親の遺産相続が決まった段階になってその一部を教会に回すことで実現の運びとなった。そのときも鐘楼までは手が回らず、カールに対する母親からの誕生日プレゼントとして建てられた。全体がイタリアのバシリカ様式で建設され、大変美しいものである。

その鐘楼を見ると、各面に五個ずつ二列にわたって卍がレンガで造られている。よく見ると、この卍の向きが入り乱れているのだ。正面

鐘楼。2列にわたって卍がある

のほうは、上が左右左右左、下が右左右左右と規則的、左右対称的となっており、まあ分からないでもない。しかし、裏に回って見ると、左から見て上が右右右左右、下が左右左右右となっている。ここに、どんな規則性が見られるのだろうか？　それとも、何か暗号が隠されているのであろうか？

コペンハーゲンの駅裏

どこの国でもそうだが、大きな駅の周辺、とくに駅裏は町の淀みが凝縮した所となっている。コペンハーゲンでも、町から見て中央駅の反対側はそういう地域が広がっている。中央駅の正面にはチボリ公園があり、その先には市役所やストロイエがあって町の表の顔が広がっている。これに対して、駅のすぐ裏には、一九世紀ごろに建てられた画一的な建築物が並んでいて、そこがたくさんのホテルになっているのだが、そのホテルのなかにこれまたたくさんの風俗営業の店が並んでいる。

ここですぐに目立つのが、ショーウィンドウにいかがわしい器具を並べたアダルトショップの類である。日本では、さすがに公道から見える所に、それも昼日中から堂々と並べておかないと思うが、デンマークでは職業の自由に属しているのだろう。そのほかにもクラブやストリップ小屋の類がひしめいていて、昼に行ってもそれらの店の中からお兄さんがいかつい顔をのぞかせていたりする。

このような風俗営業や性風俗についての感じ方は、日本などと西洋ではかなりの違いがある。日本の通勤電車のなかで、サラリーマンらが読んでいる週刊誌のグラビアを見て目を丸くしている西洋人がたくさんいる。日本が「世界一のチャイルドポルノ大国だ」と眉をひそめる外人もいる。しかし、私は、ベルリンに住んでいたときに、ベルリンフィルのコンサート帰りの道に娼婦が立って客引きをしているのと出会って仰天したことがある。コペンハーゲンの中央駅と言えば、日本だと東京駅であって、その八重洲口のような所にアダルトショップが所狭しと並んでいる光景は想像できない。

これでも警察が取り締まりを厳しくしたせいで、犯罪は激減しているという。しかし、そこら中に紙や食べ物のかす、壊れたガラス瓶などが散乱しているし、酔いつぶれているのか道端で寝ている若い男性もいた。もちろん、浮浪者もいれば、焦点が定まらず、大声を出して歩き回っている男性もいた。夜、このあたりを歩くのには、やはりちょっと勇気が必要だ。

ともあれ、このような地域であるためか、非ヨーロッパ系の人が多く住み着いていて、中近東やアジアからの人たちも多い。そして、そういう人たちが経営しているレストランや食料品、日用品店の類がこのあたりにはたくさんある。北欧風の質実剛健で高価な食生活に疲れたときにはここに来て、中近東やアジア系の美味しい食事がリーズナブルな値段で食べるのもいいだろう。それに、ほかの所にはないさまざまの新鮮な野菜や果物などが格安の値段で手に入るのも魅力である。食料品店の多くはトルコや中近東の人たちの経営だが、タイ系、台湾系の中国人がやっている店もあって、そういう所では日本向けにつくられた「ゴボウ」なども売られている。
デンマークに住むアジア系（日本と違って、亡命や難民という形で受け入れて国籍上はデンマーク人になった人もたくさんいるので、「外国人」ばかりではない）の人のなかでは、イラク系とレバノン系が際立って多く、それぞれ二万人を超えている。イスラム系の人たちはさまざまの国から来ており、パキスタン、イラン、アフガニスタンがいずれも一万人以上となっている。ほかに一万人を超えているのがスリランカとベトナムで、いずれも母国から逃れてきた人たちが中心となっている。ベトナム人などは、移民とその子弟を合わせると一万三〇〇〇人近くになるが、ベトナム国籍のままの居住者は四〇〇〇人にも満たない。

亡命や難民ではなく、別の理由で来たのだろうと思われるアジア系の人では、中国人とタイ人が多くて一万人近くになり、それに次ぐのがフィリピン人である。中国人は香港などから簡単に来られるのでこの程度の数は想定内だし、またフィリピン人も出稼ぎで外国に出る人が多いことを考えるとその数の多さがよく分かる。

デンマークで特徴的なのは、タイ人が多いことである。聞くところでは、デンマーク人は、夏のヴァカンスに太陽を求めて大挙してタイの浜辺へ行くということだ。二〇〇四年のスマトラ沖地震のときに発生したインド洋の津波で、北欧の人々の犠牲者がたくさんいたことを記憶している人も多いだろう。このため、デンマーク人と結婚するタイの女性が多くなり、彼女らがデンマークに来る。そうすると、彼女らを頼って一族郎党が押し寄せる、という構造らしい。一応統計上は七〇〇〇～八〇〇〇人ということになっているが、本当は一万人を超えているという。そうでないと、コペンハーゲンには質の高いタイ料理屋がたくさんあるのに、中華料理屋は昔ながらのヨーロッパ風の中華が大勢を占めていることの説明がつかない、と思う。

タイ人の知り合いのおすすめレストランが「タイ・コーナー」である。私が入ったのと同時に、タイの大使館ナンバーのミニバスで一〇人ほどの団体が入ってきた。レストランの隣にはタイ産品のお店があり、同じ建物の半地下にはコーナー・バーもある。周辺の状況を見ると、このコーナー・バーもなかなか妖しい感じがする。

駅裏の広場で恒例のフリーマーケット

レストランでブレイク　Ida Davidsen《イダ・ダヴィッドセン》

店の構え

オープンサンドはデンマーク語で「Smørbrø」。カタカナ表記が難しいが、「スメーアブレー」と書き、直訳すれば「バター・パン」となる。何となく、「スモーガスボード（Smögåsbord）」と混同してしまいそうだ。スモーガスボードは、日本などではバイキング料理ということになっているが、もともとはスウェーデン語で、「スモーガス」はバター・パン、すなわちサンドイッチであり、「ボード」はテーブルのことであるので、スモーガスとスメーアブレーというのは同じ意味ということになる。本来、スモーガスボードとは、自分で好きな材料を選んでパンに載せ、オープンサンドイッチをつくることらしい。

デンマークのレストランでオープンサンドを注文すると、様々な種類のものをつくってくれる。手巻き寿司と握り寿司の違いのようなものかもしれない。このオープンサンドを、ハリウッドやブリティッシュ・エアラインなどの機内食として世界に広めたのが、「イダ・ダヴィッドセン」のおばさんである。デンマーク外務省御用達で、国内の会社などで提供されるデンマーク料理にも協力しているという。要するに、デンマーク料理というとオープンサンドしかないということなのだろう。

平日の昼間、店は満員だった。3人で行った時は、飲み物を含めて一人180クローナ（約4,100円）。一人一つだとちょっと足りないが、それ以上注文すると5,000円を覚悟しなければならない。とはいえ、デンマーク名物だし、雰囲気やサービスもよいので、日本人を案内するのにはよいレストランである。そして、「イダ」とは、もちろんイダおばさんのことである。

イダおばさん自らが店に立ち、お客の注文をとっている

第4章

地方にある個性的な見どころ

CO_2 排出ゼロをスローガンにしたセナボー市のＴシャツ

1 人間活動

地球環境問題のなかでも温暖化の問題は、今、全人類の未来にかかわる問題として国際的に大きな関心を浴びている。京都議定書以降の枠組みをめぐる議論のなかで、デンマークは二〇〇九年にCOP15をコペンハーゲンに招致するなど、精力的に取り組んでいる。ここで、デンマークについてとくに注目したいのは、地球温暖化防止、温室効果ガス排出削減、再生可能エネルギー利用という、国際的に議論が行われ、国が国策として推進している課題を地方自治体が自らの状況をふまえて、その問題解決のためにうまく利用しているところだ。

CO_2排出削減を好機と見て、自分たちの町おこし、村おこしに使おうという意思と、それを具体化する妙案が、地方の人たち自らのなかから出てきている。世界規模の問題の解決をまず自分の自治体でやってみる、それを経済発展に結び付ける、そのためには外国の企業や研究所も、自治体が直接接触し、プロジェクトに巻き込んでいくという「吉里吉里国」顔負けのやり方は、グローバル化の世の中を生きる方法として範とすべきではないだろうか。

日本国内で地方分権が叫ばれている現在、分権の結果、主体性を増す自治体の進むべき方向性がここに見られると思うが、どうだろうか。本章の初めに、サムセ、セナボー、ロランという三つの自治体の例を紹介してみたい。

再生可能エネルギーだけで自給率一〇〇パーセント超を達成したサムセ（Samsø）

シェラン島とユトランド半島の間、フュン島の北に位置する小島サムセは、環境先進地域として世界に知られている。そのサムセ島に行ってみた。まず、島の宣伝文句をちょっと並べてみよう。サムセ島は、一九九七年に「再生可能エネルギー島」と称するようになり、その後一〇年間で、再生可能エネルギーだけで一〇〇パーセント超のエネルギー自給率を達成するようになった。

現在、陸上にある一一基の合計三MW（メガワット）の風力発電機で島内の電力需要は一〇〇パーセント満たされており、麦わらの燃焼所三か所と太陽光・ウッドチップ一か所の熱供給施設で島内の熱需要の七〇パーセントを満たしている。熱需要の残りの三〇パーセントは個々の住宅での発熱によっているが、それも大半がウッドペレット、太陽光パネル、地熱などに置き換えられている。

他方、交通については、将来を見据えてバイオ燃料や水素、電気を使った自動車の実験などもしているが、現在使われている通常の自動車あるいはユトランドやシェランに航行する三隻のフェリーのエネルギー消費は、島の南に建設された一〇基の風車によって賄われている。この風力発電によって交通関係のエネルギー消費以上の電力供給ができるため、ユトランド側にまでクリーンな電力を供給している。

サムセ・エネルギー・アカデミーのヘアマンセン校長（Søren Hermansen）によれば、そもそも

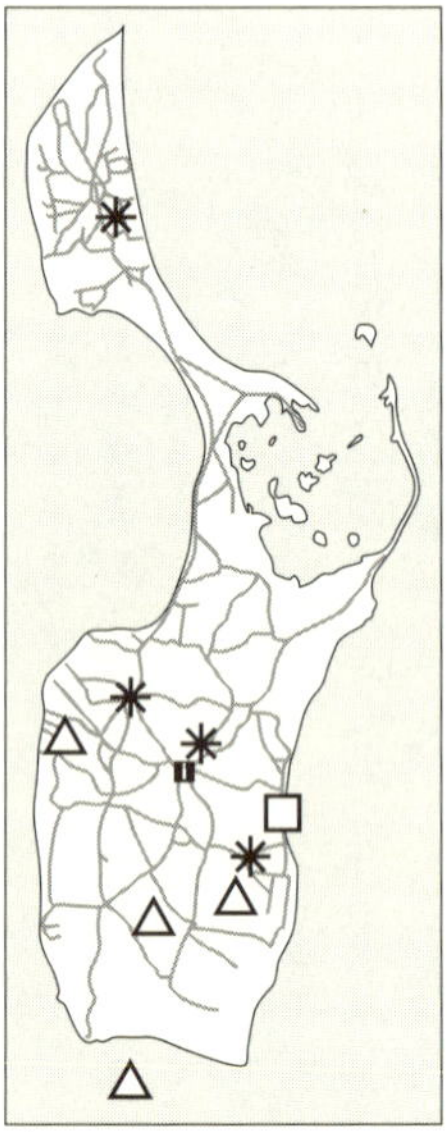

△ 風車（陸上 3 箇所 11 基、海上1箇所10基

✳ 熱発生施設（最北端のだけが、太陽光・ウッドチップ。ほかは麦わら）

□ サムセ島エネルギー・アカデミー

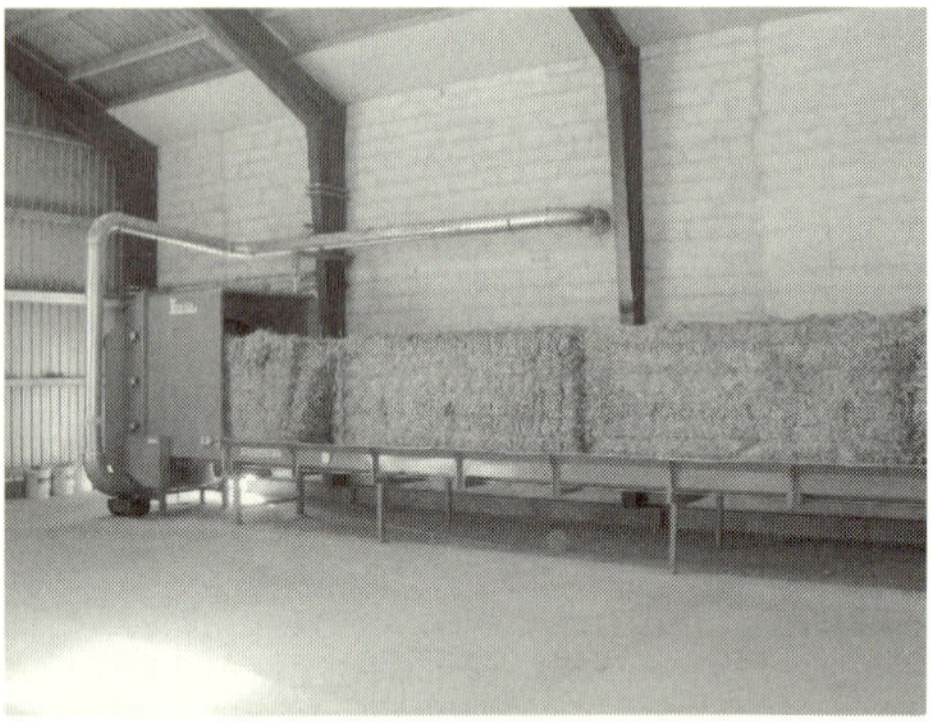

ワラの粉砕機

ワラ温熱機のボイラー

サムセ島の南の海上に立つ10基の風車

サムセも、離島の例に漏れず過疎化に悩んでいたという。国が各自治体に対して既存技術を使った先進的プロジェクトを募集したときに、この沈滞ムードを打破しようと応募したところサムセの計画が採用され、それ以来サムセは「再生可能エネルギー島」と称されるようになったということだ。ただ、計画が採用されたと言っても国から特別な補助金などが出たわけではなく、風車で発電した電力購入について最低価格の保証が行われただけだという。

島側は、国の価格保証をもとに銀行から融資を受け、ほぼ一〇年で建設資金を償還している。そこに住民自らも資金を投入することで連帯感が得られたうえに、クリーンエネルギーから利益も得られるようになった（年間六パーセントくらいの利益が上がる）。熱発生についても、地元の藁を使うことで石油などよりも安上がりの燃料が利用できるため、その差額で一か所三億円ほどかかる施設の償還も楽にできるという。要するに、すべてが市場メカニズムに沿って行われているのだ。

このように書くと「いいことずくめ」のように聞こえ、日本でもすぐサムセの例にならえという声が上がりそうな気がしてくる。しかし、これをそのまま日本などにあてはめることはできないだろう。そもそもサムセの面積は一一四平方キロと伊豆大島よりちょっと大きい平らな島でしかなく、そこに伊豆大島の半分以下でしかない四二〇〇人ほどが暮らしているという島である。人口密度の低い農業地帯で、風力発電に適当な風がしょっちゅう吹いているデンマークにある島だからこそ、一一基の風車で全電力需要を賄うことができるのだ。それでも、風の弱いときには、通常の電力網から配電してもらう必要があるようだ。

また、デンマークのような寒冷な気候の所だから、暖房と温水の供給だけを考えればよく、日本のように夏の酷暑に冷房が必要ということもない。加えて、サムセの産業は観光（夏を中心に、年間宿泊数のべ五〇万）と農業であり、工業は、セメント工場が一軒あったが実質的には皆無と言っていいほどである。だから、CO_2の排出量を考えるにしても、家計とサービス・交通だけを考えておればいいことになる。このような状況をふまえると、日本で「再生可能エネルギーでの自給」を考えるにしても、まったく別の方法を編み出していかないことには成功する確率が低いと考えられる。

しかし、デンマークについて感心するのは個々の具体的な方策そのものだけではなく、自治体が政府の補助金なしに自ら計画を考えて実行し、村おこしを積極的に推進していく能力があること、またそういう自治体のイニシアティブを国が奨励しているところである。たまたまサムセが有名になったが、ほかにもセナボー市やロラン市にも独自の環境政策が行われているので、続けて紹介していこう。

経済成長と再生可能エネルギー一〇〇パーセントの両立を目指すセナボー市（Sønderborg）

セナボー市は、ヴァルデマー大王やクリスチャン二世とのゆかり、さらにはデンマークとドイツとの関係史上において大変興味深い町だが、他方、現代の社会的側面から見てもデンマークを代表する企業である「ダンフォス（Danfoss）」を抱えているほかメカトロニクス・クラスターをもち、デンマーク内ではコペンハーゲンに次いでエンジニアのいる地域、いわばハイテク・デンマークの一つの窓口となっているため目が離せない所である。

　そのセナボー市で、二〇〇七年六月、「プロジェクト・ゼロ（Project Zero）」が発足した。プロジェクト・ゼロとは、二〇二九年までにセナボー市をヨーロッパで最初の「CO_2ニュートラル」な成長センターにしようという計画で、サムセ島のような田園地帯で風力発電と麦わら燃焼によってすでに達成している再生可能エネルギーによるエネルギー一〇〇パーセント自給を、人口七万六〇〇〇人、面積四九六平方メートルの場所で実現し、エネルギー問題を解決するショーケースにしようという試みである。

　具体的には、持続可能なエネルギー供給と利用を、教育や町づくり、さらには新しい住宅設計やビジネス開拓の中心に据えようとしている。また、プロジェクトのプロモー

ダンフォス・ユニバースの展示場「クルムス」

ターである行政や企業は、プロジェクトを彼らだけのものにとどめず、市民を巻き込んだコミュニティ全体の主体的な取り組みに発展させようとしている。

一番興味を引くのは、環境という世界的な関心の的を使ってビジネスを拡大し、この地域の成長を進める道具としようとしているところだろう。そこでは、環境が経済活動の制約要因としてではなく新たな成長要因と捉えられている。たまたま「ダンフォス」という世界的な会社がこの地域にあり、冷蔵庫・空調のサーモスタットからはじまって、環境と深くかかわるさまざまの制御機器を生産しているということがその理由として大きいかもしれない。ややもすればCO_2排出削減はエネルギーの消費削減を必要とし、ひいては経済成長を阻害するという方向でものが考えられている日本から見ると、環境を梃子に地域の発展を企図するというのは逆転の発想であるが、それを日本人の悲観的な思考を変える薬にしたいと思うくらいである。

どういうところからプロジェクト・ゼロをはじめるかというと、その中心に次のような八つの取組みがある。

❶家計や企業のエネルギー消費勘定を明確に示すことで対応を促す。
❷市民の考え方を変える教育を進める（ダンフォス・ユニヴァースとも密接に協力する）。
❸エネルギー供給や利用最適化についての新しい知識を踏まえた持続可能な都市計画をする（地熱や水素の利用も含む）。
❹新しい建築設計を通じてエネルギー消費削減に努める（建築物が使う消費は、セナボー全体のエ

ネルギー消費の四割に上る)。

❺公共交通の充実などを含め、交通におけるエネルギー消費の削減に努める。

❻エネルギー・環境技術分野のクラスターをつくり、ビジネス発展に寄与する。

❼ブライト・グリーン・ユース（Bright Green Youth）というプロジェクトを実現し、一〇〇〇人の世界の若者たちを集めて環境への関心を高め、解決を導き出す助けとする。

❽セナボーのウォーターフロント再開発計画にも環境考慮を反映する。

このプロジェクトのパートナーは、市とダンフォスと地域電力会社である。そういった企業と行政との協力がベースにあり、そこに市民を巻き込んでいこうというのがコンセプトになっている。さらに、世界政治的コンテキストも考えられている。ちなみに、プロジェクト・ゼロの短期目標は以下の四つとなっている。

❶二〇〇八年中に地域暖房システムに太陽光利用を取り入れ、個人住宅で水素システムの導入をはじめる（資料からだけでは内容は不明だが、天然ガスから製造する水素を利用するとあるので、現在ロランで実験中のシステムとは異なるもののようだ）。

❷二〇〇八年末までにヒートポンプ技術などを使い、居住者が消費するよりも多いエネルギーをつくるデンマーク初の「ゼロ＋ハウス」をセナボーに造る。

❸二〇一一年までに地熱エネルギーを地域暖房に利用する。

❹二〇二〇年までに個人住宅におけるエネルギー消費を平均で五〇パーセント削減する。

大変意欲的な目標が掲げられているが、最終的な目標達成の前にも、さまざまな面で環境問題から利益を出すことが工夫されている。やたら原理原則だけに走らず、具体的な経済社会のなかでの実現を柔軟に図るというデンマーク人らしい対応だと思う。

また、こういった内容をすぐ英語やドイツ語といった外国の人たちの分かる言語で説明する能力の高さにも脱帽する。プロジェクト・ゼロをわれわれグループに説明してくれたセナボーの市長も、英語で説明をまくしたてていた。日本と対極にあるデンマークだが、やはり一九〇か国に上る国際社会のなかでうまく生き延びていくためにはコミュニケーション能力が大変重要となる。その点では、残念ながら日本人はデンマーク人の敵ではない。

環境技術開発の実験施設で町おこしを図るロラン（Lolland）

ロラン市は、ロラン島の西半分を占める自治体である。約九〇〇平方キロメートルの面積に五万人弱が住んでいる。ロラン市の市庁舎所在地はマリボ（Maribo）だが、最大の都市は西の端にあるネクスコウ（Nakskov）である。現在、人口が約一万五〇〇〇人となっているネクスコウだが、かつては造船所が経済の中心を担っていた。それが一九八〇年代の末に閉鎖され、二五〇〇人いた造船所関係の労働者が失業し、市の経済状況は大変困難な時期を迎えた。

そして、一九九〇年代の末に、造船所の跡地の一部に風力発電の「ヴェスタス社」を迎え入れることに成功した。しかし、市当局は、さらにネクスコウ（二〇〇七年からは、周辺自治体と統合されてロラン市となる）を環境ビジネスの拠点とし、雇用機会を増やそうと画策した。その結果が、二〇〇七年一月に設立されたＣＴＦである。

ＣＴＦ（Community Testing Facilities：自治体実験施設）は、市内にあるさまざまな施設を新たな環境技術開発の実証実験に使ってもらおうという試みである。汚水処理やバイオ地域暖房、水素経済システムなどの実験に、ロラン市にある施設や市民の住宅などを利用することができ、そういった実証実験をするために必要となる国の許可手続きなどもスムーズに進むように代行が可能となっている。また、研究成果としての特許などに対してロラン市側は権利を主張せず、成果は一〇〇パーセント企業側に属することになっている。さらに、実験をする企業に対しては資金支援手段もつくった。

このような諸施策の結果、現在二四なみ二

ヴェスタス社の実験用風車

五のプロジェクトが進行中である。プロジェクトはネクスコウ周辺に集中しているが、ロラン市の広い地域でも実施されており、一部のプロジェクトは東隣のグルボアスン市（Gulborgsund）でも展開している。

そのなかで、一番のセールスポイントとなるのが水素利用の実証システムである。二〇〇七年五月二一日にはじまった実証施設では、風力発電によって得られる過剰電力を用いて電気分解を行い、水素と酸素をつくり出している。副産物としての酸素は汚水処理に利用され、水素は燃料電池によって電気化されている。実験の次の段階になると、水素はそのまま各家庭に送られ、そこで燃料電池により電気化され利用されることになる。これ以外にも、水素自動車に供給したり、水素による発電に回すというルートも考えられるが、ネクスコウでの実証実験の対象には入っていない。

水素システムをつくろうとしている元の理由は、風力発電で過剰電力が出るという問題である。水力発電所では揚

プロジェクト・マネージャーのクリステンセン氏

水によって処理しているが、あなた任せの風力の過剰電力を貯蔵するためのよいシステムがこれまでにはなかったのだ。

そもそも、ロランには今までに五〇〇基ほどの風車が建設されており、二〇〇四年には一時間に一〇〇万メガワットを超える電力が発電された。これは二〇万世帯あるいは一〇〇万人の電力消費を賄うもので、麦藁なども含めてCO_2の増加に結び付かない再生可能エネルギーによる発電は市内需要を五〇パーセントも超過するものとなっている。さらに、二〇〇メガワットの発電能力を有する風力発電設備を建設する決定がなされており、これが完成すれば発電能力は五〇パーセント増加し、一時間当たり一五〇万メガワットを超えることになる。現在でもロラン市は一人当たりの再生可能エネルギー生産量が国内で一番多いわけだが、その地位がさらに強化されることになる。

これだけの余剰を常日頃から抱えているのであれば、強風時の過剰電力の合理的利用方法を率先して実験してみようと考え出すのも不思議なことではない。この水素利用のシステムは、ヨーロッパでは初めての実証実験だという。自治体のイニシアティブで世界最先端の技術開発が進められている、ということになる。

別のところでは、造船所の施設を使って潮汐発電の実験が行われている。実験は二〇〇七年の秋にはじまったが、「ポセイドンズ・オーガン（Poseidon's Organ）」と名づけられた六分の一に縮小されたミニチュアの実験施設は、沖合いの海に沈められて実験が続けられることになる。実物が製作された段階では、この潮汐発電装置を土台として、その上に三基の風力発電機が取り付けられて全体で三〇メガワットの発電能力を有することとなるらしい。

実際に使われている地域暖房の施設でも、関連技術をいつでもテストができるようになっている。最新の技術を使った暖房施設は並列に二つ造られており、新しい技術が現行技術に比べてどのくらいの優位をもっているかが直ちに比較できるようになっている。そのすぐ脇にある浄水施設は、隣接の砂糖工場の排水施設と関係づけられており、ここでもさまざまな新しい技術がテストできるようになっている。さらに、新しい実験施設を建設するための広大な用地が郊外に広がっており、その脇には風力発電の実験のためにヴェスタス社の風車が立っている。

これだけのプロジェクトを人口わずか五万人（合併される前は一五万人）のロラン市が行っているということは、日本の基準からすると驚愕となる。地方自治体が、自らの問題解決を図るときに、グローバルな問題を解決するための努力にも一役買っているのだ。そして、二〇〇九年の国

中央奥にある箱のようなものが「Poseidon's Organ」

連気候変動会議のコペンハーゲン開催（COP15）と結び付けて弾みをつけようとしている。国際化のなかでの自治体の生きる道を模索している、とも言えよう。

また、このようなプロジェクトでも、欧米のさまざまな企業や自治体と協力を行って推進している。日本と違って、国際化とかグローバル化というのは抽象的な問題ではなく、日常に入り込んだ具体的な話となっている。

一番驚いたのが、失業に苦しんでいる段階でこのアイデアを実現しようと決めたわけだが、その際にまず行ったのは住民から税金を取ることだった。約五〇億円（金額については若干記憶があいまい）の資金をつくり、それを元手にこの事業をはじめたという。日本を省みるとき、「地方の時代」と言うのはよいが、地方自治体の政策立案能力、実施能力はいかほどのものかと、少し疑問を感じてしまう。それに、新しい事業に一人当たり一〇万円もの税金を払う用意が住民にあるだろうか、と思ってしまう。残念ながら、地方レベルの力量は、デンマークに軍配を上げざるを得ないように思う。「日本株式会社」ならぬ「デンマーク株式会社」はものすごく元気だ。

レゴ社（Billund）

レゴ社の歴史は「ウィキペディア」などに詳しく書かれているから詳述は避けるが、現社主の祖父であるオーレ・キアク・クリスチャンセン（Ole Kirk Christiansen, 1891～1958）が本業の大工仕事の傍らに木の玩具をつくりはじめたのが一九三二年で、「LEGO」という社名を使いはじめたのは一九三四年に遡る。戦後、木材が不足したために一九四七年からプラスチック玩具を手がけ、一九四九年にレゴ・ブロックの販売をはじめている。着脱が容易かつしっかりとした現在の形になったのは一九五八年で、二代目のゴットフレズ・キアク・クリスチャンセン（Godtfred Kirk Christiansen, 1920～1995）社長のときである。

組み合わせていろいろな形をつくることがレゴの中心かと思っていたが、第二世代では基本のブロック（デンマークでは「ブリック」と呼ばれている）にタイヤやモーターが組み合わさって動かせるようになっているし、さらに最近の第三世代では、フィギュアの組み立てセットのようにもなっている。恐竜やさまざまな乗り物が組み立てられるというのは、子どもが大きくなってレゴからしばらく遠ざかっていた私には大変新鮮なものに映った。そして、二〇〇六年に発表された最新の「Mindstorms Nxt」はコンピュータを組み込んだ高

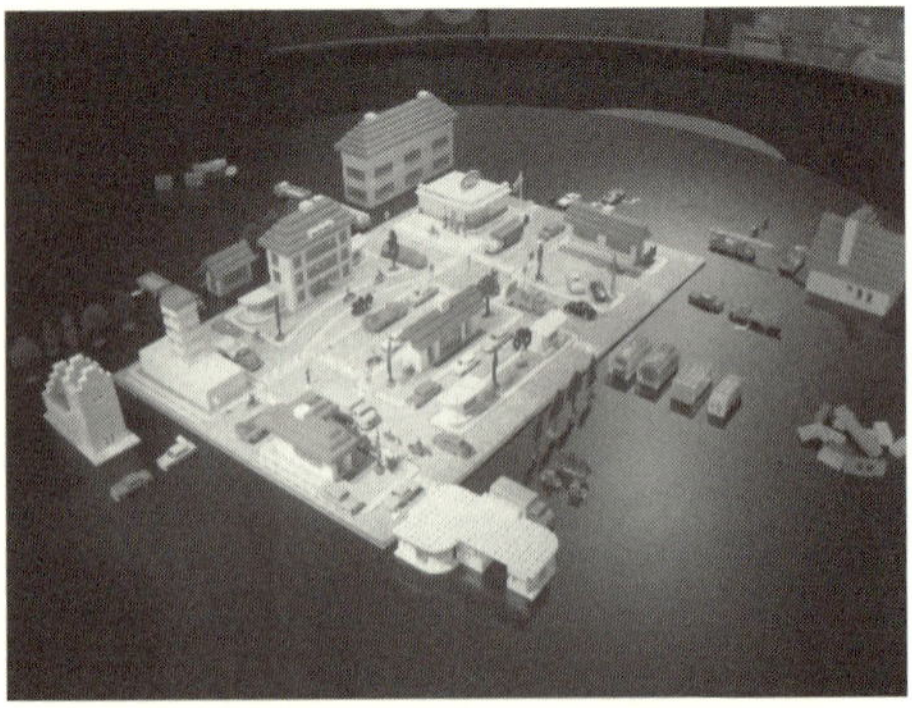

初期のレゴで組み立てた町

機能ロボットで、アメリカのタフツ大学で開発されたものだという。レゴのそもそもの構造性が生かされており、ヒューマノイド・ロボットだけでなく、サソリ、乗り物、クレーン車などのさまざまな形がつくれるという。子どもどころか、私にも扱いかねそうだ。

レゴ社は、売り上げ高を比較すると世界で五番目に大きい玩具会社である（ちなみに、日本の「バンダイ」が三位に入っている）。しかし、今世紀に入ったころに大きな経営危機を迎えたようで、二〇〇三年には売り上げが三割減少し、大幅な赤字を計上している。そこで、三代目の社主であるキェル・キアク・クリスチャンセン（Kjeld Kirk Kristiansen, 1947〜）がCEOから退き、マッキンゼーから招致されたヨーエン・ヴィ・クヌーズトプ（Jørgen Vig Knudstorp, 1968〜）が辣腕を振って経営の立て直しを図ることとなった。

不採算部門を整理し、ブロックなどの色数も半分に整理するなどして生産の合理化やアウトソーシングを図り、生産拠点を高賃金国から東欧やメキシコへ移すなどして大幅な人員整理を行った。その結果、従業員数は二〇〇二年の六六五九人から二〇〇六年には四九二二人に減り、経常利益は二〇〇三年の赤字一一億クローナから二〇〇六年には一三億クローナの黒字へと転化している。

レゴ社は上場していないため、大胆な経営再建がやりやすかったという面があると思われる。最近になって、普通のブロックだけでなく、先に挙げたようなフィギュアやロボットを出してくるようになったのは何故なのだろうか。もちろん、子どもたちの関心がそのようなもののほうに移っているということはレゴ社も認めているところである。それ以外にも、レゴのブロックの耐久性がよすぎることが原因らしい。音楽友達のクリスチャンは、「一回買えば、三世代は十分使える。デンマークでは、どの家でもレゴのブロックが箱にいっぱいにある」と言っている。たしかに、これでは先進国でレゴの需要が落ちてもおかしくはない。

最近の子どもたちは、レゴ社が新しく売り出してきた組み立てキットを仕上げるのに情熱を燃やしていて、出来上がったものをたくさん窓際に並べて喜んでいるという。どうやら、この販売戦略は成功しているようだ。それでも、ポケモンや遊戯王のカードをそろえるほうに捧げる情熱には負けているようだ。ちなみに、日本の子どもたちのレゴ離れは小学校に入った七～八歳くらいで、一二～三歳まではレゴで遊ぶヨーロッパの子どもに比べて難しい顧客となっているようだ。日本には、面白い遊び道具が溢れているからなのだろう。

冬場、レゴランドは開いていない（ちなみに、経営合理化の一環でレゴランドはレゴ社の一部門ではなくなった）が、レゴ社の歴史を表す博物館のような「アイデア・ハウス」は開館しているので、シャルロッテさんに案内してもらった。そのときに、最初は交通教育に使われたレゴだが、現在も教育との関係が大変強いという話を聞き、大いに納得した。

ユトランド半島のビルン（Billund）にレゴランドがあって、レゴ社によれば、毎年約三万人の日本人が訪れているという。そもそも、デンマークに入国する日本人が統計上三万人くらい（二〇〇五年に三万二一二八人[1]）なので、全員がレゴランドに行っていることになる。しかし、それはあり得ない。コペンハーゲンからレゴランドまでわざわざ出掛けていく観光客の数は一割もいないと思うので、レゴランドに来ている日本人というのは、ほとんどドイツにいる駐在員とその家族ではないかと思う。そうすると、デンマークを訪れる日本人の数は、両方の数字を足して毎年六万人ぐらいはいるということになるのではないだろうか。

クヌーテンボー・サファァリパーク

デンマークの一番南に位置するロラン島のマリボー（Malibo）の近郊に住むクヌート伯爵から昼食のお誘いがあり、勇んで出掛けていった。

マリボーのクヌート家は、ドイツ領メクレンブルク（Mecklenburg）の貴族であるエッガート・クリストファー・クヌート（Eggert Christopher von Knuth, 1643～1697）が一六七七年に当地の領主の娘と結婚して移り住んで来たことにはじまる。クヌート家の領地は一七一四年に伯爵領となり、それとともにクヌート家は伯爵に叙せられた。(2)

デンマークでは、一九一九年の憲法改正によって伯爵領、男爵領という封建的な権利は失われたが、不動産価値の二五パーセントを国に支払い、土地の三分の一を国営農場に提供すれば元の領地を継続的に所有することが認められた（親戚などに寄贈できた）。貴族の多くは全国農家の一戸当

(1)　訪問者統計のとり方がよく分からないが、飛行機で来て、コペンハーゲンから入国する人の数だろう。

たりの平均耕地面積である五〇ヘクタールを大きく上回る数百ヘクタールを現在においても所有する大土地所有者であり、農業に従事している。日本の農業とは、ちょっと事情が異なっている。

一九世紀になって、クヌート家からはフレゼリク＝マルクス・クヌート（Frederik Marcus Knuth, 1813～1856）という人物が外務大臣として輩出されている。その息子のエッガート・クリストファー（Eggert Chrisopher Knuth, 1838～1874）が、四〇〇ヘクタールに上るデンマーク最大規模の英国式庭園をここに造るのと同時に城を建てている。

その後、徐々にこの庭園は全国的に有名になり、各地から見物客が来るようになった。第二次世界大戦後の一九五〇年代には、七〇頭の日本シカが庭に放たれている。このときから「サファリパーク」と呼ばれるようになったわけではない。それは、現在の当主であるアダム・クヌート伯爵（Adam Knuth, 1933～）の決断によるもので

クヌート家の城

あった。

　一九七〇年代以降、アムール虎やラクダ（一こぶのドロメダールではなく二こぶのキャメル。ゴビ砂漠から来た）、キリン、白サイ、リャマ、水牛など六〇～七〇種、一〇〇〇頭にも及ぶ野生の動物たちが、四四〇ヘクタールにも及ぶ広大な敷地(3)で悠々と過ごしている。ちなみに、伯爵の領地そのものはもっと広く、六〇〇ヘクタールほどに上るらしい。

---

(2)「伯爵」のデンマーク語は、「Grev」ではなく「Lens-grev」であり、デンマーク貴族としては最高の地位にあたる。「Grev」はドイツ語の「Graf」、英語の「Count」に相当するので「伯爵」と翻訳することになるが、デンマークでは「Grev」の位は実質のない単なる称号にすぎず、伯爵領という実質を伴うものについては「Lensgrev」（「封土をもつ伯爵」とでも言うべきか）と呼ばれている。ちなみに、伯爵領に認定されるにはそれ相応の面積が必要だった。

(3) 上野動物園は一四ヘクタール。広いと思われる多摩動物園ですら、わずか五二・三ヘクタールでしかない。

車を追いかけるアムール虎

一番のアトラクションであるアムール虎は、さすがに特設の囲いの中にいる。森のなかのあちらにもこちらにも虎がゴロゴロしている光景は、なかなか壮観である。

われわれの車が入っていくと、虎柄に塗られた車が、網に入れた冷凍のウサギを引きずりながら虎の関心を引いていた。二、三頭の虎がざっと追いすがっていく。週に三日、四～五キロの肉を与えているそうなので、この小さなウサギは虎にとってはほんのおやつ程度でしかないようだ。ウサギの一つが水のなかに落ちるのが見えた。水を嫌いな虎が、しぶしぶ水に入って取りに行く様子がなんか微笑ましい。ちなみに、虎に与える肉は基本的に馬やロバやシカの肉で、サファリパークのなかで自給しているということだそうだ。

虎も絶滅の危機に瀕しているが、それはキリンも同じである。サファリパークをはじめたころは種の保存についての国際的な考え方もあまり厳しくなかったため、五種類いるキリンの亜種のなかでの交配が頻発したが、現在はそういうことにも大変気を遣っているという。キリンは伯爵のお気に入りのようで、城で使っている一台の車のナンバープレートが「GIRAF 1」(4)となっていた。

二〇〇七年九月から、アダム伯爵はここの経営を息子のクリストファー伯爵に委ねている。これまでは経営コンサルタントの会社で勤務をしており、日本にも来たことのある若い伯爵はこのときはまだ独身だった。優しい日本の女性にも関心があると言っていたが、もうすでに結婚をしたのであろうか。ひょっとしたら、サファリパークの女主人と同時に伯爵夫人の座を射止める大和なでしこが出るかもしれない！

2 自然

コペンハーゲンの自然科学系博物館

コペンハーゲンにある「自然史博物館」は、もともとは三つの独立した博物館だったものが統合されたために組織としては一つになっているが、実際には、「植物博物館」、「動物博物館」、「地学博物館」という三つの小さな博物館が別々に存在している。

そのなかで見ものは地学博物館である。地学博物館は、宇宙の生成の歴史とそのなかで私たちの地球がどうつくられてきたかを教えてくれる。自然の力は、大陸の移動や火山活動を生み出しただけでなく、生命を育み、恐竜や人間が大きく発展を遂げた。そういったことを分かりやすく見せてくれる展示の仕方が素晴らしいだけでなく、私にとっては、グリーンランド関係の展示物そのものが大変印象的だった。

館内に入ると、すぐに鉄のレールの上に無造作に置かれた大きな石が目に飛び込んでくる。この

（4）デンマークでは、お金さえ払えば好きな文字をナンバープレートに使うことができる。「BETTY」と書かれた車の運転席をのぞいたら、おばあちゃんが懸命に運転していた、なんていうこともあった。

石は、グリーンランド北部のヨーク岬（York）に有史以前に落ちた隕石シャワーの一つだという。「アグパリリク」と名付けられた隕石は、もとは二〇・一トンの重さがあり、ケープ・ヨークで見つかった隕石のうちでは二番目の大きさで、世界全体でも五番目の大きさだという。

一九六三年に見つかったのだが、調査のために切断されたため、現在ここに展示されている石は一五トンの重さということだ。成分は、鉄が八九パーセント、硫黄二パーセント、ニッケル八パーセント、となっていた。このほかにも、たくさんの隕石が展示されていて壮観である。

グリーンランド関係の展示品は、ともかく現実離れしたものばかりだが、その代表的なものが巨大貝の化石である。二つの貝

世界で5番目に大きい隕石「アグパリリク（Agpalilik）」

の三枚の貝殻が化石になっており、グリーンランド北西部のヌーススアク（Nuussuaq）の内陸のチラキツォク（Qilakitsoq）[5]で発見された。最大の貝殻は少なくとも全長一七八センチあり、これまでに見つかったもののなかでもっとも大きいムール貝である。生存していた時期は後期白亜紀、約八三〇〇万年前と考えられている。

もう一つ興味深いものが、魚粘土層を含んだ崖の地層がそのまま標本として展示されていることである。例の白亜紀末の恐竜絶滅隕石衝突説を裏付けるKT境界層[6]だが、現場のステウンス・クリント（Stevns Klint）に行っても素人にはどこに魚粘土層があるのかよく分からないので、この標本は本当にありがたい（二五七ページ参照）。

ステウンス・クリントの地層見本。下のほうの太い黒い線が魚粘土層で、その下が中近代、上が新生代の地層

（5）一五世紀のものと考えられるエスキモーのミイラが七体見つかった所としても有名。

（6）中生代白亜紀と新生代第三期の境目にある地層。多量のイリジウムが含まれており、恐竜絶滅をもたらした隕石衝突の証拠とされる。

グリーンランドのチューレ（Thule）

今回、ちょっとした用事があってグリーンランドに飛んだ。その目的地は、普通の旅行で行く南部のヌーク（Nuuk）あたりではなく、北西部に位置するチューレ米空軍基地である。基地には約八〇〇人の人員が働いているが、その大半がデンマーク人である。彼らの交代などのために毎週一度コペンハーゲンから飛行機が飛んでいるのだが、それに乗っての片道五時間の旅に行ってきた。

コペンハーゲンは曇っていたが、グリーンランドに近づくにつれて雲一つない快晴となった。おかげで、飛行機の上から氷河、氷原が手に取るように見える。シベリアの上を通るときも多少似たような景色に出合えるが、あちらはもう少しなだらかだったように思う。ここグリーンランドは山が険しく、氷河に削り取られている様がよく見える。しかし、海岸線から少しなかに入っただけで地表は一面の銀世界になってしまい、景色と言えるものがなくなってしまった。

飛行機から撮ったグリーンランド

一時間半ほどしたら、島の反対側が見えてきた。海岸沿いになり、氷河が海に流れ込んでいるところが見える。ここまで来ると基地はもう目と鼻の先だ。やがて滑走路が見えてきた。大きく左から旋回し、海側から滑走路に進入していく。飛行場に着けば、タラップから先は歩いての仕事がはじまる。

やはり極北の地は、氷が消えた所から土漠が続き、月の世界でも見ているような殺風景な風景である。仕事とはいえ、こういう所で何か月もあるいは何年も過ごすのには強靭な精神が必要とされそうだ。今回は大変ラッキーで、ここ一〇日間くらい今日のような晴天が続いているらしいが、これは例外的なことで、夏でも半分は雨が降っているということらしい。

四月中旬から八月中旬は白夜。逆に、一一月中旬から二月中旬まではまったくの闇の世界となる。そして、風は時として風速九〇メートルに達する。降雪は少ないが、風に舞い上がった雪で、時としては伸ばした自分の手の先さえ見えなくなるという。ちょっと想像を絶する、過酷な気象条件である。基地のなかでも数マイルの移動が必要なので、移動中の遭難を防ぐために道端の所々に非難小屋が設けられていた。

レーダー基地のすぐ脇から見るフィヨルドは、この

チューレの氷河

世のものとも思えない景色である（前ページの写真）。氷が海に沈む地点まであっという間に行けそうな気がするが、一〇キロはあるという。雄大な景色と透明な空気のために距離感を喪失してしまうのだ。

海のほうに行って、基地の重要な補給ラインである波止場を見てみることにした。波止場の先には小さな氷山が浮かんでいる。右手には、飛行機から見えていたテーブル型の島が聳えている。屋島（香川県）のようでもあるし、グランドキャニオンみたいでもある。

その右手の海岸に沿って家のようなものが何軒か見えるが、これは基地を造ったときに立ち退いてもらったイヌイットの人たちの村だそうだ。もう五〇年を超えているのに取り壊しをしていない。立ち退いた人たちは近在の集落に移住したが、この基地に一番近い村のカーナーク（Qaanaaq）まででもゆうに一〇〇キロはあるという。絶海の孤島のような所だ。このような過酷な所で生活をしている動物もいた。バラックの床下からキツネが一頭ひょこっと現れて、すたすたと消えていった。

帰りがけに、ＰＸ（基地内の売店）でちょっとした記念品を買い求めた。ここに来た証拠になるようにと、チューレの名前入りのマグカップと口をつけて飲むことのできる魔法瓶、そしてアメリカ産のビーフジャーキー。もう二度と来ることはあるまいと思うとともに、何かここに来たことが夢のようにも思えてくる。

白亜の海蝕崖ステウンス・クリント

ステウンス・クリントは、コペンハーゲンから一番近い海岸の絶壁（クリント）である。石灰岩の白い絶壁はドーバー海峡でも見られるようにヨーロッパの北部に広がっているが、ここもその一つである。デンマークの観光名所という点から言うと、もう少し南にあるメン（Møn）島の崖が高さも一二八メートルあって有名である。それに対してステウンス・クリントの高さは最大四一メートルしかないが、海蝕崖は長く七キロも続いている。

このステウンス・クリントは、先ほども述べた白亜紀末の恐竜絶滅隕石衝突説を裏付けるＫＴ境界層のある場所として

ステウンス・クリント（Stevns Klint）

研究者の間では名高い所である（二五三ページ参照）。ここの地層は、白亜紀から第三紀にかけて生成されたが、ちょうどその境界の所に「魚粘土（Fiskeler）層」という黒っぽい粘土層があり、これを調べたところ大変高濃度のイリジウムが含まれているということが分かった。それが、隕石衝突の証拠と考えられた。最初に調査されたのはイタリアのグッビオという所だが、ステウンス・クリントのほうがイリジウムの含有率が大幅に高く、その結果、ぶつかった隕石の大きさもずっと大きいと推計されることになった。

素人にはどこに魚粘土層があるかよく分からないが、二五三ページの写真で言えば、白い崖のなかに横の線が入っている所が暁新世ダニアン期の地層、その下でスカートのように土が崩れているあたりが白亜紀の地層ではないかと思う。そうすると、魚粘土層はちょうどその境界のあたりとなる。崖の下のほうの土ができたころの世界は恐竜の天下だったのに、ちょっと上に行くと恐竜は死に絶えてしまっているのだと思うと少し感慨深いものがある。

海岸から見上げた教会

名高くなったことで多くの地質学者がステウンス・クリントを訪れて、魚粘土層を掘り出しては持ち帰っているようだ。それが原因で（というのは冗談だが）、海蝕にもろい石灰岩の地層の崖が年々後退していっているようだ。

ちょうどこの崖の上に立っているホイヤルップ（Højerup）の教会も、海蝕の犠牲になっている。この教会は一二五〇年ごろに建てられ、漁師の守護聖人である聖クレメンスに奉献されたものだった。海難にあって一命を取り留めた船乗りが、感謝の印として建てたという言い伝えが残っている。また、この教会は、クリスマスの夜になると一歩だけ内陸の方向に動き、海蝕崖から安全な距離を保っているという言い伝えも残っている。しかし、年に一歩では足りなかったようだ。

海蝕が進んで危険になったため、一九一〇年に教会は閉鎖されている。そして、一九二八年三月一六日の早朝、崖が大きく崩れ、墓地の一部とともに教会の聖歌隊席が崩落してしまった。その後、さらなる海蝕と崩落を防ぐ措置がとられたが、教会は聖歌隊席を失った形で修復されている。

コラム ヒンメルビャウ（Himmelbjerg・天の山）

ヒンメルビャウからの眺め

ヒンメルビャウは、標高わずか147メートルの高さでしかないが、長い間デンマークで「一番高い山」と考えられていた。現在ではもっと高い地点が多数見つかっているが、ヒンメルビャウは、少なくとも湖の方向から見た場合には、他の所と比べて一番山らしく見える。19世紀、ある詩人がこの山の美しさを発見したことで時の王が支援することになり、それ以後、デンマーク人にとっては特別の場所になったという。

デンマークで一番高い地点は「メレホイ」といって、標高は170メートル86センチと認定されている。かつては「アイアー・バウネホイ」という所が一番高いというのが定説だったが、1941年になって、「イーディン・スコウホイ」のほうが高いという話が出てきた。しかし、イーディン・スコウホイの頂上には青銅器時代の墳丘があり、この人工的な構造物は計算に入れることができないという考えを権威ある学者が発表したため、アイアー・バウネホイのほうが6センチ高く、デンマークで一番高いということになった。

しかし、2005年2月に再調査が行われた結果、一番高い地点というのが再び移動することとなった。アイアー・バウネホイの頂上部分の60センチは、自然なものではないという調査結果が出たのだ。また、イーディン・スコウホイの頂上も再調査され、高さを減らされている。その結果、9センチ差でトップに躍り出たのがメレホイだった。

1	メレホイ（Møllehøj）	170・86メートル
2	イーディン・スコウホイ（Yding Skovhøj）	170・77メートル
3	アイアー・バウネホイ（Ejer Bavnehøj）	170・35メートル
4	リンビャウ（Lindbjerg）	170・08メートル

標高170メートル以上の所は以上の4か所で、これらはみなユトランド中部の丘陵地帯にある。

第5章

日本・デンマーク関係の見どころ

ランゲリニエの桜

1 伝統文化

日本空手協会(JKA Danmark … Shotokan Cup 2007)

二〇〇七年一〇月二七日、記念すべき第四〇回目の「Shotokan Cup 2007(松濤館杯)」が開催された。

日本の武道にはさまざまの分野があるが、デンマークでは空手がダントツに人気を博している。正確な数字は分からないが、関係者の話を聞くと、全国では万を数える人が空手をやっていると言われている。これに続くのが柔道や合気道だが、こちらのほうはおそらく一桁、二桁下の数字になるのではないかと思う。

空手にはさまざまな流派があって部外者には分かりづらいが、デンマークで一番古く、一番組織としても大きいのが、日本空手協会のデンマーク支部である「JKA Danmark」(以下、JKA)だ。そのJKAの一番の実力者が日本空手協会七段のブラ先生で、彼はJKAの世界連盟の理事も務めている。

簡単な開会式のあとにすぐに競技がはじまるのかと考えていたが、どうやら大間違えであった。和太鼓の演奏グループである「生動太鼓《せいどうだいこ》」が賑やかに場を盛り上げたあとに入場行進がはじまり、各支部のプラカードを掲げた選手が入場してくる。館内の設けられた道場の上に乗りきらず、いくつかの支部は床に立って開会式にのぞむことになった。日本とデンマークの国歌演奏で開会式がようやくはじまり、デンマークの若者が日本語で選手宣誓を行ったあと、四〇周年記念ということでデンマークの女の子たち一〇人が浴衣もどきを着て、太鼓の伴奏とともに何と「東京音頭」を踊った。

ひとしきりざわめいたあと、一二、三歳の女の子の型と組み手の本選がはじまった。本選には、開会式の前に行われた予選に勝ち残った選手が参加することとなっており、それぞれの階級ごとの参加者は四人のため、準決勝と決勝が行われることになる。一二、三歳の男の子のグループでは、小さいトルコ系の男の子が見事に突きを決めて優勝した。

この間、審判も選手も話す言葉は日本語である。オリンピックの競技になってしまった柔道の姿を思い出しながら、日本の伝統の国際化について思わず考えてしまった。

伝統的な美術がオリンピック競技となって欧米の人たちの言

開会式に入場した選手団

いなりになってしまうよりは、日本の伝統を維持し、日本の土俵に外国の人たちも参加してもらうことのほうがはるかにいいと私は思う。相撲や空手をわざわざオリンピック競技にする必要はない。柔道はもうこの先、日本から遠ざかっていくばかりではないだろうかと、ふと思ってしまう。

野球にしても同じであろう。オリンピック競技にと頑張るよりも、そんなことには無関心なアメリカのほうが偉いと思う。大リーグに外国選手をひき付けてさえおけば、野球はいつまでもアメリカのものなのだ。オリンピックに取られて、訳の分からない連中に多数決で換骨奪胎《かんこつだったい》を図られてはたまらないだろう。

ＪＫＡは立派な本部道場ももっていて、競技人口数でも分かるように大変盛んである。日本の学校で『君が代』が忌避《きひ》される傾向があるなかで、デンマークの子どもたちが起立して『君が代』に襟を正している姿を見て、将来、空手もデンマークのほうが強くなるのではないかという気持ちに襲われてしまった。しかし、それもいいではないか……と思う。

男子12、13歳クラスの決勝

コペンハーゲン囲碁クラブ

二月三日、四日の週末は、コペンハーゲン囲碁クラブでトーナメント大会があったので、ちょっとのぞいてみた。昔、ウィーンの囲碁クラブに行って、自称二段のお兄さんに挑戦して完膚なきまでにやられたことがあったので、今回は低姿勢で行くことにした。実践で碁を打ったのは、記憶にないくらい昔のことである。下手なコンピュータの石を全部取ることだけを楽しみにときどき遊んでいる昨今の自分の実力は、推して知るべしである。

行ってみると、夕闇迫るフレデリクスベアの駅近くの建物の一角に囲碁オタクたちが集まっていた。やはり思った通り、一人の女性を除いては男ばかりである。それも、三〇歳前後の理科系とおぼしき若者がほとんどだった。東洋系の自称三段と、クラブの会長である自称元六段にお相手をしてもらい、しかるべく置かせてもらって、しかるべく負けた。

コペンハーゲン囲碁クラブは、一九七八年に現在の会長であるフランク・ハンセン氏と囲碁好きの友人が集まって立ち上げたそうだ。現在、七〇～八〇人くらいがメンバーとなっており、トーナメントなどに参加するのは三〇人ほどらしい。コペンハーゲン囲碁クラブのほかに、デンマーク国内にはオーフス、オーゼンセ、リングステズとコペンハーゲン北方の四か所に定期的な活動をしている地方クラブがある。国全体では、有段者が二五人くらいいるという話であった。といっても、ヨーロッパのなかではそれほど囲碁が盛んな国とは言えない。近隣の国ではドイツ、オランダあたりが強いらしく、さらに最近はロシアやルーマニアなどの旧社会主義諸国が強いということであった。

五月の初めにはデンマーク・カップを争っての試合があり、男女の優勝者は日本で行われるアマチュア世界選手権に招待されるという。数学者でもあるハンセン会長も、かつては何度も選手権に出たらしいが、歳をとってからというもの力が落ちて、最近では若い人の後塵を拝している。

懇親会に行ってみると、やはりコンピュータ関係の仕事をしている人が多い。みんな有段者かと思って恐る恐る話をしてみたら、私の両脇にいた二人はほとんど初心者ということだった。一人は、「コンピュータのボードゲームに挑戦している間に碁にはまってしまった」と言う。まだ、クラブに来てから二か月しか経っていないということだった。もう一人も「一〇月にはじめたばかりで五級だ」と言っていた。彼は、はじめて早速J-POPCON（のちに詳述）に行って、囲碁教室で碁を教えてきたそうだ（決して、学んできたのではない）。もちろん、彼だけでなくみんな『ヒカルの碁』[1]のことはよく知っていた。

それはともかく、みんな結構分かりづらい英語を話す。どうも、英語だと思って聞いていると、なかにデンマーク語が混じっているようだ。一人だけ英語が上手で、ちょっとほかと違う雰囲気を漂わせている建築家がいたが、よく話してみたらカナダ人だった。

一年経って、二〇〇八年のトーナメントに行ってみた。去年よりはいい写真が撮れたので、ここに追加しておく。今年の参加者は二一人。会長のハンセンさんが急遽学会でアメリカに飛んだので、参加者のなかで一番強い人と言えば三段格の三人である。あとはがくっと下がって三級になり、一番の初心者は二一級だった。ハンディつきで対戦し、初日、二日目ともに三戦して、その総合ポイントで競うのだという。この日、三連勝して三ポイントとった人が四人ほどいた。

　ちなみに、段や級は、日本棋院のような権威のある組織からもらうのではなく、ネット碁を参考にして自分たちの相対評価で与えているという。しかし、二〇〇七年の世界選手権に出場したデンマーク代表は一七位だったというので、そのレベルはなかなかのものだと思う。

　去年の顔ぶれと重なるのは三分の一くらいだろうか、若い学生が結構多い。何でも、以前はベテランの強豪だけのクラブだったらしいが、それでは若い人が入って来ないので、最近は開かれたクラブにするようにしているらしい。『ヒカルの碁』の影響でマンガ好きの子どもたちの間に碁が知れわたったのを機会に、四年前からは「J-POPCON」にも行って碁のレクチャーをしているということだった。声を掛けてみたイェンスも、マンガ好きの友達から借りた『ヒカルの碁』で碁が面白くなり、イギリスに留学している間に学生の囲碁クラブをつくって碁を楽しんでいたそうだ。

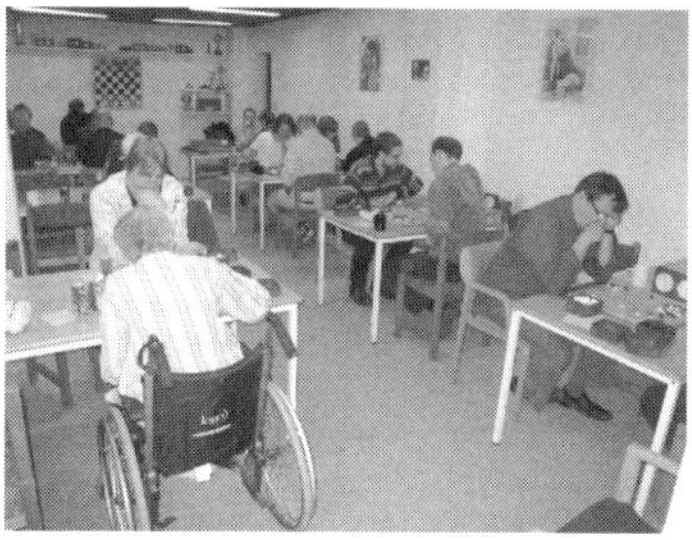

碁会所

（1）ほったゆみ原作、小畑健漫画、女流棋士である梅沢由香里監修による、囲碁を題材にした日本の少年漫画。

それにしても、ほとんどが理科系の男たちばかりである。去年は女性が一人いたのに……今年はゼロ。建築、ナノ材料、ソフトプログラミングなど、エンジニア系のコンピュータ好きが多いところは、インターネットをはじめたころのネット族と同じ感じがする。

ネットと言えば、ほとんどのメンバーがネット碁をやっているらしく、ネット碁から碁の世界に入ってクラブに来る人もいるようだ。ネットとマンガを入り口にして碁に入って来るというのは、本当に今の世の中を反映しているような気がする。

戦いのあとは「東京レストラン」で懇親会となった。畳に座って、すき焼きをつっつく。すき焼きくらいはみんな知っているだろうと思いきや、少なくとも私の周辺に座った人たちは全員が初体験だった。思わず鍋奉行兼給仕係をやってしまった。それにしても、みんな箸の使い方は上手である。豆腐をそっとつかんで、鍋から取り出すという動作も簡単にやってしまう。生卵も、「サルモネラ菌が危ないんだよね」と言いつつも、みんな平気で食べてしまっていた。

コペンハーゲン桜祭り二〇〇八

四月二六日は、人魚姫の像のあるランゲリニエの岸辺で、葉桜をバックに「コペンハーゲン桜祭り」が開催された。アンデルセン生誕二〇〇年を記念して、日本のアンデルセン・ベーカリーの寄付で植樹された二〇〇本の桜の樹の所に集まり、日本の伝統行事であるお花見と洒落よう、そしてついでにいろいろと楽しんじゃおうというイベントである。

祭りは二六日と二七日の週末二日間だが、コペンハーゲンは二週間ほど続いた好天がそろそろ終わり、デンマークらしい曇天と強風と雨が交替でやって来る空模様になりつつあって天気が非常に心配された。しかし、テルテル坊主がたくさんつくられたようで、その念力の甲斐あってか、二六日は早朝こそ曇っていたが昼が近づくにしたがって日が差してきて、午後には見事な晴天となった。それとともにお客さんも大勢集まり、ピーク時には約八〇〇〇人、延べで言うと約四〇〇〇〇人が来ていたのではないかと思う。

そのなかでも異彩を放っていたのが、芝生の真ん中に陣取った若者たちのコスプレ・グループである。コスプレと言うのは実は正しくなく、「ロリータ」と「ゴスロリ」の集団である。聞いてみると、「デーニッシュ・ロリータ」というグループで、ときどき集まっているのだと言う。若い中高生が主流だったが、幹部はもうちょっと年上のお兄さんお姉さんたちで、よく見ると幹部連中は少し離れて固

桜祭りの会場

まっていたので分からなかっただけで、彼らはほとんど私の知り合いばかりだった。若者たちが芝生の真ん中に集まってわいわいやって結構長逗留していたので、何となく華やかな感じが漂っていた。

お祭りは、コペンハーゲン名物となった生動太鼓の演奏からはじまった。その後、ステージでは、次々と空手、柔道、合気道などの演技が披露された。

その間に、周辺に設置された一七軒の屋台では、日本のお祭り会場で見かけられる伝統工芸の職人さんたちが、飴、針金細工、江戸刺繍、木彫り、凧、独楽といったものをつくって、それらを売ったり、子どもたちを遊ばせたりしていた。現地参加の和紙細工もあれば、キティちゃんの飴をつくってもらって得意げに見せて回っている子ど

デーニッシュ・ロリータのメンバー達

もも見かける。お茶のグループがする野点《のだて》にも、体験したい人がたくさん集まってきて、とにかく盛況だった。それに、どこも若者が多いのが嬉しい。

お客さんが持ち帰ることができるものは、有料無料を問わず大変な人気となっている。珍しい飴細工などは（値段が二〇クローナ［約四四〇円］で安すぎたかもしれない）長蛇の列となり、職人さんはトイレに行く時間もないくらいだ。某航空会社や政府系のブースも、パンフレットやちょっとしたグッズなどが引っ張りだことなっていた。高知県のブースなどは、ランチ前だというのに、用意したお土産は配り切ってしまっていた。みなさん、嬉しい悲鳴を上げることになった。

ＩＰＣ(2)のダイナミックなダンスのあと、ステージ上では、たくさんの日本人とデンマーク人が参加した着物ショーが行われた。振袖だけでなく、訪問着や浴衣などさまざまな種類の和服が披露され、短い時間ではあったが着付けも披露された。そして、最後は盆踊り。朝の一〇時から夕方の五時まで終始盛況だった。

二日目もまあまあの天気。朝の礼拝のあとは、結構な大入りとなった。二日間合わせると、少なくとも五〇〇〇人のお客さんが来たものと思われる。レストランは昨日だけで二日分のネタを使い切っていたため、今日はカレーや焼きそばの代わりに中華饅頭だった！

（2）（The International People's College）一九二一年にコペンハーゲンの北郊に創立されたフォルケホイスコーレ。国際理解と国際平和への貢献を目的としている。清水満著『新版　生のための学校』新評論、一九九六年参照。

穴窯を愛している焼き物師たち——ホルナ（Horne）

グレゴリーは、デンマークの北端に近いホルナという集落にある古い駅舎で陶器づくりに励んでいる。彼はアメリカ人だが、益子で焼き物の勉強をしたことで穴窯に惚れ込むようになり、このデンマークの地で自前の窯を造って焼き物づくりをしている。

奥さんは文化人類学者で、グレゴリーが焼き物の勉強をしている間、彼女は松島湾の海苔栽培漁師の生活についての研究をまとめていた。現在は、仕事で飛び回っているのは彼女のほうで、彼は息子三人の世話をしながら焼き物づくりをしている。もちろん、彼もずっとここにいるわけではなく、二〇〇七年五月にも日本に長期間出張して、展示会と販売に勤しんできた。

その彼が、同じく穴窯で作品をつくっている仲間をアメリカ、ドイツ、イギリス、スウェーデン、ノルウェー、スペインなどから一四人も呼び込み、六月二四日から八月の二六日まで、近くにあるベアグルム修道院で展覧会を行うことになった。そして、その一四人がグレゴリーの家に集まって、合宿をしながら展覧会用の作品を制作することになった。もちろん、すでにある二つの窯では足らないので、急きょ二つの窯を造って焼き上げることになった。

土曜の夜に行ったときには、二つの窯がまだ焼いている状態で、残りの二つが火を落として冷めるのを待っているところだった。総勢二〇人くらいの合宿生活、広い家とはいえ大変な騒ぎになっていた。奥さんは喧騒を避けてイギリスに出張してしまったらしく、グレゴリーの弟子のヤネが母親代わりもやっていた。たくさんのお客さんのいる前で、栃木県益子で活躍した陶芸家の濱田庄司（一八九四〜一九七八）の作品をはじめとした数々の秘蔵の器を見せてもらった。

窯出しを見ようと、翌日に再訪した。肝心の穴窯は、まだ熱が高すぎて作品が取り出せないという。しかし、ソーダ釉を使った別の窯から作品を取り出しているところに出合えた。窯にはヤネが火を入れたそうだが、造ったばかりの窯で癖が飲み込めていないためかなかなか窯の温度が上がらなかったようで、思ったような結果があまり出ていないと言う。でも、ヤネがたくさん焼いていろいろ試してみたというカップは、なかなか可愛らしい形をしていた。

その横に並んでいた小ぶりの茶碗ともぐ

のんびりとビールを味わっているみんな

い飲みとも思える器が気に入っていじっていると、作者のデールが来て「あげる」と言う。遠慮しつつ、もらってしまった。手にしっくりとなじみ、土台ががっしりしているよい器だ。家に帰って冷やした「八海山」を注いで飲んでみると、今までデンマークではまずいと思っていた八海山がとても美味しく感じられた。

やはり、このような器はデンマークではなかなか売れないらしく、展覧会の成功を願うばかりである。どうしたらプロモーションができるか、いろいろな策を練ってみたい。来年はドイツのマルクスの家で合宿するという計画らしい。ランツフート（Landshut）に近いという、マルクスの所にも行ってみたくなった。

ニコライ・バーグマンの花の展覧会

東京あたりでしゃれた生活をしている人だったら、ニコライ・バーグマン（Nicolai Bergmann）という名前は常識なのかもしれない。デンマーク出身の、いまや有楽町や六本木ヒルズ、そして東京ミッドタウンにも店を構えている売れっ子のフラワーデザイナーである。二〇〇四年に女王陛下が日本を訪問された際には、六本木ヒルズの店にも訪問されている。

たまたまわが家にも、彼のヒット商品のフラワーボックスがある。日本人の感性をくすぐるヨーロッパの香りが、小さな箱からあふれ出てくる。そのニコライ・バーグマンが、日本生活一〇周年を記念して、故郷のデンマークで展覧会を開催した。会場はフレデリクスベア公園の一角にあるブレンサーレン[3]という建物で、その前の庭にも大型の作品が展示されている。展覧会は三月七日から九日までの三日間で、前日の夕方にオープニングの式典があった。

庭と室内であわせると数十もの作品が展示されているが、それぞれがとても凝縮したデザインと豊かな色彩で自己主張しており素敵で、それに面白い。バーグマン氏とスタッフで、これだけの数の作品を数日で仕上げたという。雪や雨もちらちら降ったり、強い風も吹いたりしていただけに、結構大変な作業だったと思う。

私はバーグマン氏の大型の作品を見るのは初めてで、若干誤解があったのかもしれないが、事前に聞いていたことからすると和洋の折衷的な作品なのかなと思っていた。しかし、実際に見ると、これはまぎれもないヨーロッパ文化のコンテキストのオブジェだった。

草花を密集させ、マスとして扱うことが多い。また、単純な幾何学図形、シンメトリー、均一なリズムなど、フランス庭園にも通ずるヨーロッパ的なデザイン感覚が貫かれている。自然の心を再現しようとする日本的な感覚とは異なり、人間の考えで自然を再編しようというヨーロッパ的な感覚が見て取れる。

（3）（Brønsalen）一八八五年に建てられ、ここに湧いていた泉にちなんで「ブレン（泉）サーレン（広間）」と名づけられた。展覧会や音楽会に貸し出されている。

その結果、一連の作品から受けた印象は、何となくヌーベルキュイジーヌ[4]やそれに刺激を受けた新ヨーロッパ的スタイルの食事の盛り付けと通ずるところがある。「日本から刺激を受けた」と言っても、ヨーロッパ人の日本解釈というのはこういうことになるのかもしれない。ともあれ、生け花と比べると一つ一つの作品に圧倒的な量の花を使っているので、素材だけでもお金がかかりそうだ。また、日本風か洋風かという話とは直接関係ないが、深紅の素材がさまざまな造形に多用されていて特別な雰囲気を醸し出していた。

バーグマン氏本人に、「日本的なものから受けた刺激はどの程度作品に反映されているのか」と聞いたところ、「五〇パーセント以上、日本の影響がある」という話だ

プレンサーレンの前庭に飾られた作品。孔雀は作品とは無関係

った。具体的なことは聞かなかったが、彼が日本的なものから受けたヒントはいろいろあるだろうが、それがストレートに表現されているわけではなく、彼が消化し、解釈した形で再現されているのだと思う。

もう一つ、別に聞いたわけではないが、マネキンのスカートを花でつくるというのもヨーロッパには伝統がないので、菊人形あたりからヒントを得たのじゃないかと思った。竹を組み合わせてつくったアーチに花をあしらうという造形も、草月流あたりから想を得たのかもしれない。

しかし、私が日本人のため、西洋人が日本的だと思う表現をしていてもそこに気付かないのかもしれない。単純な幾何学的ラインも、私が見ると西洋的と思ってしまうのだが、西洋人が見ると日本的なミニマリスムなのかもしれない。

日本で大成功を収めているバーグマン氏は、今までデンマークでは活動してこなかった。今回の展覧会は、母国での活動をはじめたいという意志表示でもあるのだろう。オープニングの翌日にも行ってみたが、多くの見学客が来ていた。幸先はよさそうだ。

(4)（Nouvelle cuisine）一九七〇年代以降盛んになったフランス料理の新しい傾向。伝統料理に比べて、新鮮な素材を生かし、味付けを軽く繊細にし、盛り付けの美しさを重視している。日本の懐石料理に影響を受けているとされる。

オレロップ体育アカデミー（Gymnastikhøjskolen i Ollerup）

自分の無知を暴露するような話だが、デンマークに来るまで「デンマーク体操」というものがあるとは知らなかった。こちらに来てからデンマーク体操の発祥の地であるオレロップ体育アカデミーを知り、その日本との関係の深さに驚いた次第である。

詳しいことはさまざまな資料があると思うのでそちらに譲るが、日本ではまず二〇世紀の初めにアメリカから導入された体操が教えられるようになり、やがてスウェーデン体操が取り入れられ、一九三〇年代になるとデンマーク体操が主流を占めるようになった。

デンマーク体操は、ドイツ体操、スウェーデン体操と並んで「世界三大体操」と言われているそうだが、健康を促進するという目的を共通にし、互いのよい点を取り入れた結果、最近では大きな差異がなくなっているという（いずれにせよ、門外漢の私が判断できる話ではない）。

ともあれ、そのデンマーク体操の確固たる地位を築いたのがニルス・ブック（Niels Ebbesen Mortensen Bukh, 1880～1950）であり、一九二〇年、彼はオレロップ体育アカデミーを創立した。そのニルス・ブックのデンマーク体操に共感したのが玉川学園の創立者である小原國芳《おばらくによし》（一八八七～一九七七）で、学園創設二年後の一九三一年に、ブック以下二七名の訪日団の招請を実現した。この訪日団の大成功により、デンマーク体操は玉川学園をはじめとして日本各地に広がった。われわれがよく知っているＮＨＫのラジオ体操も、淵源をたどればデンマーク体操になるという。

一九七五年になり、オレロップ体操高等学校の訪日団が再び日本を訪れた。現在のウッフェ・ストランビュ（Uffe Strandby）校長はブック校長から数えて四代目だが、この第二回目の訪日のときに団員として参加したと言っていた。もう、三〇年来の日本との関係となる。

オレロップ体操高等学校は、現在も玉川学園をはじめとして多くの日本の学校、そしてデンマーク体操愛好家の人たちとの間に活発な関係が継続している。オレロップに勉強に来る日本の若者はひきもきらない。健康志向の体操をしている人たちが集まる場合には、北欧とドイツ、そして日本というのが主要メンバーになるとも聞く。まあ、健康のために体操をするというのは、快楽追求的な南欧の人たちにはフィットしないというのも分かる。それにしても、日本人は何でも貪欲に吸収するものだ、と感心してしまう。

そのオレロップの学校の、新しい施設の杮落《こけら》としに

オレロップ体操高等学校

参加した。たくさんの学校の支援者たちと一緒に在校生の歌声を聴き、優秀な卒業生のエリートチームが行う演技を見せてもらった。学校のなかでトレイニングをしている姿から多少なりと想像できたが、エリートチームの演技を見ると、肉体能力を発揮する宙返りや力技に加えて、いわゆる「体操」という言葉でイメージする枠にはまらない、モダンな音楽に乗ってグループで行うコンテンポラリーダンスを思わせるような演技が主要な部分を占めていた。私がデンマーク体操という言葉を理解する前に、デンマーク体操のほうがずっと先に行ってしまっている感じがする。

いずれにせよ、演技を見ると、集まってきた地元のお客さんたちと一緒に楽しむ、お祭りのようなスポーツなのだなという印象が強かった。歯を食いしばって勝ち負けや記録を競うスポーツでなく、「楽しいスポーツが好き」というのはとてもデンマーク的だと思う。

「カリブの海賊」という愉快な演技

2 ポップカルチャー（マンガ・アニメ）

マンガ・アニメに代表される日本のポップカルチャーは、一九九〇年代頃から、フランス、イタリア、スペイン、ドイツといった順番でヨーロッパの若者たちの間に浸透していった。デンマークは多少遅れたが、二〇〇四年、二〇〇五年くらいから、隣国ドイツのテレビ放送やインターネットを通じてアニメに親しむ子どもたちが目立つようになってきた。

私がデンマークに住んでいた間、二〇〇六年にはマンガの年間出版点数が一〇〇を超え、また「J-POPCON」というアニメ、マンガ、ゲームなどの日本文化が大好きな若者のファンクラブやゴスロリ・ファッションを楽しむグループの活動も急速に拡大し、コスプレを中心にしたイベントも盛んになりつつあった。

私の働きかけで、二〇〇七年からはデンマークも毎年名古屋で行われる「コスプレ世界サミット」に参加できるようになり、同年三月には、世界サミットに向けた最初の予選会が開催された。ここでは、そういったデンマークでのイベントの熱気をお伝えしよう。

コスプレ世界サミットのデンマーク予選

三月一七日、ついに世界コスプレサミットのデンマーク予選が開催された。

デンマークに来てすぐ、アドリアンをはじめとするJ-POPCONの幹部メンバーに、「こういうことがあるよ」と誘いをかけた。それじゃあ、と言って会長のアドリアンが、二〇〇六年一一月に開催されたJ-POPCONの定例のフェスティヴァルの席で、二〇〇七年の世界コスプレサミットに参加するために二〇〇七年の春に予選会をする、と決意表明をしてくれた。それから四か月弱の準備期間で、よくここまで……と感無量である。世界コスプレサミットのホームページでも、三月九日、ついに「世界コスプレサミット二〇〇七　新参加国決定！　世界コスプレサミット一一か国目の参加はデンマーク！」という発表があった。

これまで、ヨーロッパからはフランス、イタリア、スペイン、ドイツという四つの大国だけの参加となっていたので、人口規模でその一〇分の一にも満たないデンマークからの参加は画期的と言える。J-POPCONのメンバーは、「僕らはまだまだ世界で競争してもかなわないよ」と言っていたが、秘かに牙を研いでいたようだ。

大体、デンマーク人は何でもほどほどに努力してたくさん楽しむという性格なので、マンガ・アニメのフェスティヴァルでも楽しいことは楽しいが、コスプレの完成度からすると、彼らが自認するように世界の最高レベルに張り合うのはちょっときついかもしれない、という感じではあった。

それが、この四か月の間にみんな偉く頑張ったのだ。会場も今までのフェスティヴァルの会場ではみすぼらしいということになり、ケーゼルハレン（Kedelhallen）という場所を見つけ出してきた。大きいホールには、デンマーク語でアニメソングを歌う田辺とおる(5)のために、立派なステージだけでなく立派なスピーカシステムまでが設置された。そして、彼らの意気込みなのだろうか、いつものフェスティヴァルとは違って参加のレイヤーさん（コスプレイヤー）も、厳選された一〇チームのペアに絞り込まれていた。

どんなコスだったか、と言うのは万言を尽くすよりも写真を見てもらいたい。優勝者はトリニティ・ブラッドのコスプレで、コスチュームの完成度がほかの参加者を大きく引き離していた。もちろん、それがデンマーク代表に選ばれた主な理由である。しか

（5）（1961～）横浜出身のキャラクターバリトン。ドイツや日本でオペラ歌手として活躍するほか、アニメソングをドイツ語やデンマーク語で歌う。

予選会が終わった後に勢ぞろいで記念写真

し、ほかの参加者も頑張っていた。とくに、日本語で上手に歌を歌うチームがたくさんいてびっくりした。

代表二人には本選での活躍を期待しているが、それだけでなく、日本に行って東京や名古屋の街を見て、日本人や日本の文化に触れ、さらには各国の代表たちと交流し、そこで得たエネルギーでデンマークのアニメ・マンガ・ゲームファンの世界をもっと広げる弾みをつくってくれることを願っている。

J-POPCON 2007

二〇〇七年のJ-POPCONは、一一月二日（金）～四日（日）に行われた。前年と違うことは、コスプレ用に主会場から離れた「コルスゲール・ハレン」という大きな会場を借りたこと、プログラムをつくったこと、日本のアニメ関係者をゲストに呼んだこと、世界コスプレサミットの予選会がプログラムに含まれたこと、と大きく言って四つほどの違いがあった。切符を買ったのが一二〇〇～一三〇〇人、延べ入場者数は三〇〇〇人くらいではないか、というのが主催者側の話だ。

われわれが協力したプログラムには、ゲストとして招待されたガイナックスの社長の山賀博之氏とイラストレータの貞本義行氏が一緒に答えるセッションと、読売テレビのエグゼキュティヴ・ディレクターの諏訪道彦氏の動画を使ったプレゼンがある。さらには、この三人が一緒になったパネル・ディスカッションも行われた。

ガイナックス・チームは、最初から質問を受けて立とうというやり方。どこからでもかかって来い、という気合の山賀氏と、考え込んで一つ一つ答えていく貞本氏が対照的だった。諏訪氏はリラックスして、コナンや犬夜叉、結界師などの映像を使いながら、楽しんでプレゼンをしていた。やはり、こういうセッションに来るのは、子どもたちというよりはちょっと歳をくったインテリオタクたちなので、質問もなかなか細部に入っていく。

コスプレ用に使ったコルスゲール・ハレンは、最大三〇〇〇人くらいが入る会場だが、かなり埋まった。階段に座って見る連中、二階から見る連中、遠く離れた床にくつろぎながら参加する連中など、ベルビューの会場に比べると、やっとコスプレを大勢で楽しむ体

オランダのバンドと貞本氏（左）、私、諏訪氏（右）

制ができた感じだ。

前座として、J-POPCONと仲良くしているオランダのファンクラブの推薦でアニメソングを歌う四人のバンドが演奏をする。このヴォーカルの女の子が、ブラストのナナの雰囲気でなかなかよかった。今日ステージに上がったなかで一番可愛かったかもしれない。四人でブラストのコスプレということで――ドラムは髪を剃らないといけないが⁉――コスプレサミットに参加したら面白いのに、と思う。でも、残念ながらコスプレサミットには二人組みしか参加できないし、オランダは参加を認めてもらっていない。

前座に食われてしまったけれど、コスプレに参加したのは全部で三一組。名古屋に行くのは、翼クロニクルで参加した二人だ。代表に決まったときには嬉し泣きに泣いてた。二人のうちフリルのたくさんついたドレスを着ている娘は、「ヴィナ」と言って、大使館の文化イベントにも中学生の妹のタチアーナとよく参加してくれている。

見ていると、デンマークのテレビで唯一放送されているナルトは、やはりコスをするグループも多い。雲型の模様のついたガウン姿で

優勝カップル

桜蘭高校

出て来るチームが多いので、何だか同じものを持ち回しているような印象になる。ほかには、桜蘭高校ホスト部の水色の制服を演じたのが二組。これは、たくさんで出て来て楽しそうだ。去年は元気にナルトを演じていたタチアーナも、今年はホスト部！　スウェーデンからの参加チームもホスト部！

3　日本人を助けたクヌッセン機関長 (Johannes Knudsen, 1917～1957)

一九五七年二月一〇日、折からの強風の吹き荒れる和歌山県沖で助けを求める日本漁船があった。通りかかったデンマークの貨物船エレンマースク号は、船員の救助に全力を尽くしたが、悪天候に妨げられ救助活動は思うようにいかず、果敢に海に飛び込んで日本人船員を助けようとしたヨハネス・クヌッセン機関長も命を失ってしまった。

困難をものともせず救助活動に邁進し命を失ったクヌッセン機関長に対し、日本人は大変感銘を受け、国をあげて感謝の念を表した。とくに、クヌッセン機関長の遺体と救命ボートが打ち上げられた和歌山県では、日の岬に記念碑を建て、救命ボートも保存し、以来毎年慰霊祭を催し、慰霊碑には地元の人々の手で毎日新しい花が供えられてきた。

二〇〇六年の夏、デンマーク赴任を控えて挨拶に行った私に対し、和歌山県選出の二階俊博衆議院議員（当時は経済産業大臣）は、翌二〇〇七年はクヌッセンの英雄的行為から数えて五〇周年になるので、この機会にクヌッセン機関長の故郷であるデンマークのフレデリクスハウンに機関長の記念館を造ろうと提案された。私は、デンマークに赴任して早々、そのアイデアをもってコペンハーゲンから五時間車を飛ばし、ユトランド半島の北端にあるフレデリクスハウンにセアンセン市長を訪ねた。そして、話し合いの結果、フレデリクスハウン市のバングスボー博物館（Hangsbo Museum）に付属する海事博物館にクヌッセンを記念するコーナーを設けるということで意見の一致が得られた。

著名な観光名所であるバングスボー博物館にクヌッセンの記念コーナーができれば、フレデリクスハウンの市民だけでなく、ここを訪れる多くのデンマーク人や近隣のヨーロッパ諸国の人たちがクヌッセンの英雄的行為を知り、五〇年経っても感謝の念を忘れない日本人の真心を知ることになるということで、セアンセン市長も私もこの案に大賛成だった。

和歌山にあるクヌッセン像

この合意を受けて、話はとんとん拍子に進んだ。クヌッセンの甥や姪からは、クヌッセンの遺品が続々集まってきた。エレンマースク号の船主である海運会社マースク社も、五〇年の昔に遡って会社の記録を徹底的に調べ上げ、クヌッセンの情報を集めた。

バングスボー博物館は、集まってきた資料を整理し、素晴らしい記念コーナーをつくった。和歌山県は、日の岬にあるクヌッセン機関長の胸像のレプリカを作製し、これが記念コーナーの展示の中心になった。また、記念コーナーの製作と並行して、フレデリクスハウン市は、クヌッセン機関長が幼年時代を過ごした家に、そのことを記した金属プレートを付けることを決めた。

こうやって記念コーナーの準備が着々と進む一方、セアンセン市長からは、せっかくの機会だから、記念コーナーのオープニングにあわせてフレデリクスハウン市で日本文化祭を行ってもらいたい、という要請が出てきた。このセアンセン市長の提案は、

（左）クヌッセン機関長の墓石。日の岬の沖で亡くなったこと、勲五等双光旭日章を授賞されたことが記されている。（右）クヌッセン機関長が子どもの頃に住んでいた家と取り付けられたプレート

クヌッセン記念コーナーの開設を、クヌッセン機関長の遺徳を顕彰するだけで終わらせず、未来に向けて和歌山とフレデリクスハウンとの交流を発展させるよい出発点にするためにも大変よいアイデアだと考えられたため、日本側としても全面的に協力することになった。

そして、和歌山県から、県や日高町、美浜町などから三〇人ほどの代表団がフレデリクスハウンに赴き、二〇〇七年八月一七日にバングスボー博物館でクヌッセン機関長記念コーナーが除幕された。記念コーナー序幕に先立ち、和歌山県の一行はクヌッセン機関長のお墓にお参りし、幼年時代の家のプレートの除幕式も行った。クヌッセン機関長の記念コーナー除幕式には、機関長の甥や姪八人が出席し、さらにその子ど

バングスボー博物館の本館

もたちが多数参加した。そして、日高町から来た獅子舞が除幕式を華やかに演出した。

また、市の音楽ホールで行われた日本文化祭では、茶道教室、寿司料理教室、和太鼓演奏、武道の演武、日高町の獅子舞、ジャズ演奏、絵本朗読会、ピアノ演奏会といった多様なプログラムが行われ、多くのフレデリクスハウン市民が日本文化の一端に触れることができた。私も『もちもちの木』、『注文の多い料理店』、『百万回生きたねこ』の三冊の絵本の絵をスクリーンで楽しみながらデンマーク語の朗読を聴くという催しで随伴音楽の演奏に参加し、平井元喜さんの作曲したオリジナル曲をヴァイオリンの安井優子さんとのデュエットで世界初演をする光栄に浴した。

挨拶するセアンセン市長

記念コーナーの開設は、これからの和歌山とフレデリクスハウン、さらにはデンマークとの間の友好、交流の出発点になることが期待される。友好交流関係を発展させてこそ、クヌッセン機関長の尊い犠牲に報いることになる。これから、たくさんの日本の人がフレデリクスハウンを訪問し、バングスボー博物館にある記念コーナーを訪れ、クヌッセン機関長の幼年時代の家を見て、さらには日本人のために命を落とした彼のお墓に参ってもらえること、そしてそこから新たな日本とデンマークの友情と交流がはじまっていくことを願っている。

4 食べ物

養豚農場の見学――ブレンスホイゴア（Brønshøjgård）

二〇〇六年九月一七日の日曜日は、デンマークの農業委員会主催でデンマーク全国六〇あまりの農場が「農場開放デー」を行った。デンマークに来て早々だが、年に一度の機会なので、コペンハーゲンに一番近いブレンスホイゴアの養豚農家にお邪魔することにした。

事前に場所を確認していて驚いたのは、いつも使っている普通の道路地図に一軒一軒の農場の建物の形と、公道から農場に至るアプローチ、そして農場の名前が記載されていたことである。考えてみれば、たとえばこのブレンスホイゴアの農場は二〇〇ヘクタールもあるそうだから、道路地図に個別記載されてもおかしくはない。この大農場のうち、一二五ヘクタールをマリアンヌとラルス・ヨンソン夫妻が三人の助手とともに経営し、残りは近所の農家に貸しているということである。夫妻には、下からヤコブ（九歳）、サラ（一三歳）、カトリーナ（一六歳）の三人の子どもがいる。

見学に来た子どもたちは、ポニーやトラクターに乗ったり、藁の遊び場で楽しんでいる。ちょっとした遊園地のような騒ぎだ。他方、大人のアトラクションは、やはり養豚場の見学と農家の手づくりの食事である。玄関脇に貼ってあった手づくりの会場見取り図を写してきたので、ここに載せておく。

ブタの飼育するには清潔なことが大前提となるのでなかなか難しいと聞いていたが、ここでは、見学したい人は誰でも豚舎に入ることができる。豚舎に入る前に、このとおり白いつなぎで頭から足までをすっぽりと覆い、足は靴ごと覆い込むビニールの靴下のようなものをはいて顔だけを出す。何やら宇宙服のようだ。こういった衛生服も、何百人という人が着れば大変な金額になると思う。たぶん、公的な支援が出ているのだろう。また、豚舎の外には、バイオによるアンモニア排出削減・空気洗浄のパイロットプラントもあった。「最新のデンマークの養豚を見せる」と豪語していたことも、うなずける。

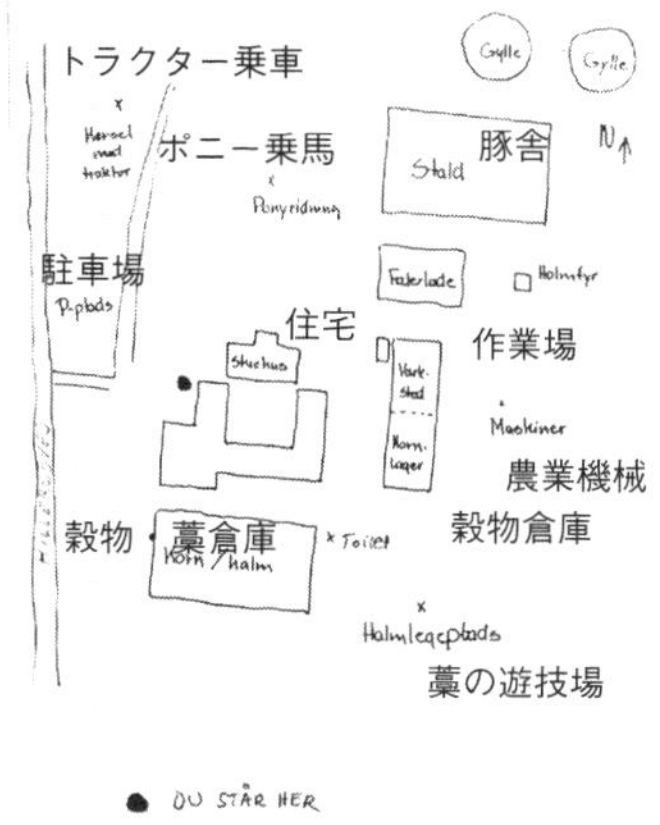

（上）会場見取り図。（中）エサ用の藁で遊んでいる子どもたち。
（下）衛生服を着て見学を待つ人たち

豚は生まれたばかりのような体長三〇センチくらいの小型のものから、でっぷりと太った出荷直前のものまで、年齢に応じてそれぞれ別々の檻に入れられていた。人が寄っていくと、目をこちらに向けて何だかものを思うような視線を向けてくる。短い一生をこの檻の中で暮らすのかと思うと、やはり何となく可哀想になってしまった。

それでも、豚舎の見学のあとは、作業場へ行って手づくりのハンバーガーをいただく。なかには、皮付きのブタのローストが入っている。加えて、ちょっとスパイシーな味付けの焼肉が試食できるようになっていた。出てくる肉は、当然みんな豚肉である。

豚の生産について説明しておこう。母豚が約三三〇頭いる分娩豚舎がここから一キ

豚舎には、こういう大きさの檻が全部で100ほどあった

ロほど離れたメズケアゴア（Mødekærgaard）にある。母豚一頭から、年に平均二六頭、全体では八五〇〇頭の子豚が生まれている。子豚は、メズケアゴアで五週間ほど育てられてからブレンスホイゴアに送られる。その飼料は、大麦、小麦、大豆、ミネラル、ビタミンとヤシ油である。トウモロコシは、飼料として与えられていないようだ。

そして、約三〇キロになったところで四五パーセントがほかの農家に売られ、そこで肥育される。残りはブレンスホイゴアで約一一〇キロになるまで育てられ、リングステズ（Ringsted）にあるデーニッシュ・クラウン屠畜場に送られる。そして、そこから日本にも輸出されるというわけである。

デーニッシュ・クラウン（Danish crown）

日本とデンマークの貿易を見ると、日本の輸入は輸出の三倍ほどあり、日本の大幅入超となっている。こんなことはEU諸国のなかでもデンマークくらいだと思うが、そのデンマークの対日輸出の半分が豚肉である。豚肉といっても、スーパーなどで見ることは少なく、ほとんど（八五パーセント）が加工用としてハムやソーセージの製造会社に直接納入されている。

その豚肉の輸出を行っているのが、「デーニッシュ・クラウン」という協同組合である。デンマークは早くから農業協同組合が発達した国で、デーニッシュ・クラウンのもとになった協同組合形式の豚の屠殺場も、最初のものが一八八七年にホーセンス（Horsens）に設立されている。一九七

デーニッシュ・クラウンの対日輸出統計

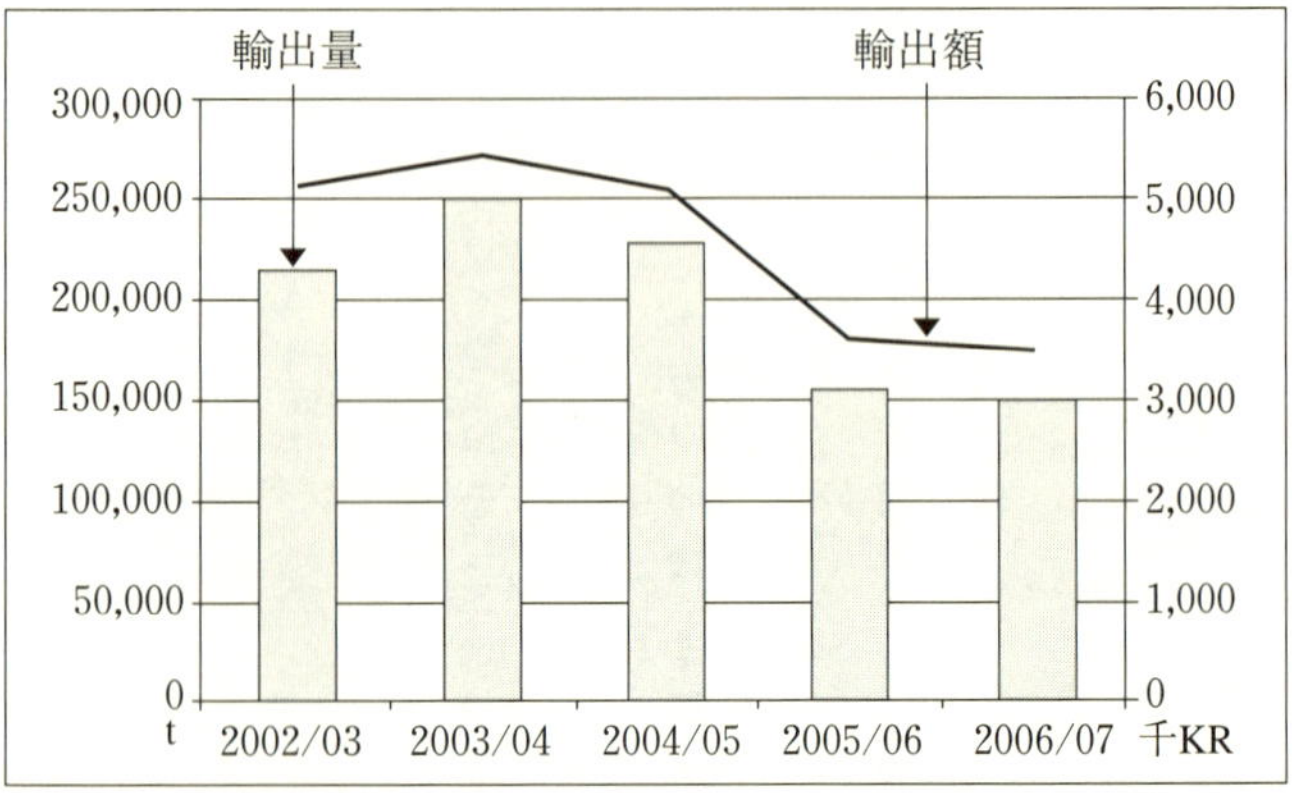

出所：デーニッシュ・クラウン

〇年代になると、それまでにできた小規模な屠殺場が統合され、販売や製品製造の力をつけていった。現在、デーニッシュ・クラウンは、元からあった協同組合形式の屠畜場のほぼすべてを傘下に収めており、組合の会員一万三五〇〇軒、従業員二万五〇〇〇人を数える大会社となっている。

デーニッシュ・クラウン自体は豚や牛の生肉の製造までを行っており、加工は「チューリップ（Tulip）」（次項を参照）などの傘下の会社が行っている。年間に屠殺する豚は二〇〇〇万頭、牛は四〇万頭という天文学的数に上っている。

もうちょっと数字を挙げてみると、売り上げは年間に約六〇億ユーロ（約一兆円）に上るが、輸出はその九割近くとなっている。二〇〇六／〇七年のデーニッシュ・クラウン・グループの輸出先の最大手はイギリス（三〇パーセント）で、これにドイツ（九パーセント）が続くが、日本も八パーセントを占めており、E

U域外ではアメリカ（七パーセント）を抑えて最大の輸出先となっている。

日本の輸入を見てみると、BSEで牛肉の消費が落ち込み豚が食べられるようになった二〇〇三年から二〇〇四年にかけては、輸入量が二五万トンにまで増えた。BSE騒ぎが一段落した二〇〇五／〇六年以降は減少してきており、二〇一〇年は一三・四万トンで、輸入先としてはアメリカ、カナダに次いで第三位となっている。

日本の輸入肉の部位だが、ロースとヒレが全体の六割近くを占め、これにバラ（二〇パーセント）と肩（一二パーセント）が続いている。国によって輸入部位に大きな違いがあり、最近デーニッシュ・クラウンが輸出をはじめた中国大陸などは、足と耳だけとなっている。数字だけ見ている分には、「そんなものか」ということである。

このデーニッシュ・クラウンの最大の屠畜場であるホーセンスの工場を見学してきた。病院のように清潔だが、豚と消毒薬が混じったような特殊な臭いが一面に立ち込めている。ひしめきあっている豚の群れが次々とガス室に押し込められ、CO_2のショックで失神したところを逆さ吊りになって喉首をかき切られるという部分を見ただけで、かなり元気を失ってしまった。アッという間に死体になった豚は、仰向けになった形で生産ラインを運ばれたのち、両足で逆さに吊るされ

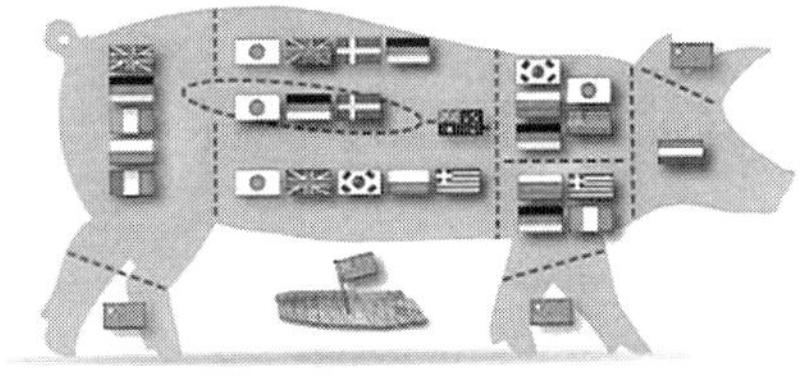

豚の部位ごとの輸出先のポンチ絵会
出所：デーニッュ・クラウン

たまま内臓を取られ、徐々に解体されていく。

国からも一〇〇人を超える監視員が来ていて、万全の品質管理をしている。そういったなかを、人間の手をあまり必要としないオートメーションの機械で豚が次々と解体され、部位ごとにまとめられていき、最後はダンボールの中に注文にあわせて適当量がパッケージされ、それがまとめられて大きな荷物となる。

あまりのことに写真も撮ってこなかったが、実はデーニッシュ・クラウン自体でホーセンスの屠畜場の様子を事細かに写真入で解説しているページがあるので、そちらを見てもらいたい。もちろんデンマーク語だが、写真だけでも十分に様子が分かる。

デーニッシュ・クラウンは、世界で二番目、ヨーロッパでは最大規模の豚の屠畜会社だそうだ。また、ヨーロッパ一の肉加工会社であり、世界で最大の肉輸出会社だという。ここホーセンス（週に八万五〇〇〇頭屠畜）以外にも、以前に見学した養豚農家が納入しているリングステズ（週に五万八二〇〇頭屠畜）など、最新鋭の屠畜場があちこちにある。

日本だったら供養のための塚があったり、ときどき供養のためにお坊さんを呼んできたりするのだろうが、ここデンマークではそういうことは一切ない。

土曜日のホーセンスの目抜き通り

チューリップのランチョンミート

沖縄に行ったとき、本土ではあまり見かけないランチョンミートがスーパーの棚いっぱいに並んでいて、またその種類が大変豊富だったことに驚かされたことがあった。そのうえ、その多くがチューリップ印のもので、デンマークの王冠と王室御用達の文字が麗々しく記されていた。

その記憶があり、デンマークに来て機会を得たので、沖縄で見たランチョンミートがつくられているチューリップ社のヴァイレ（Vejle）工場まで見学に行ってきた。

チューリップ印は、他に先駆けて、一九一二年に商標としてデンマークで使われはじめた。チューリップにしたのは、単に当時の社長の趣味で、オランダとは無関係ということだ。一九九八年には、デンマークの食肉業界の巨大コンツェルンであるデーニッシュ・クラウンの一〇〇パーセント子会社となった。ただ、デーニッシュ・クラウンの本体は生肉しか売っていないので、加工製品は傘下の四社が地域別に製造販売を行っている。

チューリップ社の工場

そのうち三社はイギリス、アメリカ、ポーランドに特化しており、日本やデンマーク本国も含めて、大半の国は「Tulip Food Company」の担当地域となっている。

チューリップ社の対日輸出の大半はランチョン・ミートと冷凍ソーセージで占められている。チューリップはデンマークを中心に一〇の工場をもっているが、そのうちヴァイレの最新式工場では缶詰製品が中心（九三パーセント）となっている。チューリップ社の全体の生産は、昨年で三〇〇〇種、一七・二万トンに上るが、ヴァイレ工場はその二六パーセントに当たる四・三万トンを製造した。そのうち、四〇〇〇トンがランチョンミートで、冷凍ソーセージは九〇トンとなる。

他方、冷凍ソーセージのほうは、ソーセージ・パン用にアンデルセン・グループに納入しているということだった。ここでも納入先の厳しい要求があり、ソーセージの長さが揃い、曲がっていないことが大切なので、通常の羊の腸に詰めるのではなく、特別につくったプロテインの膜に材料を詰め込んでいるということだった。さらに、最終製品に異物が絶対入らないように、一本一本アンリツ社

韓国用のギフトセット

ほぼ無人の製造現場

（Anritsu）製のX線監視器のチェックを経て燻製に回しているという。そのほかにも、日本の厳しいマーケットのおかげでトヨタ式の経営の大切さを学び、現在では社内で「Kaizen」もやっているという。何となく、日本という国の普通ではないところを感じてしまう。

ちなみに、チューリップ社全体の売り上げに占めるアジア市場の割合は四・七パーセントで、その大半が日本となっている。ただし、ヴァイレ工場だけを見ると日本のシェアは一二パーセントになり、三〇パーセント近くになるイギリスに次いで世界で第二位の地位となる。なお、缶詰はデンマーク国内ではほとんど消費されないので、ヴァイレ工場について言えばデンマーク市場のシェアはほぼゼロとなっている。肉製品の輸出国であるデンマークだが、国内の肉製品の品揃えは実に貧弱である。

もともとアメリカの進駐軍の文化であったランチョンミートをなぜデンマークがつくることになったか、という質問をしてみたら、「沖縄の富村商事のおかげだ」という答が返ってきた。どうも、沖縄の人にとっては、ランチョンミートは外国のものではなく、沖縄の製品をたまたま外国に委託生産しているにすぎないということのようだ。新製品のテストなども沖縄ペースで、毎月二〇～三〇くらいの新しい製品テストを試作し、そのうち二、三を沖縄に送ってチェックしてもらっているという。最近のヒット商品は「うす塩味」だと言う。なるほど、一年ほど前に行ったときは「適塩」というのが主流だったように記憶しているが、ますます「塩少な目」が好まれているということのようだ。

せっかく工場見学に行ったので、いくつかの沖縄向けの製品をいただいてきた。ＣＥＯのエネヴォルセン氏が「面白いものがあるよ」と言って見せてくれたのが、韓国向けの「ランチョンミートのギフトセット」だった。オリーブ味らしきランチョンミートの大小の缶詰が二個ずつ入った化粧缶には、アンデルセンの写真とアンデルセンのイラスト、さらにはアンデルセンの童話から三枚の絵が印刷されていた。

韓国人のアンデルセン好きも日本人と変わらないようだが、チョコとかクッキーはともかく、生臭いポークの缶詰に「みにくいアヒルの子」といったアンデルセンの童話や肖像画を見るのは、私としては何となく違和感を感じてしまう。ともかく、韓国ではランチョンミートは贈答品なのだ！

「吉野家」の牛サケ定食のサケはデンマークから来ている

牛丼の「吉野家」で出されている「牛サケ定食」のサケを出荷している会社がデンマークにある、というのでシェラン島の西海岸に出掛けていった。着いてみると驚いた。夏にふらっと訪ねたレアセで、しかもそのときに食事をしたテークアウトの魚屋が入っていた建物がその会社だった。このとき、建物の一階をのぞいてみても誰もいなかったが、それも当然のことだった。サケの出荷時期は魚卵が成熟するこの時期の二か月くらいだということで、今日は、魚工場は活況を呈していた。

この会社は「ムスホルム・ラクス社（Musholm Lax）」と言い、一九七九年に設立されている。

事業は順調に拡大していったが、一九八六年にヨーロッパのスモークサーモン市場が大不況に陥り、ムスホルム社も大変な困難に陥ったようだ。ようやく事業が回復したのは翌々年になってからで、それには日本との関係が幸いした。

一九八三年、ヘンリク王配殿下の出席のもとに日本で行われたデンマーク海産物輸出キャンペーンに参加したことがきっかけとなり、ムスホルム社はイクラの対日輸出をはじめた。その後、サケ・マス価格の乱高下やチリ、ノルウェーの市場参入による変化などを経ながら、ムスホルム社は業態を変えながら事業を拡大していった。そして、二〇〇五年に設立者のマルムバック・ケルセン（Malmbak Kjeldsen）が引退し、その持ち株を日本の「オカムラ食品工業」が買い取った。現在は、オカムラが過半数を持つ株主で、ほかにムスホルム社のたたき上げの社長であるニルス・ダルスゴー（Niels Ebbe Dalsgaard）と、ムスホルム社の取引先でもある「ヤーネ海産（Hjarnø Havbrug）」のアナース・ペーダーセン（Anders Pedersen）が株式を所有している。要するに、人的には創業者の跡を受けてダルスゴーが発展させてきた会社だが、資

魚工場の７月の様子

本的にはオカムラの子会社ということになる。

そのムスホルム社は、現在、ニジマスの一貫養殖を行っており、その製品を日本をはじめとしてロシアなどの中東欧諸国、フランスなどの西欧に売っている。採卵や稚魚の育成はユトランドのほうで、成魚にまでの肥育はレアセの南にあるムスホルム島のあたりで行い、捕った魚の処理はレアセの港にある工場で行っている。ストアベルト（シェラン島とフュン島の間の海峡）は、公海よりも若干塩分濃度が低く約二・五パーセントで、これがニジマスにとっては絶好の塩分濃度なのだそうだ。

日本との関係は、大別してサケの身と卵の輸出である。サケの卵はここで採卵され、選別され、マイナス四〇度に冷凍されて日本に輸出されている。その作業のために、日本からこのシーズンになると二か月間だけ職人が派遣されてくる。やはり、外人に任せておけない仕事のようだ。

最近は年に五〇〇トンも輸出されているそうだが、その行き先は東北と北海道にかぎられており、オカムラ食品工業でスジコに加工されて市場に出ている。青森の駅前市場で売られているのが

オカムラ食品工業の岡村恒一社長

ムスホルム社のダルスゴー社長

全体の四割くらいとのことだが、東北や北海道の人たちは「デンマークの筋子は美味しい」ということを知っていて、通常のものより値段が高くても飛ぶように売れてしまって、東京あたりに回ってくるものはないそうだ。

他方、サケの身のほうは、きれいに内臓を除去されてから大きさごとに分けられ、重さ二・五から三キロという中庸の大きさのものが日本に輸出されている。どのように輸出されているのかというと、冷凍されたものがまずベトナムのホーチミン市近郊にあるオカムラ食品工業の加工工場に送られ、そこで切り身にされ、焼かれたうえでパッキングされて日本に送られ、吉野家の牛サケ定食などに使われているそうだ。吉野家に納入するサケは年間で七〇〇〇万食、主に東京とその周辺で使われている。

なぜ、いろいろあるサケ・マス類のなかでニジマスを養殖しているのかというと、ニジマスが北米からヨーロッパに導入されてからはすでに二〇〇年が経っており、その飼育のためにさまざまな経験が積み重ねられているからだ。ムスホルム社としては、養殖の難しい種類を扱うというリスクは冒したくなかったということであった。ニジマスの卵は、日本でイクラとして食べる白サケの卵などよりも小粒なため、イクラとしての消費、とくに軍艦巻などへの需要はあまり望めないが、上述のように、東北や北海道ではデンマーク産の筋子が大人気なのだという。

他方、日本からは白サケを年に三〇〇トンほどヨーロッパに輸出していて、かなり好評だそうだ。これも、北海道産のものが冷凍でベトナムに運ばれ、切り身に加工されてからムスホルム社の手でヨーロッパに売られている。ベトナム人の器用さと低賃金がベトナムで加工する主な理由だが、加えて、ベトナムの官庁の許認可行政のスムーズさも貿易の好条件として挙げられる。

デンマークのなかにもムスホルム社のサケは出回っているそうなので、今度魚屋に行くことがあったらチェックしてみたい。もっとも、ダルスゴー社長に言わせれば、デンマーク人は豚や牛の肉食中心で魚のことはよく知らないらしい。

マーケットとしてはフランスやロシアがずっと重要で、ロシアの取引先からは輸送用のトラックが直接工場に来て、持っていくそうだ。そういえば、ムスホルム社にはウクライナ人の女性セールスマネージャーもいた。魚体の大きさで言うと、ロシア人は大きければ大きいほどよいし、フィンランドでは原型のまま温かいスモークサーモンをつくるため、小さいサーモンの需要があるという。ちょっとしたところでお国柄が出る。

現地の新聞記者が数人取材に来て、日本との取引内容や日本での食べ方などを聞きながらシャッターを押していた。最後に、「じゃあ、ここにあるものを試食してみたら?」とすすめたが、みんな尻込みをして誰一人として手を出そうとしなかった。ダルスゴー社長が、「ここらの人間は田舎モンなんで、仕方がないんですよ。スシも、聞いたことはあるが食べたことがない。海草を食べるなんて、想像すらできないんですから許してやってください」と、すまなそうに説明していた。

今年の年末の贈り物は、デンマーク産の筋子とサーモンにしよう。オカムラ食品工業の子会社の「ポート」が、インターネットで販売をしている。

スケアラク・グループ——デンマーク最大手の水産会社

ヒルツハルス（Hirtshals）にあるスケアラク・グループ（Skagerak Group）は、五〇〇人の社員を抱え、年間一億二〇〇〇万ユーロの売り上げを計上しているデンマークで最大手の水産会社である。国別では、日本が最大の輸出先になっている。

スケアラク・グループの創業は一九三〇年で、現在のイバー・エスパーセン（Iver Espersen）社長は二代目となる。日本に輸出するようになってから二五年、最初の間こそ、いろいろと難しい要求に対応することに苦労したと言っていたが、「そのおかげでいろいろなことを学び、自分たちの仕事の質を上げることができた。ともかく、契約までは大変だが、契約に漕ぎ着ければそれから先はすべてがスムーズに行くのが日本人との商売だ」と言っていた。日本との商売で一番大切なことは信頼関係、スケアラク・グループにとっては、それは「魚の品質保証」、「供給保証」と「トレイサビリティー」の三本柱からなっている。

日本との商売はサバからはじまった。現在は、サバのほかにニシンのバラコ、各種のサーモン製品が輸出されている。バラコというのは何に使われるのかと思ったが、松前漬けなどに少量入れられるだけでなく、むしろ、これを数の子の形に整形して売られるということだった。他方、サケの腹の身も、日本に輸出される特殊な製品となっている。輸出には、もちろん、デンマーク最大手の「マースク社」のコンテナ船が使われている。日本では大阪、札幌、そして築地の市場に直接届けられて取引に回されている。日本の顧客とは大変安定した取引関係ができているという。

スケアラク・グループの商品は、全体としてはニシン、サバ、サーモンが三本柱で、エビなどの甲殻類も扱っている。ニシンはEUとノルウェーとの漁業交渉によって決まる北海と北部大西洋漁場の漁獲枠からデンマークの割り当てが決まり、そこからスケアラク・グループの取り分が決まる。今はデンマークの枠のなかで最大の二七パーセントを得ているが、他社を合併することにより、ニシンだけでなく会社の経営全体の規模の拡大を図っているという。大きくならないと競争に生き残れないというのは、漁業の世界でも言えることらしい。ちなみに、ニシンは、バラコのほかは日本には輸出されていない。マリネされたニシンの輸出先として大口なのは、ドイツやポーランドとなっている。

サーモンを手にするクリスチャン

ニシンやサバなどの遠洋漁業用に使っている漁船は、スケーエンのカルステンセン造船会社（Karstensen Skibsværft）で造られた最新鋭の巾着・トロール兼用漁船で、社長の話によれば、日本の友人もこんな船が欲しいと言っているそうだ。漁船の乗組員は、その大半がフェロー諸島の出身者だということだった。漁労はフェロー諸島の住民の伝統であり、優秀な人材が揃っている。

他方、サーモンは、すべてがノルウェーで養殖されているアトランティック・サーモンである。大西洋のタラの漁獲枠がずっと減ってきて、タラでは商売ができなくなってきたときに養殖のサーモンが登場してきた。スケアラク・グループでは、サーモンは有望魚種として力を入れている。ヨーロッパ内での輸出先はドイツ、フランス、スペインが大口となっている。

ちょうど、数十億円を投資してサケの加工用の新しいラインができあがったばかりのところで、その調整をしているところを見せてもらった。まだいろいろと調整箇所があるようだが、サケを三枚におろし、頭と尾をカットし、背と腹の余計なところをカットし、中骨を除いてパッケージするところまで、ほとんど人力を用いずに機械だけで処理できるようにしてある。やはり、デンマークの高レベルの賃金を考えると自動化は避けて通れない。

スケアラク・グループは、社長以下、オーナー・ファミリーのやる気や気迫がもろに伝わってくる会社である。日本の取引先との間では、お互いに苦しいときに助け合ってきた、これからもずっと信頼を維持してビジネスを続けていきたい、と強い決意を示してくれた。食料品、なかんずく魚の仕入れで世界中で買い負けている日本というのが最近の図式だが、そんななかで、この決意表明は嬉しいかぎりである。これからは、サバ鮨やサーモンにぎりを食べるときには、エスパーセン家の面々のことを思い出して感謝せねばなるまい。

チキンのロースト

クリームソースが添えられている。味わいはとても軽く、繊細だった。フランス料理のソースのような重さがまったくなく、ほのかな塩味、乳製品の味、それによく分からない種類のスパイスが味付けに使われていた。イカも新鮮で、ただのイカのソテーかと思っていただけに、その意外性に驚いてしまうぐらい美味しかった。

魚の次は肉で、チキンのローストが出てきた。ホースラディシュ風味のマヨネーズが味をぴりっと締め、チキンに乗せられたキイチゴの酸味と新鮮さ、それと同じくらいの大きさのマメやクルトンなどの歯触りが驚きを呼ぶ。その上、泡立てた卵の白身があしらわれた見栄えもなかなかのものである。ただ、軽く炙ってじっくり蒸されたチキンは、全体がふんわりと弾力に富んで強めのはんぺんという感じで、もう少し強い肉の歯応えと風味が欲しかった。

デザートは、クリーミーなチーズのムースに薄焼きのクッキー。チョコパウダーが飾りとして振りかけてあり、レモンなどが隠し味で入っていて美味しい。その後は、コーヒーとともにチョコが出てきたが、そのカップはジョージ・イェンセン風のものであった。

「美味しい、美味しい」の連続で料理レポートとしては芸がないが、デンマークでこれまでに食べた食事のなかではダントツに美味しかった。あくまでも軽く、淡白で繊細なところに強い自己主張があり、日本人好みの味と言える。店は「ノルディック・グルメ料理」を目指しているそうだが、その結果は、伝統的なデンマーク料理とは似ても似つかないものとなっている。何かの料理に似ているというよりは、まったく新しい方向を進んでいると思えるような品々であった。

ディナーは Noma《ノマ》で

これまでに行ったレストランのなかでダントツに素晴らしかった店がここ。場所は、クリスチャンスハウン内にある倉庫街の突き当たり。同じ建物の中にグリーンランドの代表部などが入っているが、周りは殺風景な所だ。ただ、古くからのレンガ造りの建物を利用しているうえに、近くには運河もあるので趣は十分。

夜のメニューは７皿のコース料理が標準だが、昼はその中から魚と肉とデザートの３品が選択できる。２品だと220クローナ、３品だと290クローナとちょっと高めだが、ワインをグラス程度にしておけば、３品を注文しても400クローナ（約１万円）ぐらいでどうにかなる。

座った途端に出てきた奇怪な料理に、まず驚かされた。ウエイターに聞いてみると、手前のものは干したタラの皮、右は揚げ物だが、飴色っぽい何かの魚を干したものでピリッと辛いスパイスがまぶしてある。ポテトチップ以外はすべて海産物、それも店の売り言葉のように「北欧の産品だ」と言う。この揚げ物、結構こくがあって美味しい。

次に出てきたのは、コース料理には含まれていない付き出し。これがまた奇妙というか、食べたことのないものだった。ライ麦パンと真ん中がクリーミーなチーズ、そしてライ麦の粉でつくった「スノー」だ（ウエイターの説明を私が理解したとしてだが）。これが単なる粉ではなく、それこそサラサラした新鮮な雪を食べるような感触で、口の中でさくっと崩れて融ける感じとともに冷たさがあった。クリーミーなチーズと一緒に食べると、口の中で融ける味わいは絶妙であった。

さて、ここからがようやくコースメニューとなる。最初はイカを中心とした海産物とカブやマメなどが入った野菜のソテー。コリコリした歯ざわりの黒っぽいパンのような塊が撒き散らされている。素材のコンビネーションの鮮やかさは抜群で、それにちょっとした

Strandgade 93 1401 Copenhagen K
TEL：＋45 3296 3297

あとがき

デンマークから遠く離れ、東アフリカの赤道に近いダルエスサラームの海辺に立つと、白いサンゴ礁のビーチ、青い空にギラギラ輝く南洋の太陽は、デンマークとは対極的である。しかし、デンマークは、キリマンジャロ山やセレンゲティの野生動物に代表されるタンザニアに対して、ある意味で、日本よりもずっと強い結び付きをもっている。

デンマークは、ニエレレ大統領のもとでアパルトヘイト廃絶に向けた戦いのリーダーシップをとっていたタンザニアに対し、独立当初から多大なる支援をしてきた。現在も、デンマークにとってタンザニアは最大の援助先国の一つであり、タンザニアにとってデンマークは主要援助国の一つとなっている。今世紀になってからも、人口四〇〇万人しかいないデンマークが行った対タンザニア援助は、ほとんどの年で日本を凌駕している。タンザニアに対する日本の援助額がサブサハラ四八か国のなかで最大であるにもかかわらず、である。

援助だけではない。デンマークの多くの観光客が、明るい太陽と自然を求めて東アフリカにやって来る。あるとき、タンザニア南部の海岸の辺鄙《へんぴ》な場所のロッジで、痩せた背の高いデンマーク人オーナーに会ったことがある。彼の話を聞いて、暑くても寒くても、「自然」と「海」というのがヴァイキングの子孫にとってはなくてはならないものなのだと悟った。デンマーク人たちは、便利な都会よりも、質素な田舎の生活に安らぎを感じるようだ。

振り返って、デンマークの国土は、柔らかな日差しが差し込める夏でこそ牧歌的でメルヘンさを感じさせるが、一年の大半の時期は、風が吹き付け、暗い厳しい自然のなかにある。デンマーク人は、その厳しい自然を拒むのではなく、自然の厳しさ自体を愛し、華美や過剰とは対極の質朴な美しさを生み出した。

デンマークにいたころ、ヨットが趣味のデンマーク人に「夏と冬、どちらが好きか」と聞いたことがある。多くの人が、「穏やかな夏のクルージングよりも、雲が垂れ込め、手が凍ってしまいそうな冬の海のほうが好きだ」と答えたのには驚いた。デンマーク人は、あくまでもヴァイキングなのだ。

そして、ヴァイキングたちは、共同体のなかのことは全員が平等に責任をもって考え、実行していき、一度「これ」と考えた信念はかたくなに守り抜いていく。アフリカに対するかかわり方も、環境に対するかかわり方も、生活スタイルに対する信条についても、一貫して頑固とも言える自己主張がある。それも、デンマークを見るときの一つの側面だし、質朴な美しさというものと対になっていることはまことに自然である。

日本に行ったことのあるデンマーク人に聞くと、東京などの大都会の喧騒のなかに新しい領域を切り開いていく日本に魅力を感じている人もいるが、それよりも、日本の豊かな自然のなかに古くからの伝統を伝える町や村のほうに日本らしさを感じる人のほうが圧倒的に多かった。このような気持ちは、デンマークの国の造りに表れているのではないだろうか。デンマークには、現代の物質文明に汚染されていない街や村があちこちにあり、それぞれが古代や中世の王様や騎士の不思議な話を伝えている。そして、デンマークの人たちは、ヴァイキング以来の共同体的意識をもち、自然に対しては、これと共生する方途を探っている。

このようなデンマークの魅力のいくばくかを本書によって知ってもらうことができ、ひょっとして、この本を片手にデンマークの田舎を巡ってみたいと思う人が出てきたら、著者としては望外の喜びである。

私は、二〇〇六年から二〇〇八年にかけてのデンマーク在勤時代、「コペンハーゲン便り」というウェブサイトをつくり、デンマークのさまざまな美しい場所を取り上げ、そこにある歴史や文化、あるいは食べ物などの紹介をしていた。このウェブサイトが東海大学の福井信子教授の目に止まり、教授の推薦をいただいて新評論から本として刊行する話が実現することとなった。その意味で、福井教授はこの本の生みの親とも言える方であり、この場を借りて深く感謝申し上げたい。また、新評論の武市一幸社長には、細切れの材料を一つの本にまとめあげるために多大なる努力を払っていただいたこと、改めて御礼を申し上げたい。

正直言って、もとのウェブサイトは、まず記事を書く現場に行って、そこで撮った写真を出発点に文献を調べ、人の話を聞き、テキストを書き、写真を中心にウェブサイトのレイアウトを考えてテキストの長さも決める、という作業をしてつくったものだった。それを、活字中心に分かりやすい本に編集し直す作業は意外に難しく、著者としても結構困難を感じ、武市社長にもひとかたならぬご苦労をかけたと思う。ただ、紙幅の関係で、ウェブサイトの内容を半分以下に縮めたため紹介できなかったこともたくさんあり、残念さが残っている。

改めて原稿を読み直しつつ、静かなデンマークを回想している。そのうち暇になったら、六月、七月のよい季節にまたデンマークに行って、レンタカーを借りて田舎をのんびりと旅してみたい。この本を読んだ方と、どこかのデンマークの片田舎でふとお会いできることを楽しみにしながら。

岡田眞樹

二〇一二年　春　　タンザニア・ダルエスサラームにて

【マ】
マグヌス（Magnus, 1106～1134） 母方がスウェーデンの王族であったため、一時スウェーデン王となる（在位1125～1130）が、後継王となるスヴェアカ1世に駆逐された。……26, 86
マリーエ王妃（Marie af Hessen-Kassel, 1767～1852） カール・ヘッセン＝カッセル方伯の長女。デンマーク王フレゼリク6世の妃。……70,
マリー・カヴァリエ（Marie Agathe Odile, Princess of Denmark, 1976～） ヨアキム殿下の二番目の妻。結婚してマリーエ妃。……79
マルグレーテ1世（Margrete I, 1353～1412） デンマーク、ノルウェー、スウェーデンの3国を実質支配し、カルマル同盟を成立させた。当時は女性の王位継承は認められていなかったので正式には女王になったわけではないが、女王として扱われ「マルグレーテ1世」と呼ばれる。……29, 38, 40, 84, 88, 96, 112, 128, 134, 154
マルグレーテ2世（Margarethe II, 1940～） デンマーク女王（在位1972～）……49, 51, 67, 72, 73, 75, 76, 82, 84, 212, 274

【ヤ】
ユリアーネ・マリエ王太后／王妃（Juliane Marie af Braunshweig-Wolfenbuttel, 1729～1796） フレゼリク5世の2番目の妃。ストルーウンセ退けたあとに実権を握る。……65, 131, 150
ヨアキム殿下（Prins Joachim, 1969～） デンマーク王家の次男。……72, 76, 78, 79

【ラ】
ルイ太陽王（Louis XIV, 1638～1715） フランス国王（在位1643～1715）。ブルボン朝最盛期の王。……48
ルイーセ妃（Louise af Hessen-Kassel, 1817～1898） オレンボー家最後のデンマーク王フレゼリク7世の従妹。グリュックスボー家初代のデンマーク王クリスチャン9世の妃。……68

……29
フリードリヒ3世（Friedrich III, 1415～1493）ハプスブルク家の神聖ローマ皇帝（在位1452～1493）……89
フレゼリク1世（Frederik I, 1477～1533）デンマークおよびノルウェー王（在位1523～1533）。オレンボー家の始祖クリスチャン1世の息子。ハンス王の死後、甥のクリスチャン2世が家臣により退位させられるとフレゼリク1世として王位に就く。……41, 90, 123
フレゼリク2世（Frederik II, 1534～1588）デンマークおよびノルウェー王（在位1559～1588）……30, 47, 48, 55, 90, 125, 142
フレゼリク3世（Frederik III, 1609～1670）デンマーク＝ノルウェー王（在位1648～1670）……38, 41, 43, 57, 74, 92, 93, 152
フレゼリク4世（Frederik IV, 1671～1730）デンマーク＝ノルウェー国王（在位1699～1730）……73, 94, 142
フレゼリク5世（Frederik V, 1723～1766）デンマークおよびノルウェー王（在位1746～1766）……63, 65, 68, 150
フレゼリク6世（Frederik Ⅵ, 1768～1839）デンマーク王（在位1808～1839）……65, 69～71, 147
フレゼリク7世（Frederik VII, 1808～1863）オレンボー家最後のデンマーク王（在位1848～1863）。……63, 64, 67, 68, 71, 98
フレゼリク8世（Frederik VIII, 1843～1912）デンマーク王（在位1906～1912）……80, 82
フレゼリク9世（Frederik IX, 1899～1972）デンマーク王（在位1947～1972）。現女王マルグレーテ2世の父君。……74, 76, 84
フレゼリク王太子（Kronprins Frederik, 1968～）デンマークの王太子……72
フレゼリク世継ぎ太子（Arveprins Frederik, 1753～1805）クリスチャン7世の異母弟。王にはならなかったが、王位継承権をもっていた時期があったため「世継ぎ太子（Arveprins）」と呼ばれる。クリスチャン8世の父。……65, 131
フレゼリケ王女（Frederikke Amalie, 1649～1704）デンマーク＝ノルウェー王フレゼリク3世の王女。ゴトープ公爵家に嫁いだ。……93
ヘンリク王配殿下（Prins Henrik af Danmark, 1934～）マルグレーテ女王の王配殿下。結婚する前はフランスの外交官。……72, 303

スヴェン3世（Svend III, 1120？～1157） エーリク2世（在位1134～1137）の息子。エーリク3世（在位1137～1146）が亡くなった後、クヌーズ5世およびヴァルデマー大王と三つ巴で後継争いをした。和解を装いロスキレにクヌーズとヴァルデマーを呼び暗殺を謀り、クヌーズは殺害されたが、ヴァルデマーは難を逃れ、ヴィボー（Viborg）近郊の戦いでスヴェンを敗死させた。……26,31,32

ソフィーエ王妃（Sophie af Mecklenburg, 1557～1631） フレゼリク2世の妃……48

【タ】

ダウマ王女（マリア・ヒョードロヴナ皇后）（Dagmar-Maria Feodorovna, 1847～1928） クリスチャン9世の王女。ロシア皇帝アレクサンドル3世に嫁ぎ、皇后マリア・フョードロヴナとなる。……80～82

【ナ】

ニルス王（Niels, ？～1134） デンマーク王（在位1104～1134）……26,31,86

【ハ】

ハーラル青歯王（1世）（Harald I Blåtand, ？～985/986） 確実にたどれる2人目のデンマーク国王（在位940頃～985？）。デンマークにキリスト教を受け入れたほか、デンマークとノルウェーを平和裏に統一した。ちなみに、通信用語の「Bluetooth」はこの王の英語名から来ている。……18,21～25,84,86

ハンス王（Hans, 1455～1513） デンマーク＝ノルウェー（在位1481～1513）＝スウェーデン（在位1497～1501）……89,90

ハンス（老）（Hans den Ældre, 1521～1580） フレゼリク1世の息子でスリースヴィ＝ホルシュタイン公爵。クリスチャン3世の弟。……90

ハンス（若）（Hans den yngre af Sønderborg, 1545～1622） クリスチャン3世の息子。スリースヴィ＝ホルステン＝セナボー公爵。その子孫から後のデンマーク王家となるグリュックスボー家などが出る。……91

フリードリヒ1世（Friedrich I Barbarossa, 1122～1190） ホーエンシュタウフェン朝の神聖ローマ帝国皇帝（在位1152～1190）。赤髭（バルバロッサ）との異名をとる。

クリスチャン４世（Christian IV, 1577～1648）　デンマークおよびノルウェー王（在位1558～1648）……35, 42, 43, 48, 49, 52～55, 57, 91, 92, 121, 125, 164, 209, 215
クリスチャン５世（Christian V, 1646～1699）　デンマークおよびノルウェー王（在位1660～1699）。1683年には、ユトランド法典などの地域ごとにあった法をデンマーク法典に統一した。……50, 51, 75, 93
クリスチャン７世（Christian VII, 1749～1808）　デンマークおよびノルウェー王（在位1660～1699）。……36, 65
クリスチャン８世（Christian VIII, 1786～1848）　デンマーク王（在位1839～1848）……71, 98
クリスチャン９世（Christian IX, 1818～1906）　グリュックスボー家最初のデンマーク王（在位1863～1906）。子宝に恵まれ、それぞれ、デンマーク王フレゼリク８世の他、ギリシャ国王ゲオルギオス１世、イギリス国王エドワード７世王妃、ロシア皇帝アレクサンドル３世皇后などになった。……67, 69, 71, 73, 80, 98, 151
クリスチャン10世（Christian X, 1870～1947）　デンマーク国王（在位1912～1947）……73, 76
クリスチャン（Christian, greve af Rosenborg, 1942～）　ローゼンボー伯爵。デンマークのマルグレーテ女王の従兄弟。父親は、クリスチャン９世の弟であるクヌーズ殿下。……72, 75, 76
クリストファ２世（Christoffer II, 1276～1332）　デンマーク王（在位1320～1326および1329～1332）。……28, 37
クリストファ３世（Christoffer III af Bayern, 1416～1448）　デンマーク＝ノルウェー＝スウェーデン王（在位1442～1448）……84, 88
ゲオルギオス１世（Georgios I, 1845～1913）　クリスチャン９世の次男。ギリシャ王（在位1863～1913）。……73, 80
ゴーム老王（Gorm den Gamle, ？～ca.950）　デンマーク王室の祖先として遡れる最初の王。……22～24, 67, 89

【サ】

スヴェン叉鬚王（Svend I Tveskæg, 960？～1014）　デンマーク王（在位986/87～1014）。死ぬ直前（1013年）には英国王も兼ねた。……18, 25, 84, 86
スヴェン２世（Svend II Estridsen, ca.1019～1076）　デンマーク王（在位1047～1074）……84

ジョージ3世の妹。1772年、恋人のストルーウンセが失脚し処刑されると離婚され投獄される。そこに兄のジョージ3世が介入し、ドイツの領地ツェレの城に住むが、早逝する。……36
クヌーズ大王（2世）（Knud II den Store, ca.999～1035） イングランド王（在位1016～1035）、デンマーク王（在位1018～1035）、ノルウェー王（在位1028～1035）を兼ね、「北海帝国」を築いた。……25
クヌーズ5世（Knud V, 1120？～1157） ヴァルデマー大王の父であるクヌーズ・ラヴァードを殺害したスウェーデン王マグヌスの息子。エーリク3世の後継者争いのなかで、スヴェン3世に暗殺される。……26, 31, 32
クヌーズ6世（Knud VI, 1163～1202） デンマーク王（在位1182～1202）……27, 29
クヌーズ殿下（Arveprins Knud, 1900～1976） フレゼリク9世の弟。男子をもたないフレゼリク9世が王位に就いた時点で第一の王位継承権を有していたが、1953年の憲法改正で女子の王位継承が認められたため、マルグレーテ女王が王位を継承することとなった。……76
クヌーズ・ラヴァード（Knud Lavard, 1096～1131） エーリク1世王（在位1093～1103）の正当な後継者だったが、エーリク王が亡くなったときに年少だったため後継者の選挙に含められなかった。……26, 27, 86, 87
クリスチャン1世（Christian I, 1426～1481） デンマーク（在位1448～1481）、ノルウェー（在位1450～1481）、スウェーデン（在位1457～1464）王。母方の祖先を6代遡るとエーリク5世にたどり着く。また、懸案のスリースヴィ公爵およびホルシュタイン伯爵（1474年に公爵）の相続を見込まれていたのが王位選出につながった。……88, 89
クリスチャン2世（Christian II, 1481～1559） デンマーク＝ノルウェー国王（在位1513～1523）、スウェーデン国王（在位1520～1523）。王権強化を図ったため貴族の反発にあい、王位を失う。……32, 41, 57, 90, 96, 123, 128, 234
クリスチャン3世（Christian III, 1503～1559） デンマークおよびノルウェー王（在位1534～1559）。クリスチャン2世との内戦を、新教側のハンザ同盟やスウェーデンの助力で制し、デンマーク最初のルター派の王となる。……41, 45, 67, 68, 90, 123, 124, 140, 142, 155

相次ぐ敗戦で大国としてのデンマークの地位をゆるがせる事態に陥った。……37, 40, 62, 87, 133

ヴァルデマー再興王（４世）（Valdemar IV Atterdag, 1320～1375）　空位となっていたデンマークで王権を再確立し、対外的地位を固めた。後継者となった娘のマルグレーテ１世がカルマル同盟を実現した。……28, 29, 37, 38, 88, 96, 127, 128, 167, 168

ウルリク・フレゼリク・ギュレンレーヴェ（Ulrik Frederik Gyldenløve, 1638～1704）　フレゼリク３世の私生児。ノルウェーの副王として実績を残し、ニューボー沖の海戦でも活躍した。コペンハーゲンにシャルロッテンボー城を建てた。なお、ギュレンレーヴェとは、クリスチャン４世、フレゼリク３世およびクリスチャン５世の私生児に与えられた名前。……128

エーリク切詰王（５世）（Erik V Klipping, 1249～1286）　デンマーク王（在位1259～1286）。「切詰」というあだ名は、出費を切り詰めたというのではなく、欠けるなどして価値の低いコインのことを指し、力のない王に対する軽蔑が込められているようだ。……40

エーリク４世（Erik IV, 1216～1250）　デンマーク王（在位1241～1250）……87

エーリク人間通王（６世）（Erik VI Menved, 1274～1319）　デンマーク王（在位1286～1319）……127, 128

エーリク７世（Erik VII, 1382～1459）　デンマーク、ノルウェーおよびスウェーデン王（在位1412～1439）。1429年にエーアソン海峡通行税を導入。……32, 40, 41, 47, 88, 154

オットー２世（Otto II, 955～983）　ザクセン朝第３代の王で、神聖ローマ帝国の第二代皇帝（在位973～983）。……25

オーロフ２世（Oluf II, 1370～1387）　マルグレーテ１世の息子。デンマークおよびノルウェー王。早逝したため、スウェーデンの王位は継承できなかった。……28

【カ】

カール公爵（Kare von Schlesuig-Holstein-Sonderburg-Glücksburg, 1813～1878）　カール公爵はデンマークのクリスチャン９世の長兄。グリュックフブルク家の家主。……71, 72

カロリーネ・マティルデ（Caroline Mathilde, 1751～1775）　デンマーク王クリスチャン７世の妃（在位1766～1772）。英国王家出身で、

デンマーク王家を中心とした主要人物索引

【ア】

アドルフ公爵（Adolf, 1526～1586） フレゼリク1世の息子で、スリースヴィ＝ホルシュタイン公爵。アドルフの家系はゴトープ城を拠点としていたので「ゴトープ家」と呼ばれる。その子孫からロシア皇帝、スウェーデン王などになる者が出る。……90

アブサロン（Absalon, 1128～1201） ロスキレの大司教。ヴァルデマー大王の強力な支持者で、軍人として活躍しただけでなく、最初のデンマーク史の編纂を指導している。……26, 28～32

アーベル（Abel, 1218～1252） スリースヴィ公爵であった兄エーリク4世が王位に上った後、その地位を引き継ぐ。抗争の末、姦計により兄を殺害し、デンマーク王となる（1250～1252）。……87

アレクサンドラ王女（Alexandra, 1844～1925） クリスチャン9世の王女。英国王エドワード7世に嫁ぎ、王妃アレクサンドラとなった。……80

ヴァルデマー・クリスチャン（Valdemar Christian, 1622～1656） クリスチャン4世とキアステン・ムンクの息子。セナボーの南にあるヴァルデマー城の最初の城主……121

ヴァルデマー大王（1世）（Valdemar I den Store, 1131～1182）（在位1157～1182） 王位継承をめぐる内戦に終止符を打ち、国内に安定をもたらした。また、神聖ローマ皇帝フリードリヒ1世と良好な関係を保ちつつ、国の守りを固め略奪行為を繰り返すヴェント人の掃討に成功し、大王と呼ばれた。……25～29, 31, 32, 35, 37, 39, 60, 87, 96, 167, 234

ヴァルデマー勝利王（2世）（Valdemar II Sejr, 1170～1241） デンマーク王（在位1202～1241）。治世前半は多くの戦いに勝利したが、不用意にドイツ貴族に誘拐されて以降、

著者紹介

岡田　眞樹（おかだ・まさき）

在タンザニア大使。

1950年、千葉市生まれ。

京都大学法学部卒業後、外務省入省。10年以上にわたるドイツ語圏勤務のほか、中国、シンガポールなどに在勤。儀典長、広報文化交流部長を経て、2006年から2008年まで在デンマーク大使を務めた。

アマチュア・ヴァイオリニストであり、亡命ルーマニア人音楽家から託された「望郷のバラード」をヴァイオリニスト天満敦子氏に紹介。また、ポップカルチャー分野の著述が多数あり、コスプレ世界サミットの発足・発展にも貢献した。

1995年から個人ウェッブサイトをもち、英語、日本語で発信を続けている。

魅惑のデンマーク　　（検印廃止）
——もっと知りたいあなたへ

2012年6月30日　初版第1刷発行

著　者　岡　田　眞　樹
発行者　武　市　一　幸

発行所　株式会社　新　評　論

〒169-0051
東京都新宿区西早稲田3-16-28
http://www.shinhyoron.co.jp

電話　03(3202)7391
FAX　03(3202)5832
振替・00160-1-113487

落丁・乱丁はお取り替えします。

定価はカバーに表示してあります。

印刷　フォレスト
製本　中永製本所
装幀　山田英春

ISBN978-4-7948-0904-9
Printed in Japan

新評論　好評既刊　デンマークを知るための本

スティーヴン・ボーリシュ／難波克彰 監修・福井信子 監訳

生者の国

デンマークに学ぶ全員参加の社会

「知識は力なり」──デンマークを徹底解剖する画期的文化論!

[A5並製 528頁 5250円　ISBN978-4-7948-0874-5]

清水 満 編

[改訂新版] 生のための学校

デンマークで生まれたフリースクール「フォルケホイスコーレ」の世界

教育を通じた社会の変革に挑むデンマークの先進的取り組み。

[四六並製 336頁 2625円　ISBN4-7948-0334-6]

クリステン・コル／清水 満 編訳

コルの「子どもの学校論」

デンマークのオルタナティヴ教育の創始者

デンマーク教育の礎を築いた教育家の思想と実践。本邦初訳!

[四六並製 264頁 2100円　ISBN978-4-7948-0754-0]

J.ミュレヘーヴェ／大塚絢子 訳／今村 渚 編集協力

アンデルセンの塩

物語に隠されたユーモアとは

生誕200年，世界中で愛され続ける作家の魅力を新視角で読み解く。

[四六上製 256頁 2310円　ISBN4-7948-0653-1]

吉田右子

デンマークのにぎやかな公共図書館

平等・共有・セルフヘルプを実現する場所

社会理念に基づく豊かな“公共図書館文化”を余すところなく紹介。

[四六上製 268頁 2520円　ISBN978-4-7948-0849-3]

＊表示価格はすべて消費税（5%）込みの定価です。

新評論　好評既刊　デンマークを知るための本

P.オーレスン＆B.マスン編／石黒 暢 訳

高齢者の孤独　シリーズ《デンマークの悲しみと喪失》

25人の高齢者が孤独について語る

肉親との離別，離婚，近づく死…。赤裸々に語られる人生の経験。
[A5並製　244頁　1890円　ISBN978-4-7948-0761-8]

P.オーレスン＆B.マスン＆E.ボーストロプ編／石黒 暢 訳

認知症を支える家族力　シリーズ《デンマークの悲しみと喪失》

22人のデンマーク人が家族の立場から語る

高齢者・認知症・家族の問題をリアルに伝える感動の記録。
[A5並製　228頁　1890円　ISBN978-4-7948-0862-2]

J.グルンド＆M.ホウマン／フィッシャー・緑 訳／須山玲子 協力

天使に見守られて

癌と向き合った女性の闘病記録

ホスピスでの日々を綴る感動の闘病記。日野原重明氏すいせん!
[四六並製　216頁　1890円　ISBN978-4-7948-0804-2]

松岡洋子

デンマークの高齢者福祉と地域居住

最期まで住み切る住宅力・ケア力・地域力

デンマーク流「地域居住継続」への先進的取り組みと課題を報告。
[四六上製　384頁　3360円　ISB4-7948-0676-0]

松岡洋子

エイジング・イン・プレイス(地域居住)と高齢者住宅

日本とデンマークの実証的比較研究

北欧・欧米の豊富な事例を基に，日本の「地域居住」の課題を解明。
[A5上製　360頁　3675円　ISBN978-4-7948-0850-9]

＊表示価格はすべて消費税（5%）込みの定価です。

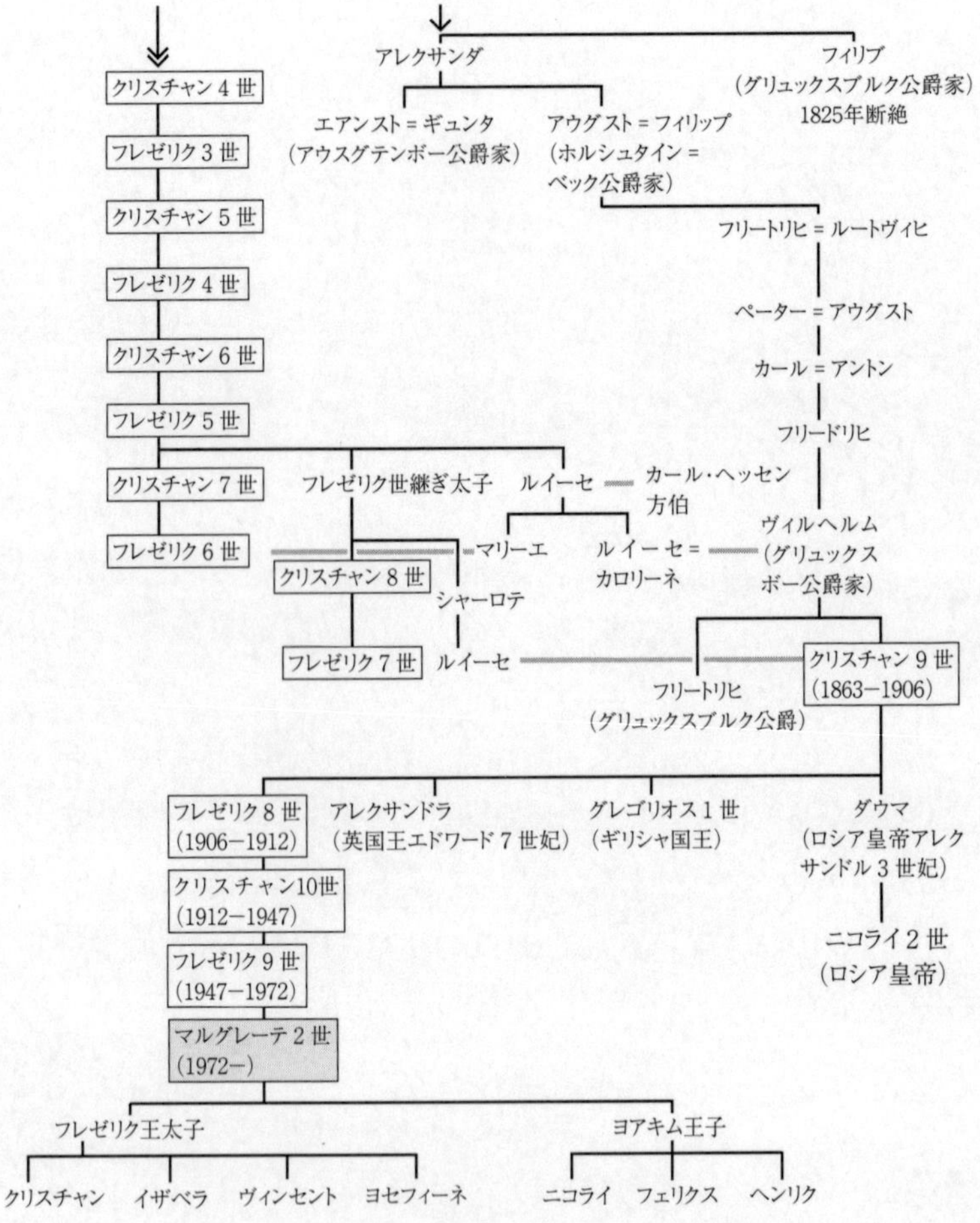

注：１．デンマーク王は枠で囲んだ。（カッコ内の年は、在位期間）
　　２．▒は女王を表す。
　　３．歴史的に重要な役割を果たしていない女性は単に「女」と表記した。
　　４．すべての王を記載しているわけではない。
　　━━線＝血縁関係、
　　━━線＝婚姻関係